DIREITO
DAS
COISAS

ADRIANO STANLEY
Mestre e Doutor em Direito Processual pela PUC Minas.
Pós-Doutor em Direito Civil pela PUCPR.
Professor nos cursos de Graduação e Pós-Graduação da PUC Minas.

DIREITO DAS COISAS

8ª edição - revista e atualizada

Del Rey Editora

Belo Horizonte
2021

Impresso no Brasil | *Printed in Brazil*

EDITORA DEL REY LTDA.
www.editoradelrey.com.br

Editor: Arnaldo Oliveira

Editor Adjunto: Ricardo A. Malheiros Fiuza (*in memoriam*)

Coordenação Editorial: Letícia Neves

Diagramação: Lucila Pangracio Azevedo

Revisão: Responsabilidade do autor

Capa: Alfstudio

Editora:
Rua dos Goitacazes, 71 – Lojas 20 a 24
Centro – Belo Horizonte – MG
CEP 30190-050

Comercial:
Tel.: (31) 3284-3284
vendas@editoradelrey.com.br

Editorial:
editorial@editoradelrey.com.br
Tel.: (31) 2516-3340

S787 Souza, Adriano Stanley Rocha.
Direito das Coisas. Coleção Direito Civil. / Adriano Stanley – 8. ed. rev. e atual. Belo Horizonte: Del Rey, 2021.
320 p.
ISBN 978-85-384-0547-4

1. Direito das coisas. 2. Direito reais. I. Título.

CDD: 342.12
CDU: 347.1

“(...) E onde não queres nada, nada falta
E onde voas bem alta, eu sou o chão
E onde pisas o chão, minha alma salta
E ganha liberdade na amplidão.”

(*O Quereres* – Caetano Veloso)

À Solange, minha esposa...
Simples assim. Como sou eu pra ti.

SUMÁRIO

PREFÁCIO À 2ª EDIÇÃO

DO DIREITO SOBRE AS COISAS AO SABER JURÍDICO SOBRE A VIDA

Ao refletirmos acerca dos hodiernos pilares que sustentam o ensino jurídico no Brasil, levando-se muito em conta todo o prospecto histórico que o abarca, invariavelmente atracaremos em uma desafiante conclusão: urge, pois, a necessidade de modificarmos os alicerces de tais sustentáculos.

Tais desafios emergem nas linhas e nas entrelinhas de professores e autores que, a exemplo da presente obra que tenho a honra de prefaciar, se colocam nesse arrostar dos dilemas jurídicos e sociais contemporâneos, sob a perspectiva da haurir e explicitar o estatuto jurídico das titularidades, vale dizer, do direito sobre as coisas.

As fontes e nascentes que engendram e cultivam o paradigmático solo da produção de conhecimento jurídico, hoje se demonstram incapazes de fomentar a colheita de ideias e compreensões semeadas através de novos horizontes desenhados pela atual perspectiva constitucional em sua pretendida completude.

Desta colheita imperfeita, exsurge a percepção do descompasso entre a objetivação do direito e a dinâmica da sociedade em movimento, cujas ferramentas essenciais de abreviação se encontram em repouso sob o resguardo dos pilares coríntios das Academias que, em face da nítida extenuação paradigmática da produção do conhecimento jurídico, acabam por não cumprir com seu mister essencial em ensinar aos seus alunos mais do que simplesmente operar o direito. É, de fato, tempo de construí-lo.

É justamente neste influxo que se erige a obra de Adriano Stanley Rocha Souza, indo para além da singela e estática estruturação de um "manual" de direitos reais para engendrar aos leitores a possibilidade de criar, por si próprios, uma visão crítica e construtiva sobre o tema.

Os sustentáculos e balizas do estudo, lapidados através da preocupação do autor em evidenciar o direito das coisas em consonância com suas hodiernas transformações, propiciam uma reflexão que impulsiona o leitor a navegar pelos mares do tema, explorando as nuances encontradas em cada onda objetivada pela tempestuosa moção que embala este oceano.

Vê-se que a obra coaduna com o novo cenário proposto, não se limitando a reproduzir o conhecimento previamente concebido, mas sim, propondo-se a alicerçar os degraus que ensejarão a construção da compreensão, ao invés de tão somente entregá-la por vias cartesianas.

Desta maneira, o estudo não se encerra nas derradeiras páginas da obra em questão, mas se prolonga à reflexão acadêmica posterior, no momento em que o olhar do leitor deixa de repousar sobre as letras para iniciar a subida dos referidos degraus. Faz, a seu modo, a travessia dos bens às pessoas.

Ao trafegar pelos institutos da posse e propriedade, bem como pelos demais elementos inerentes à matéria dos direitos reais, os construtores do direito, ao mesmo tempo em que passam a identificar o terreno pelo qual estão a se aventurar, terão contato com as modificações pelas quais o tema hoje se submete, seja pelo novo paradigma civil-constitucional, ou então, pela própria movimentação da sociedade.

É também neste ponto que a relevância do trabalho do professor Adriano Stanley Rocha Souza se percebe. Em diversas outras paragens da obra, é possível observar e identificar a prioridade do comando constitucional sobre o estudo, compreensão e aplicabilidade dos direitos reais. Não há uma limitação à observação única e exclusiva da codificação: engendra-se outro viés, um novo ponto vista capaz de, juntamente com as propostas da lei, abarcar as mudanças havidas pela sociedade humana, que não se subsumem perfeita e ciclicamente às previsões codificadas.

É com esse espírito que o leitor-construtor poderá insculpir seu conhecimento sobre os chamados direitos reais sociais, ligados umbilicalmente com a nova perspectiva civil constitucional, vez que evidenciam não apenas a precitada modificação paradigmática, mas asseveram a relevância de se delinear novos contornos aos direitos reais.

Enfim, eis que chega o momento no qual devemos regressar ciclicamente ao tópico que deu início a esta breve reflexão: a necessidade de mudança. O atual cenário social requer que se apresentem ao palco atores de técnica renovada, alicerçada através das ferramentas condizentes não apenas com a nova perspectiva do direito privado, mas também em passo similar visto na sociedade e, principalmente, capazes de fertilizar e objetivar um novo solo paradigmático para a produção do conhecimento jurídico.

Trata-se esta obra de uma destas ferramentas essenciais. Eis, pois, o nosso dever em utilizá-la.

Luiz Edson Fachin

Professor Titular de Direito Civil da UFPR

PREFÁCIO À 1ª EDIÇÃO

O Direito das Coisas abrange um extenso universo. Nele, destaca-se a propriedade, que pode ser definida como a situação jurídica consistente em uma relação dinâmica e complexa entre uma pessoa, o dono, e a coletividade, em virtude da qual são assegurados àquele os direitos exclusivos de usar, fruir, dispor e reivindicar um bem, respeitados os direitos da coletividade.

Propriedade é, assim, muito mais que simples domínio. Dizer que propriedade é sinônimo de domínio; que é direito de usar, fruir, dispor e reivindicar, é prender-se à definição analítica do Direito Romano, muito adequada aos liberais, nos séculos XVIII e XIX, mas absolutamente incompatível com a modernidade.

Se tomarmos a definição de propriedade como direito apenas (direito subjetivo absoluto, de natureza real), estaremos excluindo toda a coletividade, menosprezando a função social que a propriedade sempre teve, além de lhe emprestar perfil absolutamente estático.

A função social da propriedade foi sempre preocupação do legislador. Apesar de só vir a ser estudada recentemente, sempre esteve presente, ora mais aguçadamente, ora menos. O Código de Hamurabi, editado entre 2067 e 2025 a.C., dispunha em seu art. 40 que "a sacerdotisa, o mercador ou outro feudatário poderá vender seu campo, pomar e casa desde que o comprador assuma o serviço ligado ao campo, ao pomar e à casa".

As origens do instituto jurídico da propriedade, cientificamente sistematizado, se prendem ao Direito Romano, que o definia como *ius utendi, fruendi et abutendi*, ou seja, direito de usar, fruir e dispor, em tradução livre. Mística, ligada a rituais religiosos, a propriedade do solo, por exemplo, só podia ser adquirida por cidadãos romanos, e em solo romano. As razões se devem ao culto religioso dos mortos.

Cada família cultuava seus próprios deuses, chamados "lares" ou manes. Nada mais eram que seus antepassados. Os romanos não acreditavam em céu. Os mortos continuavam vivendo, mas no mesmo território que haviam ocupado enquanto vivos. Daí a importância das terras familiares, solo sagrado em que se enterravam os ancestrais e se lhes prestava culto. Estando vinculada a esses sentimentos, era lógico que só se concebesse a propriedade em solo romano.

Com a evolução dos tempos, todavia, a propriedade perdeu seu caráter místico, o que veio a favorecer o expansionismo romano. Passou-se a admiti-la fora dos muros da cidade.

A invasão bárbara, que culminou com a queda do Império Romano do Ocidente, causou tal instabilidade, que os pequenos proprietários se viram forçados a entregar suas terras aos grandes senhores, em troca de proteção. Tornavam-se, assim, vassalos, vinculados eternamente aos grandes feudos. Podiam, entretanto, continuar fruindo da terra, o que já era melhor que nada.

Não obstante, o desenvolvimento do comércio e das cidades põe fim a esse estado de coisas. Surge a burguesia que, ávida por riquezas e poder, incentiva o nascimento da monarquia absoluta e do Estado Nacional. Inicia-se a democratização da propriedade.

Se, por um lado, a monarquia absoluta deve a força de sua origem à burguesia, por outro lado, como que lhe virou as costas. O Estado absoluto tornou-se verdadeiro entrave ao desenvolvimento do capitalismo, com sua estrutura rígida e obsoleta. As estruturas econômicas se transformavam rápido demais para que a sociedade política as absorvesse. Surgiu, então, toda uma gama de pensadores revoltados com o sistema. Foram os iluministas e liberalistas. Tudo isso culminou com três grandes revoluções: a Revolução Gloriosa, na Inglaterra; a Revolução Americana pela independência; e a mais importante de todas, a Revolução Francesa.

Atualmente, a propriedade tem-se entendida vinculada a sua função social, embora a ideia em si não seja nova. Se um indivíduo pode dizer-se dono de algo, é porque os outros indivíduos não o são. A propriedade existe em função das outras pessoas. Ninguém é dono de nada, a não ser que viva em sociedade. E é a essa sociedade que se deve render tributos.

Dessarte, os direitos inerentes à propriedade não podem ser exercidos em detrimento da sociedade, contra as aspirações sociais. Com isso, limitou-se o gozo absoluto da pessoa sobre a coisa, que não só fica impedida de usá-la em malefício dos demais, como fica obrigada a usá-la de acordo com as demandas do grupo social.

Logicamente, há todo um arcabouço doutrinário-filosófico para dar apoio à noção moderna de propriedade. Fundamentam-na, dentre outros, o solidarismo de Duguit, o espiritualismo dos neotomistas, e ainda que indiretamente, o marxismo.

O Código Civil se preocupou em deixar clara sua posição, em acordo, aliás, com a norma constitucional, insculpida no art. 5°, XXIII, da Constituição de 1988. O art. 1.228, § 1°, dispõe que os direitos de propriedade devem ser exercidos em consonância com as finalidades econômicas e sociais do bem e de modo a que sejam preservados a flora, a fauna, as belezas naturais, o patrimônio artístico e cultural, dentre outros.

O § 2º do mesmo artigo estabelece serem defesos, ou seja, proibidos os atos que não tragam ao proprietário qualquer comodidade, ou utilidade, e sejam animados pela intenção de prejudicar outrem.

O § 3º cuida da desapropriação e da requisição administrativa por utilidade ou necessidade pública ou interesse social.

Por fim, o § 4º trata de uma forma de perda da propriedade pelo trabalho alheio.

Como se vê, o legislador fez questão de reservar algum espaço, ainda que não exaustivo, bastante para explicar o que se deve entender por função social da propriedade.

Apesar da pretensão de modernidade, o Código Civil de 2002 continua insistindo no conceito de propriedade como direito de usar, fruir, dispor e reivindicar, usando, a todo instante, a expressão "direito de propriedade", como se nisso se exaurisse toda a ideia. Ademais disso, insere a propriedade na lista dos direitos reais, como se a isso se resumisse. Seria mesmo necessária uma lista de direitos reais? A falta de uma lista não afetaria a tipicidade, uma vez que para ser direito real bastam as características de direito real: oponibilidade *erga omnes* e sequela. O fato de se achar numa lista ou não pouco importa. O rol do art. 1.225 do Código Civil só faz pressupor que os direitos ali elencados se resumem a direitos, fazendo olvidar que se trata de situações, ou melhor, de relações jurídicas que geram direitos e deveres para o titular e para os não titulares, ou seja, para a coletividade.

Nesta linha, vem a lume a obra de Adriano Stanley Rocha Souza, grande professor de Direito Civil na PUC Minas e na Universidade de Sete Lagoas. Prezado, querido mesmo, por seus alunos e colegas, o autor apresenta ao público um livro moderno, didático, repleto de temas polêmicos, do interesse dos bacharelandos e dos bacharéis em Direito, para aprender e exercer sua profissão.

Em nada deixa a desejar aos grandes tratadistas do passado; pelo contrário, supera-os, pois que se adentra na modernidade.

Trata-se, pois, de trabalho indispensável na cabeceira de qualquer civilista.

Belo Horizonte, dezembro de 2008.

César Fiuza

APRESENTAÇÃO À 5ª EDIÇÃO

Prezados leitores.

É com muita alegria que compartilho com vocês a quinta edição desta obra que, com a graça de Deus, tem se mostrado extremamente bem aceita entre os alunos de graduação e pós-graduação.

Pensamos que tal fato se deve em razão da linguagem fácil (sem jamais descuidarmos da densidade de nossas reflexões), pela eliminação de textos que, no âmbito dos cursos de graduação e pós-graduação *lato sensu* dificultam o estudo rápido e conciso do conteúdo por parte dos alunos (como vastas citações de ilustres juristas, citações de textos alienígenas, extensa jurisprudência, etc.), o que acaba por implicar na redução do custo da obra.

E esta 5ª edição é bastante rica em novos conteúdos. Cuidamos, nesta edição, do novíssimo direito real oriundo dos direitos da imissão provisória da posse nos processos de desapropriação. Direito, este, inserido no Código Civil por força da Medida Provisória 700/2015. Esta mesma norma acrescentou mais um inciso ao artigo 1.473 (de que trata dos bens que podem ser dados em garantia hipotecária), estabelecendo que estes mesmos direitos podem ser dados como garantia hipotecária.

Cuidamos também, nesta edição, de atualizarmos todo o texto, em especial no que concerne às ações possessórias, com o texto do Novo Código de Processo Civil, cuja vigência teve início no dia 18 de março de 2016.

Toda a obra foi cuidadosamente revisada e atualizada em conformidade com o Novo Código de Processo Civil, haja vista que em vários momentos, cuidamos de reportar ao Código de Processo Civil para falarmos de procedimentos específicos para efetivar um determinado conteúdo do direito das coisas. A título de exemplo, citamos o procedimento de homologação do penhor legal: norma procedimental que efetiva a garantia real do penhor legal.

Merece destaque, também o novo capítulo que trata sobre as formas de perda da propriedade e, em especial, no tocante à arrecadação de bem vago, trabalhada no artigo 1.276 do Código Civil

São muitas as alterações que esta nova edição traz em relação à edição anterior. Temos a grande expectativa de que você leitor, aprove nosso trabalho de atualização e ampliação da obra.

E mais: esperamos cativá-los, para que, através de seu testemunho, possamos conquistar novos espaços e novos leitores.

A todos uma boa leitura e profícuo estudo.

O autor.

I DIREITOS REAIS E DIREITOS PESSOAIS

1. TRATAMENTO DOS DIREITOS REAIS NO CÓDIGO CIVIL BRASILEIRO

O Livro III do Código Civil, intitulado Do Direito das Coisas, é dividido em duas partes: a primeira dedicada ao estudo da posse, e a segunda dedicada ao estudo dos Direitos Reais, a saber: propriedade, superfície, servidões, usufruto, uso, habitação, direito do promitente comprador do imóvel, penhor, hipoteca, anticrese, a concessão de uso especial para fins de moradia, a concessão do direito real de uso e os direitos reais oriundos da imissão provisória da posse em casos de desapropriação.

As expressões "Direitos Reais" e "Direito das Coisas" são sinônimas. Poderíamos dizer que a expressão Direito das Coisas constitui o gênero, do qual os Direitos Reais seriam uma espécie. Afinal, como já cuidamos de dizer no parágrafo anterior, o direito das coisas compreende o direito de posse e os direitos reais, nas suas formas: direito real sobre coisa própria (propriedade) e direitos reais sobre coisas alheias de fruição, de garantia, e sociais, como nos deteremos nos próximos capítulos.

A discussão quanto à natureza jurídica da posse, se esta seria um direito real ou pessoal, faz com ela migre de lugar dentro do livro do direito das coisas ao sabor da posição vigente do legislador de cada tempo.

No ordenamento civil anterior, por exemplo, como a posse era entendida como sendo um direito real, então o livro direito das coisas dividia-se da seguinte forma: a sua primeira parte era toda destinada ao estudo da posse e da propriedade, e a segunda parte destinada ao estudo dos direitos reais sobre coisas alheias. Esta forma de colocação dos conteúdos no Código Civil anterior levava facilmente o seu leitor a entender que a posse e a propriedade tratavam de direitos reais sobre coisa própria.

Todavia, ao nomear o seu livro III de Direito das Coisas e criar um título específico denominado Direitos Reais, deixando de fora desse título a posse em uma interpretação sistemática, deixou de ser vista pelo legislador do atual Código como sendo um direito real.

O Código Civil brasileiro (Lei nº 10.406 de 10 de janeiro de 2002), com *vacatio legis* de um ano, de forma absolutamente atécnica e discrepante do tratamento que os estudos dos Direitos Reais receberam nos países de tradição romano-germânica (discrepante até mesmo do nosso antigo Código Civil de 1916), utilizou as expressões *Direito das Coisas* e *Direitos Reais* como sendo gênero e espécie, concomitantemente, dos temas reservados aos estudos da posse e da propriedade.

Com efeito, até os dias de hoje, em tempo algum, qualquer ordenamento jurídico (repita-se: nem mesmo o Código Civil de 1916) havia tratado tais expressões como subordinadas uma da outra. Muito antes pelo contrário, todos os manuais e estudos acerca dos direitos de posse e propriedade, sempre enfatizaram que tais expressões são sinônimas, traduzindo exatamente a mesma categoria de Direitos. A diferença entre ambas, portanto, não era outra senão puramente de estilo: a expressão Direitos Reais, criada pelo jurista alemão Savigny, no século XIX e a expressão Direito das Coisas, advinda do antigo Direito Romano. Esta última, preferida pelo BGB (ordenamento civil alemão) e pelo nosso ordenamento civil de 1916.

Lastimavelmente, incorreu em *erro gravíssimo* a comissão organizadora do Código Civil ao intitular o seu Livro III com o nome "Do Direito das Coisas", inserindo, neste mesmo livro, um capítulo intitulado "Dos Direitos Reais", induzindo o leitor a cometer um grotesco erro de interpretação, já que tal técnica leva-nos, inevitavelmente, à conclusão que os Direitos Reais seriam espécie do Direito das Coisas.

Assim, "Direitos Reais" e "Direito das Coisas" não são modalidades diferentes de direitos. São expressões sinônimas que nomeiam uma mesma categoria de direitos, e o uso desta ou daquela expressão revela, mais, uma opção legislativa, que o reconhecimento de duas modalidades distintas de direitos.

2. DISTINÇÃO ENTRE OS DIREITOS REAIS E DIREITOS PESSOAIS

O presente estudo traz ao nosso conhecimento uma "nova classe de direitos", digamos assim.

Até o presente momento, nos detivemos ao estudo de institutos de direito civil onde a relação de direitos se dava entre pessoas (ex.: contratos e obrigações, títulos de crédito, etc.). Diferentemente do que já foi estudado até então, nossos estudos se deterão nas relações entre homens e coisas. Daí a adoção, por parte do nosso Código Civil, da nomenclatura *Direito das Coisas*.

Para Sílvio Rodrigues:

> O Direito das Coisas é o conjunto das normas que regulam as relações jurídicas entre os homens, em face às coisas corpóreas, capazes de satisfazer às suas necessidades e suscetíveis de apropriação. (RODRIGUES, 1996, p. 96)

Nas palavras do professor Darcy Bessone, em sua obra intitulada "Direitos Reais" (BESSONE, 1996):

> O Direito real consiste no *poder jurídico da pessoa sobre a coisa*, oponível a terceiros (*erga omnes*), tal é o conceito formulado pela Escola Clássica (...). Isto significa que, no direito real, há um sujeito ativo, mas não há um sujeito passivo. No direito pessoal, ao contrário, aparecem, sempre, duas figuras, a do sujeito ativo (credor) e a do sujeito passivo (devedor). Aí está a primeira diferença entre as duas categorias. A segunda consiste em que o objeto do direito real é a coisa, tomada em si mesma, enquanto no direito pessoal é uma obrigação de *fazer*, ou *não fazer*, ou de *dar*. (BESSONE, 1996, p. 96)

Embora a obrigação de dar seja relacionada com uma coisa porque o devedor obriga-se a transferir o domínio sobre ela, ou segundo outros, a entregá-la, essa obrigação é uma obrigação de direito pessoal, porque tal obrigação não decorre do objeto em si, mas de um compromisso assumido entre as partes, portanto, uma relação entre pessoas. Continua Darcy Bessone:

> Na obrigação de dar, o direito só a atinge por intermédio da pessoa do devedor, ao passo que, no direito real, o direito tem por objeto, imediata e diretamente, a própria coisa. Quem tem direito real, o tem independentemente da participação de outra pessoa (...). Esse é o ponto de vista da *Escola Clássica*. (BESSONE, 1996, p. 97)

Existem autores que negam tal distinção. Caio Mário ressalta que tais autores opinam que as diferenças entre uns e outros direitos se caracterizam, apenas, quanto à sua intensidade (direitos fortes e direitos fracos). Os direitos reais, portanto, seriam apenas mais fortes que os direitos pessoais. Como exemplos de adeptos dessa teoria, chamada *monista* ou *personalista*, poderíamos citar Marcel Planiol.

Para esse autor,

> (...) não se poderia conceber uma relação jurídica entre a pessoa e a coisa. A relação jurídica é, sempre, entre duas pessoas, entre dois sujeitos, o ativo e o passivo; nunca poderia ser entre uma pessoa e uma coisa, porque esta nunca teria capacidade para estabelecê-la com a pessoa. (PLANIOL, 1930, p. 157)

Na esteira de Planiol seguem George Ripert, Windscheid e Demogue.

Na análise da nomenclatura "Direitos Reais", poderíamos tecer algumas reflexões acerca dos vários sentidos semânticos (e juridicamente válidos) para tal expressão:

A primeira reflexão seria a de que os "Direitos Reais" recebem esse nome por serem concretos, visíveis, palpáveis. Ao contrário dos "Direitos Pessoais", que são abstratos, invisíveis e impalpáveis.

A segunda reflexão poderia ser tomada no sentido da "força" que reveste um e outro direito. Como vimos acima, doutrinadores como Ripert, Planiol, Windcheid, adeptos da escola personalista, discordam da escola clássica no que diz respeito à inexistência de um sujeito passivo no exercício do direito real. Para esses autores, existe sim, pluralidade de partes: o sujeito ativo seria o possuidor da coisa e o sujeito passivo toda a sociedade. O que diferiria os direitos reais dos direitos pessoais, portanto, seria a força que reveste os primeiros e inexiste nos segundos.

De fato. Os direitos reais são infinitamente mais fortes que os direitos pessoais.

Em primeiro lugar por que, ao passo que os direitos pessoais se baseiam na *fidúcia*, ou seja na *confiança*, elemento abstrato por excelência, os direitos reais se dão sobre uma coisa certa, de existência concreta, definida e atual.

Em segundo lugar, como bem fez notar o professor Darcy Bessone em trecho acima reproduzido, enquanto que o credor de um direito pessoal depende da energia pessoal de seu devedor para reaver o seu crédito ou para exercer o seu direito, o credor de um direito real não depende da energia pessoal de quem quer que seja. O seu direito existe por si próprio, independente da vontade de qualquer pessoa, tão somente por existir uma coisa que garanta o exercício daquele direito.

Percebam, portanto, que o vocábulo *real* está preso também a este sentido de certo, independente de qualquer outra circunstância.

Os direitos reais distinguem-se dos direitos pessoais em vários pontos. Didaticamente, o professor Caio Mário enumera dez destas distinções que separa uma categoria de direitos da outra (PEREIRA, 1998):

> 1 – O direito real é oponível *erga omnes*, enquanto que o direito de crédito o é a um sujeito passivo determinado.
>
> 2 – O objeto do direito real é sempre determinado, ao passo que do direito de crédito basta seja: determinável.
>
> 3 – O *ius in re* exige a existência atual da coisa, em contraposição ao *ius ad personam*, compatível com a sua futuridade.
>
> 4 – O direito real é exclusivo, no sentido de que se não compadece com a pluralidade de sujeitos com iguais direitos.
>
> 5 – O direito real adquire-se por usucapião, ao passo que os direitos de crédito não suportam este modo de aquisição
>
> 6 – Os direitos de crédito extinguem-se pela inércia do sujeito, ao passo que os reais conservam-se, não obstante a falta de exercício, até que se constitua uma situação contrária, em proveito de outro titular[1].
>
> 7 – Os direitos reais são providos da prerrogativa de acompanharem a coisa em poder de quem quer que ela se encontre; (sequela).
>
> 8 – O titular do direito real tem a faculdade de receber privilegiadamente em caso de falência ou concurso creditório, sem se sujeitar ao rateio, cabendo-lhe, dentro dos limites de seu crédito, embolsar o produto da venda da coisa gravada (preferência).
>
> 9 – O titular de um direito real, que não possa mais suportar seus encargos, tem a faculdade de abandoná-lo, o que não cabe no tocante aos direitos de crédito.
>
> 10 – Os *iura in re* são suscetíveis de posse, os de crédito não são.

Nota-se que todas as características acima mencionadas garantem aos Direitos Reais eficácia muito maior que aquela emprestada aos Direitos Pessoais.

Por fim, a mais importante das diferenças entre os direitos reais e os direitos pessoais é que, no Brasil, em sede de Direitos Reais, vigora o princípio do *numerus clausus* (enumeração fechada; taxativa). Portanto, no Brasil, os direitos reais são somente aqueles institutos trabalhados

---

1 Os direitos reais são imprescritíveis, portanto. Ao contrário dos direitos pessoais.

taxativamente no artigo 1.225 do Código Civil, ao contrário dos direitos pessoais que são de livre convenção entre as partes.

Isso não ocorre em outros países, como Espanha, Itália, Portugal e outros. Nesses Estados, as partes podem convencionar se a relação jurídica celebrada entre elas terá eficácia de direito real ou pessoal.

Corolário do princípio *numerus clausus* é o princípio da tipicidade dos direitos reais, que confere à União a competência para legislar sobre direitos reais.

O princípio da tipicidade dos direitos reais está para o direito civil assim como o princípio da tipicidade penal está para o direito penal: assim como não há crime sem lei anterior que o defina (*nulla crimen nulla poena sine lege*), também não há direito real sem lei anterior que o defina.

Portanto, só quem pode dispor sobre a criação e regulamentação de novos direitos reais é a lei.

Desta forma, não é facultado aos particulares celebrarem negócio jurídico e emprestar-lhes a natureza de direito real. Somente os institutos narrados no artigo 1.225 do Código Civil, repita-se, gozam de tal condição.

Os Direitos Reais se subdividem em Direitos Reais sobre Coisas Próprias e sobre Coisas Alheias. Os Direitos Reais sobre Coisa Própria referem-se à propriedade. Os direitos reais sobre coisas alheias são: enfiteuse, superfície, servidões, usufruto, uso, habitação, direito do promitente comprador do imóvel, penhor, anticrese, hipoteca, a propriedade fiduciária, concessão de uso especial para fins de moradia, a concessão de direito real de uso e o direito real de laje. Estes veremos mais a frente, após estudarmos a posse e a propriedade.

2 DA POSSE

1. CONCEITO

O nosso ordenamento civil, à semelhança do que ocorreu na maioria dos países ocidentais, incorporou o tratamento que o Direito Romano emprestava à posse. Podemos dizer mesmo que desde o *Codex Juris Civilis* (o Código Civil do antigo Direito Romano) até os nossos dias, poucas foram as alterações feitas no instituto da posse.

É com razão que o professor Caio Mário da Silva Pereira afirma em sua obra "Instituições de Direito Civil – vol. IV" que:

> Os doutores de maior talento e engenho, ao formularem a sua dogmática, não perdem de vista os textos e as proposições que os jurisconsultos enunciaram. E, mesmo quando alguém supõe estar fazenda obra original, nada mais consegue do que repetir ou adaptar em linguagem a experiência que o Corpus Juris Civilis fixou há quinze séculos, e que o tempo decorrido e o restudo sedimentaram. (PEREIRA, 1998, p. 12)

O direito atual, contudo, teorizou o instituto da posse. Nossos doutrinadores, após a formulação das teorias Subjetiva, de Savigny, e Objetiva, de Jhering, se ocuparam em, cada vez mais, sistematizar o estudo acerca da posse e transformar esse fato inerente à condição humana (o ato de possuir) em objeto de estudo e formulações doutrinárias.

No antigo direito romano, apesar de ser reservado um livro inteiro ao instituto da posse, esse fenômeno não era conceituado por aquele povo. Não por falta de necessidade, mas por mera incapacidade de atribuir-lhe algum tipo de conceituação ou formulação doutrinária. Podemos mesmo dizer que os romanos mais sentiam o que era posse do que a conceituavam. E ainda hoje, apesar de toda a formulação doutrinária e teórica, o nosso ordenamento civil é incapaz de conceituar, diretamente, o que seja posse. O nosso Código Civil, em seu artigo 1.196, usa do conceito de propriedade para, de forma reflexiva, conceituar o que seja possuidor para que, dessa conceituação, o leitor possa inferir o que seja *posse*. Senão vejamos:

> Art. 1.196. Considera-se *possuidor* todo aquele que tem de fato o exercício, pleno, ou não, de algum dos poderes inerentes ao *domínio*, ou *propriedade*. (grifos nossos)

Assim, pelo que dispõe o artigo 1.196 de nosso Código Civil, a posse é um fato. É o simples exercício de qualquer dos poderes inerentes ao direito de propriedade, a saber: usar, gozar e dispor.

2. NATUREZA JURÍDICA DA POSSE

Vimos que o nosso Código Civil classifica a posse como o exercício de fato de algum dos poderes inerentes ao domínio.

Veremos mais adiante em nossos estudos, que os direitos reais, que foram objeto de exposição no primeiro capítulo de nossa obra, são arrolados pelo legislador civil de forma taxativa, ou seja: o artigo 1.225, de enumeração taxativa, repita-se, classifica como direitos reais: I – a propriedade; II – a superfície; III – as servidões; IV – o usufruto; V – o uso; VI – a habitação; VII – o direito do promitente comprador do imóvel; VIII – o penhor; IX – a hipoteca; X – a anticrese; XI – a concessão de uso especial para fins de moradia; XII – a concessão do direito real de uso; XIII – o direito real de laje.

Pela força de que são revestidos os direitos reais, o legislador pátrio colocou sob sua exclusiva competência o poder de criar qualquer outra espécie de direito real . Portanto, jamais poderá o particular realizar um contrato de mútuo, por exemplo, e empregar-lhe o efeito de direito real.

Isto se explica pelo fato de o Brasil adotar, em sede de direitos reais, o princípio da tipicidade.

Semelhante ao princípio da tipicidade penal (*nulla crimen nulla poena sine lege* – não há crime sem lei anterior que o defina), também em sede de direitos reais, não existe direito real sem lei anterior que o defina. Somente a lei pode criar novos direitos reais, não ficando ao alcance das partes, repita-se, o poder destas de convencionarem se um dado negócio jurídico por elas realizado terá ou não efeito de direito real.

Esta é uma questão de política legislativa. Não é assim em todos os países. Países como França, Itália, Alemanha, por exemplo, adotam o princípio da autonomia da vontade.

Pelas considerações acima expostas, ou seja, diante da posição do nosso ordenamento civil que apenas atribui a eficácia de direito real àquelas modalidades previstas no artigo 1.225 do Código Civil ou criadas em lei, alguns doutrinadores entendem que a posse não poderia ser classificada como um direito real, já que em momento algum a nossa legislação lhe empresta tal eficácia.

Ou ainda: a posse nada mais seria que um mero fato. É o exercício de algum dos poderes inerentes ao direito de propriedade, como conceitua o nosso Código Civil. É a posição de juristas como Cujacius, Donnellus, Voet, Windscheid, De Filipis, Trabucchi.

Outros doutrinadores, ao contrário, classificam a posse como um direito real, pois: conta com a proteção dos interditos possessórios; gera a possibilidade de se adquirir a coisa possuída pela usucapião; é oponível *erga omnes*; é um direito exclusivo; exige a existência atual da coisa possuída; etc. Em outras palavras: comunga de todas as características inerentes aos direitos reais citados no primeiro capítulo desta obra; apenas não consta da relação do artigo 1.225 do Código Civil. Comungam desse pensamento Edmundo Lins, Accursius, Bartolo, Jhering, Molitor, Cogliolo e Teixeira de Freitas.

Por fim, há ainda uma terceira corrente: a posse é, em si, um fato. Contudo, um fato capaz de gerar direitos reais. Portanto, a posse seria bivalente. Ela seria simultaneamente um fato e um direito. Essa é a nossa posição quanto à natureza jurídica da posse. E nessa posição comungam conosco: Savigny, Merlin, Namur, Domat, Ribas, Lafayette e Tito Fulgêncio.

3. DAS TEORIAS POSSESSÓRIAS: DA TEORIA SUBJETIVA DE SAVIGNY

Como vimos, a posse entre os romanos era mais sentida que conceituada. O romano sabia dizer quem exercia a posse sobre algo. No entanto, não sabia conceituar o que fosse posse. Desde Roma antiga muito foi falado, escrito e teorizado. No entanto, a primeira teoria capaz de dissecar o fato "posse", atribuindo-lhe elementos e efeitos, foi a Teoria Subjetiva de Savigny.

Savigny publicou sua obra intitulada o "Tratado da Posse" quando tinha, ainda, 24 (vinte e quatro) anos de idade, no ano de 1803.

Na formulação de sua teoria acerca da posse, Savigny partiu do ponto mais elementar de uma pesquisa científica: a observação. Savigny observou que apesar de ninguém conseguir definir o que fosse posse, todos eram capazes de reconhecer quem era possuidor. Ele percebeu que as pessoas atribuíam a qualidade de possuidor àquele que demonstrasse poder físico sobre a coisa[1].

Por tal poder físico, entendia Savigny, aquele sujeito aparentava ser dono da coisa (note-se a confusão que existia com o direito de propriedade). Por exemplo: se "A" tem consigo uma caneta, usa-a em todas as oportunidades, exibe-a perante todos como sua carregando-a sempre consigo, então, todos podem dizer que "A" é possuidor daquela caneta. No entanto, a partir do momento em que "A" largar a caneta, ainda que continue dizendo-se ser seu dono, o simples fato de "A" não manter mais a caneta sob o seu poder físico, faz com que "A" deixe de ser possuidor daquela caneta.

Por outro lado, se "A" mantém sobre a caneta o poder físico e perguntado se a tem como sua, responde que não, aqui também "A" deixa de ser possuidor, apesar do poder físico sobre ela. Isso porque, para Savigny, posse é a presença simultânea dos elementos objetivo + subjetivo. Ou seja: *corpus + animus domini*.

A posse, portanto, na Teoria Subjetiva de Savigny, é constituída de dois elementos. Dois elementos que sempre existiram na posse, desde Roma antiga: o *corpus* e o *animus domni*. E Savigny emprestou os seguintes conceitos para cada um destes elementos: *corpus* – o poder físico que alguém exerce sobre a coisa; *animus domini* – ter a coisa possuída como sua.

Portanto, para Savigny, para que alguém tivesse posse sobre determinada coisa, era necessário que estivessem presentes os dois elementos, simultaneamente: o *corpus* aliado ao *animu domini*. Faz-se, ainda, que para a Teoria Subjetiva de Savigny, o conceito de *animus domni* era ter a coisa como sua. Para se ter conhecimento acerca de tal intenção, naturalmente, era imprescindível que se perguntasse àquele que detinha o *corpus* "se ele tinha a coisa sob seu poder, como sua". Se a resposta fosse "sim", então poderia ser considerado possuidor. Se a resposta fosse "não", apesar da pessoa estar exercendo o poder físico sobre a coisa, aquela pessoa não poderia ser conceituada como possuidora, mas simplesmente detentora.

---

1 Aliás, etimologicamente, a palavra *posse* advém de dois radicais latinos: *potis + sessio*, que formavam a palavra *possessio*, o que culminou no termo posse. E a junção destes dois radicais latinos, significava, precisamente: ocupar algo; segurar algo; apoderar-se de algo; ter o poder físico sobre algo.

Daí o nome de "subjetiva" à teoria de Savigny. Para saber se determinada pessoa exercia ou não a posse sobre certa coisa, seria necessária uma investigação acerca da vontade daquele que detivesse o *corpus*. Importava a subjetividade. Daí o nome *subjetiva* dado à teoria de Savigny.

Então, a posse para Savigny poderia ser conceituada da seguinte forma:

Posse = *Corpus* + *Animus*

Corpus (*Savigny*): Poder físico sobre a coisa

Animus (Savigny): Ter a coisa como sua

Se faltasse ao agente o elemento subjetivo, restando-lhe tão somente o elemento objetivo, então o agente seria mero detentor, e não possuidor. Se, ao contrário, o agente tivesse apenas o elemento subjetivo, sem o elemento objetivo, esse agente não teria nada.

Desta forma, então, a detenção era assim conceituada na teoria subjetiva: enquanto possuidor é aquele que possui os elementos *corpus* e *animus*, simultaneamente, detentor é aquele que possui apenas o elemento objetivo.

A teoria subjetiva explicava o fato "posse", mas tal teoria era impraticável para a vida social. Imaginemos a hipótese de alguém que more em uma determinada cidade no interior do país e tenha uma casa de praia. Aquela casa só recebe visitas no período de verão. Portanto, durante grande parte do ano, ninguém exerce qualquer espécie de poder físico sobre ela (*corpus*). Portanto, neste caso, para a teoria de Savigny, se essa casa viesse a ser invadida por algum meliante, o seu proprietário, que reside no interior do país, não teria direito a qualquer espécie de proteção possessória, já que não poderia ser conceituado como possuidor. Assim, a teoria subjetiva tornaria impraticável a aquisição de bens, já que só seríamos considerados possuidores e, consequentemente, mereceríamos a proteção possessória daqueles bens que estivessem vinte e quatro horas sob o nosso poder físico.

Por outro lado, imaginemos um inquilino. Ao se fazer um contrato de locação, "A" entra para a casa de "B" e passa a ser inquilino deste último. Pois bem. "A" tem o poder físico sobre a casa de "B". No entanto, perguntado se tem aquela casa como sua, "A" responde imediatamente que não, pois sabe que aquela casa é de "B" e que ali se encontra única e exclusivamente em virtude de um contrato de locação que existe entre eles. Pois bem. No exemplo acima citado, caso "B" viesse a atormentar a vida de "A", este não teria qualquer proteção possessória, já que, segundo a teoria subjetiva, falta a "A" o elemento *animus domini*. Embora "A" tenha o *corpus* (poder físico sobre a casa), "A" não possui o *animus domini*.

Assim, percebeu-se que a Teoria Subjetiva de Savigny era inviável para garantir a proteção possessória à sociedade daquele momento.

Analisando os elementos da teoria subjetiva e questionando acerca dos conceitos que Savigny lhes emprestou, uma nova teoria surge. É a Teoria Objetiva de Rudolph Von Jhering.

4. TEORIA OBJETIVA DE RUDOLPH VON JHERING (OU TEORIA DA APARÊNCIA)

Embora Jhering também reconhecesse na posse a presença dos dois elementos (*corpus* e *animus*), para esse autor, não era necessária a ocorrência conjunta desses elementos para que alguém fosse conceituado como possuidor. E mais: para Jhering, a conceituação do elemento subjetivo não era de *animus domini*, mas tão somente, uma *affectio tenendi*. Enquanto o elemento subjetivo na teoria de Savigny era *ter a coisa como sua* (*animus domini*), para Jhering a conceituação deste elemento subjetivo era bem mais branda: não era necessário que se tivesse a coisa como sua. Bastaria "cuidar da coisa como se fosse sua" (*affectio tenendi*). Ora, há uma grande diferença entre "ter (uma coisa) como sua" e "cuidar (da coisa) como se fosse sua". No primeiro caso o agente toma algo como se fosse seu patrimônio. No segundo caso o agente pode apenas estar tomando algo de forma cuidadosa, empregando-lhe zelo. Enfim, cuidando daquela coisa com os mesmos cuidados que o próprio dono lhe emprestaria.

Para Jhering, *corpus* não era o poder físico sobre a coisa, mas a mera *aparência de propriedade*. Essa aparência de propriedade manifesta-se sempre que alguém emprega à coisa a destinação econômica adequada ao fim para a qual ela foi criada. Por exemplo: quando vejo uma armadilha de lobos armada no meio da mata, ainda que não tenha ninguém por perto, posso dizer que alguém exerce posse sobre ela, por que, sobre ela está recaindo a destinação econômica para a qual ela foi criada: ser armada na mata para caçar lobos.

Ao passo que, se vejo um relógio jogado no meio da mesma mata, então, sobre este relógio não recai posse alguma, já que, claramente, ele não está atendendo à sua destinação econômica. Afinal, um relógio não atende à finalidade para a qual foi criado se for jogado em uma mata.

Outro exemplo: um livro não atende à sua destinação econômica jogado ao chão de uma floresta. No entanto, colocado sobre uma mesa, sobre uma prateleira ou nas mãos de um leitor, esse livro recebe a sua destinação econômica. É a manifestação de que *alguém* está cuidando daquele livro como se fosse seu. Aparentemente, sobre aquele livro está sendo exercido um domínio. Logo, há ali uma posse.

Para Jhering, então, era possuidor aquele que possuísse um dos elementos acima citados: ou o *corpus* ou o *affectio tenendi*, ainda que isoladamente.

Percebe-se, assim, que para a Teoria Objetiva de Jhering, não é necessária a pesquisa à intimidade do agente para saber se ele tem a coisa como sua. Dispensa-se essa pesquisa à subjetividade. A teoria de Jhering se contenta com a aparência do domínio; com o objetivo. Daí o nome de Teoria Objetiva ou da Aparência.

Então, para Jhering, posse era:

> Posse = *corpus* ou *affectio tenendi* (+ destinação econômica)
>
> *Corpus* (Jhering): Aparência de domínio
>
> *Affectio tenendi* (Jhering): Cuidar da coisa como se fosse sua

A teoria objetiva encontrou abrigo imediato no BGB (Código Civil Alemão) e, extensivamente, no Código Civil brasileiro. Tal receptividade deve-se ao fato de essa teoria não considerar como possuidor apenas aquele que esteja exercendo um poder físico sobre a coisa, ou ainda, aquele que tenha a coisa como sua. A teoria objetiva cria o fundamento jurídico para justificar a proteção possessória daqueles nossos bens que adquirimos, mas, por impossibilidade material de tê-los a todo o momento conosco, se mantêm distantes de nós. Ou, quando não, para justificar a proteção possessória sobre aqueles bens que, apesar de não os desejá-los como nossos, deles cuidamos como se nossos fossem. Por exemplo, um imóvel locado.

Reportemo-nos aos dois exemplos acima já citados, quando falávamos acerca da teoria subjetiva: no exemplo envolvendo alguém que more no interior do país e tenha uma casa de praia, ao aplicarmos a teoria objetiva há uma mudança radical na relação agente/casa de praia. Por essa teoria, ainda que aquela casa só receba visitas no período de verão, ainda que ninguém exerça qualquer espécie de poder físico sobre ela durante a maior parte do ano, para a teoria de Jhering, ao contrário da teoria de Savigny, caso essa casa venha a ser invadida por algum meliante, o seu proprietário, ainda que residente em outro local, teria direito a qualquer espécie de proteção possessória, já que poderia ser conceituado como possuidor, haja vista haver a *affectio tenendi* (cuidar da casa) e o *corpus* (aparência de domínio) aliados à destinação econômica que é dada à coisa.

No segundo exemplo, nos referíamos a um contrato de locação. Ao se fazer um contrato de locação, "A" entra para a casa de "B" e passa a ser inquilino deste último. Pois bem: "A" tem o poder físico sobre a casa de "B". No entanto, perguntado se tem aquela casa como sua, "A" responde imediatamente que não, pois sabe que aquela casa é de "B" e que ali se encontra única e exclusivamente em virtude de um contrato de locação que existe entre eles. No exemplo acima citado, caso "B" viesse a atormentar a vida de "A", agora amparado pela teoria objetiva, este último teria a devida proteção possessória contra os atos turbativos de "B", já que, segundo tal teoria, "A" é possuidor, pois cuida da casa como se fosse sua (já que é inquilino) – portanto possui o *affectio tenendi* – e também possui o *corpus* – aparência de domínio.

Jhering, em sua teoria possessória (Teoria Simplificada da Posse), afirma que a posse nada mais é que o suco, o sumo, a alma da propriedade. Em regra, quem tem a propriedade tem a posse. Somente em casos excepcionais alguém poderia ter a posse sem ser proprietário.

A propriedade, portanto, é estática; morta. A posse é dinâmica; viva. É pelo exercício da posse que a minha propriedade ganha vida. De nada me adianta ter a propriedade sobre algo se não posso usufruir desse bem. De que me vale ter em mãos uma garrafa de água se não puder bebê-la?

Embora posse e propriedade estejam *umbilicalmente ligadas*, definitivamente, não são a mesma coisa.

Valendo-nos do exemplo que utilizamos acima: a garrafa seria a propriedade. A água seria a posse. Em regra, quando compro uma garrafa d'água, é porque quero tomar a água. Entretanto, eu posso ter a garrafa e outrem tomar a água. Portanto, eu teria a propriedade, mas quem desfrutaria da posse seria outra pessoa.

Deste modo, quando o Estado defende a posse que alguém exerce sobre algo, o Estado assim age na expectativa de estar defendendo o proprietário, pois, repita-se: em regra, quem tem a posse é o proprietário da coisa.

Caio Mário, ao expor em sua obra "Instituições de Direito Civil" – vol. IV, a posição de diversos autores em relação à natureza da tutela possessória, explica que Jhering adotava "como fundamento da proteção possessória o seu conceito mesmo de posse, como exteriorização da propriedade. E argumenta que a ordem jurídica dá-lhe segurança como um complemento necessário à garantia que dá à propriedade" (PEREIRA, 1998, p. 38).

Daí podermos concluir, então, que o fundamento jurídico da proteção possessória é a propriedade. Falaremos mais sobre isso quando nos detivermos no estudo das ações possessórias.

Antes de passarmos para o próximo capítulo vale a pena uma chamada: como já cuidamos de afirmar acima, o nosso Código Civil adotou a Teoria da Aparência (ou Objetiva) de Jhering. Mas não o fez de forma absoluta. Isso porque, para se valer da possibilidade de adquirir a propriedade via usucapião, não basta que o sujeito seja possuidor conforme a teoria de Jhering. Nesse caso, o possuidor, para fazer jus à aquisição da propriedade via usucapião, precisa fazer prova do elemento subjetivo de Savigny: *animus domini*. Portanto, para efeitos de usucapião, não basta a posse da teoria de Jhering; deverá ser a posse da teoria de Savigny.

Sobre a distinção das posses em *ad interdicta* e *ad usucapionem*, falaremos mais adiante, quando tratarmos da classificação da posse.

3 CLASSIFICAÇÕES DA POSSE

1. INTRODUÇÃO

A posse receberá distintas classificações que variarão quanto: à forma como foi adquirida (se mediante violência, clandestinidade ou precariedade), que permitirá a classificação da posse em justa ou injusta; ao conhecimento ou não de algum fato impeditivo ou obstáculo à sua aquisição (posse de boa e de má-fé); à sua transmissão espontânea ou não a outrem (posse originária e derivada); quanto à sua aquisição (posse a título singular e posse a título universal), dentre outras. Vejamos cada uma das classificações.

2. POSSE DIRETA E POSSE INDIRETA

O artigo 1.197 do Código Civil brasileiro desmembra a posse da seguinte forma:

> Art. 1.197. A posse direta, de pessoa que tem a coisa em seu poder, temporariamente, em virtude de direito pessoal, ou real, não anula a indireta, de quem aquela foi havida, podendo o possuidor direto defender a sua posse contra o indireto.

O legislador pátrio estabelece a possibilidade de a posse se desmembrar, quando o seu exercício se fizer por mais de uma pessoa, de maneiras diferentes, em virtude de um direito real ou pessoal. Assim, tanto é possuidor aquele que se encontra diretamente ligado ao bem, quanto também é possuidor aquele que não se encontra diretamente sobre o bem, mas, a despeito disto, pratica atos de proprietário para com a coisa (usa, goza, frui, dispõe e reivindica). A este fenômeno, que desmembra a posse em duas, por força de um direito real ou pessoal, dá-se o nome de *constituto possessório.*

Assim, o constituto possessório é forma tanto de aquisição como de perda da posse.

O que é necessário ter-se em mente é que a cisão da posse em posse direta e posse indireta (constituto possessório) é uma exceção. Só podemos falar na existência de uma posse direta e de uma posse indireta na medida em que a realização de um negócio jurídico, de natureza real ou pessoal, levar à divisão desta posse, *temporariamente,* ficando alguém diretamente ligado à coisa (posse direta), e o outro, embora não diretamente ligado à coisa, sobre ela continue exercendo atos típicos de proprietário (posse indireta).

Por exemplo: "A" é possuidor de uma residência, onde vive há mais de 20 anos. De repente, por dificuldades financeiras, "A" necessita alugar aquela sua residência a "B". "A" deixa o imóvel e, por meio de um contrato de locação, "B" passa a ocupá-la. Diante dessa situação, "B", que tem o poder físico direto sobre o imóvel, passa a ser o seu possuidor direto. "A" também é possuidor daquele imóvel, já que pratica atos de proprietário. Afinal de contas, ele exerce o seu *jus fruendi* (direito de fruir) sobre a coisa, na medida em que recebe aluguel pela ocupação de "B". A posse de "B" recebe o nome de "posse direta". A posse de "A" recebe o nome de "posse indireta". Ambas as posses têm o mesmo peso e a mesma qualidade. Caio Mário assim disserta acerca dessa classificação e da igualdade entre essas duas espécies de posse:

> As posses direta e indireta coexistem; não colidem nem se excluem. Ambas, mediata e imediata, são igualmente tuteladas, sendo ilícito ao terceiro oponente invocar em proveito próprio o desdobramento. Uma vez que coexistem e não colidem, é lícito aos titulares defendê-la. Qualquer deles. Contra terceiro que levante uma situação contrária, pode o possuidor direto invocar a proteção possessória, como igualmente o possuidor indireto, sem que haja mister convocar o auxílio ou assistência do outro.
>
> Mas, se o possuidor indireto molestar a posse direta daquele a quem transferiu a utilização da coisa, tem o possuidor direto ação contra ele (e a recíproca é válida). (PEREIRA, 2002, p. 33)

Para os países que adotam a teoria savignyana (Teoria Subjetiva da Posse), não é possível se falar em posse direta e posse indireta. Portanto, para esses países (ex.: Itália) tal classificação simplesmente não existe. Ou a pessoa tem posse ou não tem.

O inquilino, por exemplo, nesses países, não é reconhecido como possuidor. Logo, a sua situação jurídica é protegida judicialmente por outros institutos, mas não pela posse, já que, como vimos, ele não a tem.

3. COMPOSSE

> Art. 1.199. Se duas ou mais pessoas possuírem coisa indivisa, poderá cada uma exercer sobre ela atos possessórios, contanto que não excluam os dos outros compossuidores.

Pela natureza jurídica da posse, ou seja, tratando-se de ser a posse um fato (capaz de gerar direitos), não há como dividir a posse ou garanti-la apenas a uma pessoa, quando várias se encontram externando o domínio sobre uma mesma coisa.

Quando mais de uma pessoa se encontrar exercendo atos possessórios sobre uma mesma coisa, todas serão consideradas possuidoras. E, por todas serem consideradas possuidoras, todas têm o direito de exercer os atos possessórios que bem lhe aprouverem, sem, contudo, excluir de tal direito os outros possuidores. Essa é a composse, prevista no artigo 1.199 do Código Civil brasileiro.

Vale a pena aqui lembrarmos, ainda, da regra contida no § 2° do art. 73 do Novo Código de Processo Civil que preceitua que "Nas ações possessórias, a participação do cônjuge do autor ou do réu somente é indispensável nas hipóteses de *composse* ou de ato por ambos praticado" (grifo nosso). Em outras palavras: nas ações possessórias não é exigida a outorga uxória (*outorga maritatis*) exigida nas ações que versam sobre direitos reais. Nas ações possessórias, a participação do cônjuge do autor ou do réu, somente será indispensável nos casos em que houver composse.

Então, simplificando a legitimidade processual nos casos de composse: quando houver composse entre pessoas não casadas, não é necessário que estas estejam em listisconsórcio (art. 1.199 do Código Civil). Entretanto, se a composse ocorrer entre pessoas casadas ou que mantenham qualquer tipo de sociedade conjugal, o litisconsórcio de ambas é obrigatório (§2° do artigo 73 do Novo Código de Processo Civil).

4. POSSE NOVA E POSSE VELHA

Outra classificação de relevância que recebe a posse diz respeito à sua idade. Quanto mais antiga for a posse, maior será a sua força. Quanto mais velha for a posse, maiores serão as proteções e garantias que o seu possuidor receberá. Então, para os efeitos legais, o que pode ser chamado de posse nova e de posse velha?

Diz-se que uma posse é *nova* quando ela conta com *menos de um ano e um dia de exercício*. Por outro lado, diz-se que uma posse é *velha,* quando ela conta com *mais de um ano e um dia de seu exercício*. Explicamos melhor:

Vamos dizer que "A" tenha adentrado a um lote vago no dia 1° (primeiro) de janeiro de 2008. Até o dia 31 (trinta e um) de dezembro de 2008, quando a posse de "A" estará completando um ano, a sua posse será classificada como "posse nova". A partir do dia 1° (primeiro) de janeiro de 2009, ou seja, quando contar com um ano e um dia de exercício, a posse de "A" mudará de classificação quanto à sua idade: deixará de ser uma posse nova para passar a ser uma "posse velha".

A idade da posse é elemento essencial para o exercício da sua proteção possessória. Isso porque, o mesmo critério acima citado para a contagem da idade da posse é o utilizado para a classificação da idade dos atos que ameacem, perturbem (turbativos) ou causem a perda daquela posse (esbulhativos).

Se o ato agressor à posse ocorreu há menos de um ano e um dia, o possuidor que sofreu tal agressão poderá lançar mão dos procedimentos especiais do Novo Código de Processo Civil, em que contará, inclusive, com o direito de obtenção da medida liminar correspondente à proteção possessória perseguida, possibilitando, assim, a cessação da agressão à posse imediatamente, a fim de que não haja risco para a posse agredida, até o final daquela ação possessória. Essa é a chamada "ação possessória de força nova".

Por outro lado, aquele que é titular de uma posse que foi agredida há mais de um ano e um dia, e não exerceu a sua proteção possessória dentro do prazo de ano e dia, perde os benefícios acima, pois esse possuidor só poderá lançar mão agora da proteção possessória pelo procedimento comum em que não há cabimento para a concessão de medida liminar que proteja a sua posse contra eventuais danos que possam ocorrer até o final daquele processo possessório. Podemos mesmo dizer que as ações possessórias se assemelham ao homem, que perde as suas forças à medida que envelhece. Essa será, portanto, a "ação possessória de força velha". É este o teor do artigo 558 do Novo Código de Processo Civil:

> Art. 558. Regem o procedimento de manutenção e de reintegração de posse as normas da Seção II deste Capítulo quando a ação for proposta dentro de ano e dia da turbação ou do esbulho afirmado na petição inicial.
>
> Parágrafo único. Passado o prazo referido no caput, será comum o procedimento, não perdendo, contudo, o caráter possessório.

Sobre os procedimentos a serem adotados nas ações possessórias, falaremos mais adiante.

5. POSSE JUSTA E POSSE INJUSTA

O artigo 1.200 conceitua o que seja posse justa do seguinte modo:

> Art. 1.200. É justa a posse que não for violenta, clandestina ou precária.

Pois bem. Se justa é a posse que não for violenta, clandestina ou precária, *mutatis mutandis*, posse injusta é aquela que for violenta, clandestina ou precária.

A diferença entre uma posse justa e uma posse injusta, portanto, é a presença da violência, da clandestinidade ou da precariedade. A posse justa é, obviamente, uma posse mais forte, mais valiosa que uma posse injusta. Isso ocorre porque a posse injusta é maculada por vícios. A esses vícios, dá-se o nome de "vícios objetivos da posse".

Portanto, sempre que falarmos em posse justa e posse injusta, devemos ter em mente que tal classificação leva em conta a presença ou ausência dos vícios objetivos *supra* citados.

E por que estes vícios recebem o nome de vícios objetivos? Por um motivo muito semelhante ao emprego do nome "objetiva" dado à Teoria Possessória de Jhering: porque o que é objetivo dispensa especulações de ordem interna (dispensa especulações subjetivas). A violência, a precariedade e a clandestinidade são vícios aparentes. Qualquer pessoa pode *ver* um ato violento, um ato clandestino ou o exercício precário de uma posse. Senão vejamos:

a) Uma posse injusta pelo vício objetivo da violência: todos os dias passo em frente a um lote em que reside uma família. Certo dia, porém, resolvo tomar posse daquele lote. Para tanto, me armo de espingarda e foice e invado o lote, expulsando a família que ali reside. Não há como negar que tal ato foi violento. Portanto, a posse que passo a exercer naquele lote é uma posse injusta, vez que foi adquirida mediante violência. O ato violento se percebe por si só. Não é necessária qualquer especulação de ordem subjetiva para se avaliar se houve ou não violência. Ela se externa. Daí porque a violência recebe o nome de "vício objetivo" da posse.

A violência é um vício relativo, posto que somente quem pode acusá-la é a vítima; em relação a qualquer outra pessoa, a posse produz seus efeitos normais.

b) Uma posse injusta pelo vício objetivo da clandestinidade: tal qual a violência, a clandestinidade é um vício objetivo da posse. Isso porque, também a clandestinidade dispensa qualquer especulação de ordem subjetiva. A clandestinidade é objetiva porque é objetivamente definida: clandestino é aquele que mantém uma determinada situação às escondidas.

No que diz respeito às questões possessórias, o conceito de clandestinidade possui certa particularidade: nessas questões, a clandestinidade deve ser observada em relação ao legítimo possuidor da coisa, e não em relação aos terceiros. Aliás, em relação a terceiros, a posse será exercida às escâncaras. O possuidor clandestino, portanto, é aquele que exibe a posse sobre determinada coisa a toda a sociedade, mas a omite em relação ao legítimo possuidor. Na lição de Caio Mário da Silva Pereira:

> *Clandestina* é a posse que se adquire por via de um processo de ocultamento (clam), em relação àquele contra quem é praticado o apossamento. Contrapõe-se-lhe a que é tomada e exercida pública e abertamente. A clandestinidade é *defeito relativo*: oculta-se da pessoa que tem interesse em recuperar a coisa possuida *clam,* não obstante ostentar-se às escâncaras em relação aos demais. (PEREIRA, 1998, p. 28)

É o que acontece se sei que um determinado objeto é de "A" e o tomo para mim, e depois começo então, a dele me utilizar e a exibi-lo para toda a sociedade como se fosse meu. Ao saber que "A" se encontra pelas proximidades, corro a esconder aquele objeto para que "A" não me veja exercendo qualquer posse sobre o mesmo. Nesse momento, me comportando de tal modo, estarei sendo um possuidor clandestino. Apesar de exercer a posse às escâncaras perante a sociedade, eu a omito perante "A", o legítimo possuidor da coisa que se encontra sob meu poder. Essa minha posse é, então, uma posse injusta, marcada pelo vício objetivo da clandestinidade.

O mesmo não ocorreria se eu não me preocupasse em esconder a minha posse sobre a coisa de outrem. Vamos imaginar, por exemplo, que eu diariamente passe de frente a um lote vago. Sei que o lote vago pertence a "A". No entanto, como aquele lote encontra-se vazio há muito tempo, invado-o e nele começo a construir e plantar, não fazendo qualquer esforço para ocultar essa minha posse de "A", seu legítimo possuidor. Nessas condições, não há clandestinidade porque não me ocupo em tornar oculta a minha posse em relação ao seu possuidor. "A" só não sabe de minha posse porque é relapso; sequer passa em frente ao seu imóvel para vigiá-lo.

Caio Mário chama os vícios objetivos de vícios relativos: porque tais vícios só ocorrem em *relação a uma pessoa* (o legítimo possuidor), sendo tal posse desprovida de quaisquer vícios em relação a terceiros.

A clandestinidade, portanto, assim como a violência, também é um vício relativo, posto que, tal qual na violência, somente quem pode acusá-la é a vítima; em relação a qualquer outra pessoa, a posse produz seus efeitos normais.

c) Uma posse injusta pelo vício objetivo da precariedade: por fim, o último dos vícios objetivos é a precariedade. O vício da precariedade pode ser conceituado como o vício que macula a posse de alguém que, antes sendo legítima, torna-se ilegítima pela recusa em restituir a coisa ao seu legítimo possuidor.

Em outras palavras: o precarista é aquele que, em um primeiro momento, exercia a posse legítima sobre algo, tendo a obrigação de restituir a coisa mais tarde, ao final de um contrato (ex.: locação) ou quando a coisa lhe fosse pedida de volta pelo legítimo possuidor, e não o faz, continuando em poder da coisa, agora, já contra a vontade do legítimo possuidor.

Nas palavras de Cláudio Ferreira Pazini:

> Ao contrário das posses violenta e clandestina, a posse precária inicia-se de forma lícita. Contudo, no momento de entregar a coisa a quem de direito, o possuidor recusa-se a fazê-lo. A partir de então, a posse torna-se viciada, isto é, injusta por precariedade. (PAZINI, 2008, p. 73)

Exemplo clássico da posse precária é a posse daquele ex-inquilino que, ao findar-se o contrato de locação, não desocupa o imóvel, nele permanecendo contra a vontade do legítimo possuidor (*in casu*, o locador).

Ou, ainda, daquela pessoa que, tendo recebido a permissão de ficar morando em um imóvel, ao receber o pedido do legítimo possuidor para desocupar aquele bem, se nega a fazê-lo.

Em ambos os exemplos, portanto, temos a presença do vício da precariedade.

O artigo 1.208 do Código Civil preceitua que

> não induzem posse os atos de mera permissão ou tolerância assim como não autorizam a sua aquisição os atos violentos, ou clandestinos, senão depois de cessar a violência ou a clandestinidade.

Da leitura deste artigo, podemos concluir o seguinte: enquanto perdurarem os vícios da violência e da clandestinidade, não há que se falar em posse. Nesse caso, alguém que se encontre em poder de algo, mediante o uso da violência ou de clandestinidade, não exerce posse, mas mera detenção. Já quem exerce uma posse precária, já exerce posse. Injusta, mas, ainda assim, posse.

Entretanto, a violência e a clandestinidade podem cessar. Cessando, aquele que continuar em poder da coisa, obtida mediante um desses dois vícios (mas já tendo cessado, como já cuidamos de dizer) terá posse. Posse injusta (pois obtida mediante um dos vícios objetivos: violência ou clandestinidade), mas, ainda assim, posse.

A sua situação melhorou, portanto. Deixou de ser detentor e passou a ser possuidor (ainda que injusto, repita-se). A esse fenômeno, chamamos de *convalescimento da posse*.

Pois bem. Pela leitura do artigo 1.208, podemos perceber que nada é dito sobre o vício da precariedade. Por quê?

Ora, alguém que se encontre em poder de algo, mediante o uso da violência ou de clandestinidade, não exerce posse, mas mera detenção. No entanto, quem exerce uma posse a título precário, já exerce posse. Injusta, mas, ainda assim, posse.

Por que dizer que o vício da precariedade, uma vez existindo, não convalesce (não cessa) jamais? Vejamos:

Se o precarista restituir a coisa ao legítimo possuidor, cessa qualquer poder físico daquele precarista sobre a coisa.

Por outro lado, se o precarista continuar exercendo poderes sobre a coisa contra a vontade do possuidor, enquanto assim agir, ele estará exercendo uma posse sempre precária (sempre contra a vontade do legítimo possuidor).

Nos casos da subtração da coisa mediante violência ou clandestinidade, o agente que assim procedeu, não tinha posse, ou qualquer outra relação física com a coisa e, de maneira ilegítima, tenta pegar a coisa para si. Nessa situação, a lei não o considera possuidor, enquanto o indivíduo estiver incorrendo em tais ilegalidades.

Já com o vício da precariedade, o pensamento é exatamente o contrário: alguém que já exerce a posse de maneira legítima, ao ser inquirido para devolver a coisa (que até então possui de maneira lícita, repita-se), volta-se contra o legítimo possuidor, recusando-se a entregar-lhe a coisa. Segundo Pazini: "a precariedade ocorre após já ter havido o exercício de posse justa pelo precarista. Sua posse só se torna viciada quando chega o momento de entrega da coisa e ele não o faz" (PAZINI, 2008, p. 73).

Note que, enquanto na violência e na clandestinidade o sujeito que nada tinha, busca ter a coisa usando de violência e clandestinidade, na precariedade, o sujeito, que era possuidor, cai na ilegalidade, ao recusar entregar a coisa que lhe é pedida pelo legítimo possuidor. Continua a exercer a posse que já tinha antes, porém, agora, contra a vontade do legítimo possuidor.

Portanto, uma posse injusta pelo vício objetivo da precariedade é a posse "daquele que recebe a coisa com a obrigação de restituir, e arroga-se a qualidade de possuidor, abusando da confiança, ou deixando de devolvê-la ao proprietário, ou ao legítimo possuidor" (PEREIRA, 2008, p. 29). Esse vício tem início no momento em que o precarista recusa-se a atender à revogação da autorização anteriormente concedida, e perdurará enquanto este indivíduo assim continuar a agir.

Daí por que dizemos que o vício da precariedade não convalesce nunca, pois ele só poderia cessar com a entrega da coisa ao legítimo possuidor, o que faria com que o precarista perdesse qualquer contato físico com a coisa.

Erro muito comum na doutrina é tratar a posse precária como sendo sinônima de detenção. Definitivamente, não é a mesma coisa. Detenção não é posse. Posse precária é posse. Posse esta, viciada com o vício da precariedade.

A posse precária é uma posse injusta e que jamais perderá essa qualificação, já que o vício da precariedade não cessa (pelas razões acima expostas). Com isto, queremos dizer que, como o vício da precariedade não cessa nunca, o precarista (possuidor injusto pelo vício da precariedade) jamais receberá qualquer proteção possessória contra aquele que exerce tal posse injustamente.

Já a detenção jamais se tornará posse, pois assim a lei dispõe expressamente (artigo 1.198, parágrafo único).

A principal importância em se classificar a posse em justa ou injusta, diz respeito à proteção possessória. Aquele que exerce uma posse injusta não conta com a proteção possessória contra aquele de quem a tomou injustamente. E, enquanto perdurarem os vícios objetivos da violência e da clandestinidade, este sequer pode ser considerado possuidor, mas mero detentor. Já o precarista, mesmo exercendo posse, por ser ela injusta, não conta com nenhuma proteção possessória contra aquele que exerce tal posse injustamente.

6. DA DETENÇÃO (OU QUASE POSSE) E SUAS FORMAS

Como vimos, para Savigny, posse seria a ocorrência conjunta dos elementos *corpus* e *animus*. A ocorrência apenas do elemento *corpus* (poder físico sobre a coisa), isoladamente, seria mera detenção.

Ora, se para a teoria objetiva a posse se dá com a existência de apenas um daqueles elementos, acompanhados da destinação econômica emprestada à coisa, então o que é detenção para a teoria objetiva? O que é detenção para Jhering?

Em sua teoria, Jhering não conceituou o que seja detenção. Jhering deixou que o sistema jurídico de cada Estado a definisse. Dessa forma, o nosso ordenamento civil, estabeleceu apenas duas situações em que, apesar de o agente aparentar cuidar da coisa como se fosse sua (*animus*) e possuir a aparência de domínio (*corpus*), ele não é possuidor, por imposição legal. São as hipóteses previstas nos artigos 1.198 e 1.208 do Código Civil brasileiro.

6.1 Da Detenção gerada pelo exercício da posse em nome de outrem. A figura do fâmulo da posse

> Art. 1.198. Considera-se detentor aquele que, achando-se em relação de dependência para com outro, conserva a posse em nome deste e em cumprimento de ordens ou instruções suas.

O artigo 1.198 já abre o seu texto dizendo expressamente: "considera-se detentor (...)".

Nas palavras de Cláudio Ferreira Pazini,

> a detenção é uma figura de ficção jurídica, isto é, o sujeito é possuidor em razão de enquadrar-se na definição do artigo 1.196, mas é considerado para efeitos legais como se não fosse. Em outras palavras, o sujeito enquadra-se no conceito de possuidor previsto no artigo 1.196, mas excepcionalmente não é considerado como tal por opção legislativa. (PAZINI, 2008, p. 70)

Esse é, portanto, o fundamento legal que define o caseiro, por exemplo, como mero detentor.

Assim, se tenho um sítio no município de Betim e, no entanto, por morar e trabalhar em Belo Horizonte, não posso ali permanecer cuidando daquela posse e, diante disso, contrato um caseiro para que cuide daquele sítio, por força do artigo 1.198, apesar de o caseiro externar o exercício da posse, externar para terceiros o domínio, ainda assim, ele não será possuidor, já que ele só se encontra ali porque foi contratado por mim para cuidar da posse em meu nome; está obedecendo, desse modo, ordens minhas. A situação daquele caseiro, portanto, não é de possuidor, mas de mero detentor. Este é o chamado "fâmulo da posse". A sua situação, consequentemente, não induz posse.

Perceba que o fâmulo da posse encontra-se numa situação jurídica lícita, pois se encontra na coisa por ordem de alguém, obedecendo ordens e instruções suas. Sua condição não é de possuidor, é fato, mas sua relação com a coisa é lícita, pois ali se encontra obedecendo ordens do possuidor.

Mas, ainda valendo-nos das palavras de Pazini:

> Contudo, acrescente-se, também será considerado possuidor precário aquele que exercia detenção sobre a coisa, como, por exemplo, o empregado/preposto do possuidor que, deixando de agir em cumprimento de ordens ou instruções deste, passa a explorar a coisa em nome próprio. Note-se que, nesse caso, não houve exercício de posse justa antes de haver posse precária. O sujeito passa de detentor (art. 1.198 do CC) a possuidor injusto, sem jamais ter sido possuidor justo.
>
> Assim, temos que a posse se torna precária após o exercício de posse justa ou de detenção. Em ambas as situações, aquele que se encontra com a coisa a mantém de forma lícita (seja a título de posse ou de detenção) por certo tempo e, num dado momento, torna-se possuidor injusto, ou seja, no momento em que deve cessar a sua posse ou detenção, o sujeito recusa-se a entregar a coisa numa atitude de quebra de confiança. (PAZINI, 2008, p. 73)

Continuando a análise do artigo 1.208, temos que, aquele que possuir algo em seu poder, mediante violência ou clandestinidade, não tem a sua posse enquanto não cessar a violência ou a clandestinidade.

Então: se alguém me tira de forma violenta a minha caneta. Enquanto esse meliante usar de violência para manter a caneta sob o seu poder, ele não será considerado possuidor. Somente passará a sê-lo no momento que cessar a violência. Idem à clandestinidade.

6.2 Da detenção gerada por atos de mera permissão ou tolerância do possuidor

> Art. 1.208. Não induzem posse os atos de mera permissão ou tolerância, assim como não autorizam a sua aquisição os atos violentos ou clandestinos, senão depois de cessar a violência e a clandestinidade.

Como ocorreu com o artigo 1.198, também o artigo 1.208 já abre o seu texto dizendo expressamente que "não induzem posse (...)". Com essa assertiva, quer o artigo 1.208 dizer que aquele que se encontrar na situação por ele prescrita não é possuidor. As situações daquele caseiro e deste personagem previsto no artigo 1.208 do Código Civil, apesar de serem muito parecidas (nenhum deles têm posse), não se confundem.

No primeiro caso, o caseiro não tem posse, pois está exercendo atos de posse em nome do possuidor. No segundo caso, aquele que se encontra na coisa por mera permissão ou tolerância do legítimo possuidor, também não tem posse, pois só se encontra no gozo da coisa por atos de liberalidade do possuidor. Caso contrário não estaria ali.

Aqui também (como no caso do fâmulo da posse) esse detentor encontra-se em uma situação jurídica lícita, já que está no uso da coisa de maneira legítima, porque está autorizado pelo legítimo possuidor a ali permanecer. Sua condição não é de possuidor, é fato, mas sua relação com a coisa é lícita, pois ali se encontra com a anuência do possuidor.

6.3 Convalescimento da posse

O mesmo artigo 1.208, abre duas possibilidades em que a mera detenção (quase-posse) poderá se transformar em posse. Senão vejamos:

> Art. 1.208. Não induzem posse os atos de mera permissão ou tolerância, assim como não autorizam a sua aquisição os atos violentos, ou clandestinos, *senão depois de cessar a violência, ou a clandestinidade.* (grifos nossos)

Pois bem. Percebemos, portanto, que os artigos 1.198 e 1.208 dizem, respectivamente, que aquele que possuir a coisa em nome de outrem obedecendo ordens ou instruções suas bem como aquele que detiver a coisa por mera permissão ou tolerância de seu legítimo possuidor, não serão possuidores. Serão meros detentores. Da mesma forma, serão meros detentores aqueles que adquirirem a coisa mediante violência ou clandestinidade. Neste ponto, entretanto, o legislador abre um *senão*: "(...) senão depois de cessar a violência, ou a clandestinidade".

Então, aquele que tomar para si determinada coisa usando de violência ou clandestinidade para tanto, não será seu possuidor, salvo depois de cessada a violência ou a clandestinidade. Em assim ocorrendo, haverá o que a doutrina chama de *convalescimento da posse*. Ou seja: a *melhora do estado de saúde da posse: o fato deixará de ser mera detenção* (posse precária; quase-posse), *para se tornar uma posse*. Entretanto, como já expusemos, uma posse injusta, já que adquirida mediante violência ou clandestinidade.

Vimos, quando tratávamos das classificações da posse, que a posse injusta assim o é, quando for maculada por um dos três vícios objetivos, a saber: violência, clandestinidade e precariedade.

Note-se, entretanto, que o legislador só faz menção à aquisição da posse, cessados os *atos violentos* ou *clandestinos*. Em momento algum o legislador faz menção ao convalescimento de um fato marcado pelo vício da precariedade.

Isso porque o nosso ordenamento civil não admite o convalescimento de uma posse precária. Jamais. E repetimos aqui a razão para tal: se o precarista restituir a coisa ao legítimo possuidor, cessa qualquer poder físico daquele precarista sobre a coisa.

Por outro lado, se o precarista continuar exercendo poderes sobre a coisa contra a vontade do possuidor, enquanto ele assim agir, ele estará exercendo uma posse sempre precária.

Imaginemos três situações distintas: uma situação marcada pela violência, a segunda marcada pela clandestinidade e a terceira pela precariedade.

No primeiro caso, "A" usa de violência para tomar de "B" um sítio de sua propriedade. Enquanto "A" estiver usando de força contra "B" para manter aquele sítio em suas mãos, "A" não pode ser considerado como possuidor. No entanto, a partir do momento em que cessar tal violência, por força do artigo 1.208, "A" passará a ser possuidor.

No segundo caso, "A" ocupa um sítio de "B", visando a exercer sobre este sítio a sua posse. No entanto, sempre que "B" se aproxima daquele imóvel, "A" trata de dissimular a existência daquela posse. Trata-se, então, de prática de *ato clandestino*. Enquanto "A" estiver usando de clandestinidade para ocultar de "B" o seu interesse, "A" não será possuidor, mas mero detentor. No entanto, a partir do momento que "A" continuar no terreno de "B" sem clandestinidade, "A" adquirirá a sua posse.

Por fim, vamos supor que "A" seja irmão de "B". Este último, compadecendo-se das necessidades financeiras de seu irmão, cede a "A" um imóvel para que ali more com a sua família. Nessa situação, "A" exerce posse sobre o imóvel de "B", por livre vontade deste. Entretanto, caso o imóvel venha a ser pedido por "B" e "A" se recuse a restituí-lo, a sua condição decairá de possuidor justo para possuidor injusto, pelo vício da precariedade.

7. PRESUNÇÃO DE MANTER A POSSE O MESMO CARÁTER COM QUE FOI ADQUIRIDA

O artigo 1.203 do Código Civil dispõe que

> Art. 1.203. Salvo prova em contrário, *entende-se manter a posse o mesmo caráter com que foi adquirida.* (grifos nossos)

Alguns doutrinadores veem certa incompatibilidade entre o artigo *supra* citado com o artigo 1.208, que admite o convalescimento da posse. Essa incompatibilidade, leva-os a especulações doutrinárias que, salvo melhor juízo, não correspondem ao espírito do legislador civil.

Tal entendimento, por parte daqueles autores, se baseia no momento em que julgam ocorrer o convalescimento da posse e na qualidade da *pretensa* posse convalescente. Senão vejamos:

Sílvio Rodrigues, em sua obra "Direito Civil – Direito das Coisas" afirma que:

> Convalescimento da posse e presunção de manter a posse o mesmo caráter com que foi adquirida – *Estas conclusões parecem colidir com a regra do artigo 1.203 do Código Civil que presume manter a posse o mesmo caráter com que foi adquirida.*
>
> Explico melhor: o artigo 1.208 permite que a posse violenta ou clandestina convalesça, pela cessação da violência ou da clandestinidade. Basta que ela se estenda pacificamente, ou publicamente durante o intervalo de ano e dia, para que fique purgada de seus defeitos.
>
> O artigo 1.203, entretanto, presume que a posse mantenha o mesmo caráter com que foi adquirida: como conciliar as duas regras?
>
> Esse último dispositivo é portador de uma presunção *juris tantum*, no sentido de que a posse guarda o caráter de sua aquisição. Assim, se a aquisição for violenta, clandestina ou precária, esse característico se prende à posse e a acompanha nas mãos dos sucessores do adquirente.

> Todavia, sendo *juris tantum* tal presunção, admite ela prova em contrário. Por conseguinte, se o adquirente a título violento, ou clandestino, provar que a violência ou a clandestinidade, cessaram há mais de ano e dia, sua situação de possuidor é reconhecida e só será vencido no juízo petitório. (RODRIGUES, 2004, p. 30)

Das colocações do eminente professor, *data venia*, discordamos de algumas delas. Assim o fazemos por entendermos, salvo melhor juízo, que o fundamento por ele usado para justificar a coexistência harmoniosa dos artigos 1.203 e 1.208 no ordenamento civil partiu de conceitos errôneos do fato posse ou, ao menos, do momento de sua aquisição. Aliado ao acréscimo (na formulação de seu pensamento) de um elemento a que a própria lei não menciona para que ocorra o convalescimento da posse: a sua idade (se posse nova ou posse velha) aliada a uma deturpação na interpretação do preceituado no artigo 1.208. Senão vejamos.

Dissecando o que nos leciona o eminente professor Sílvio Rodrigues, temos:

> (...) o art. 1.208 permite que a posse violenta ou clandestina convalesça, pela cessação da violência ou da clandestinidade. Basta que ela se estenda pacificamente, ou publicamente, durante o intervalo de ano e dia, para que fique purgada de seus efeitos. (RODRIGUES, 2004, p. 30)

Primeiro: definitivamente, o artigo 1.208 não permite que a posse violenta ou clandestina convalesça, pela cessação da violência ou da clandestinidade.

O que preceitua o artigo 1.208 do Código Civil é algo bem diferente: o que preceitua aquele artigo é que *ninguém sequer chegará a adquirir a posse mediante atos violentos ou clandestinos.* Portanto, aquele que detiver algo em seu poder usando de violência ou de clandestinidade para tanto, sequer tem a posse. É mero detentor; jamais possuidor. Portanto, *permissa venia*, não está correto o posicionamento de nosso professor ao afirmar que "(...) o art. 1.208 permite que a posse violenta ou clandestina convalesça, pela cessação da violência ou da clandestinidade". Definitivamente. O que diz aquele artigo é que não existe posse enquanto durar a violência ou a clandestinidade, e não que a posse se transmutará de violenta ou clandestina (injusta, portanto), para justa.

Desta forma, como poderíamos, a exemplo do que defende o professor Sílvio Rodrigues, obter o convalescimento da posse (de posse injusta para posse justa) se até então sequer há posse, mas mera detenção, pela presença da violência ou da clandestinidade?

Entretanto, *cessada a violência ou a clandestinidade, passará a existir posse*. Então, o convalescimento da posse, pelo que dispõe o artigo 1.208 do Código Civil, não consiste na mudança de uma posse injusta para uma posse justa, mas sim na mudança de uma detenção para uma posse. Como essa posse foi adquirida mediante violência ou clandestinidade, ela será uma posse injusta, em perfeita consonância com o que dispõe o artigo 1.203 do Código Civil brasileiro: "Salvo prova em contrário, entende-se manter a posse o mesmo caráter com que foi adquirida".

Segundo: não está presente no artigo 1.208 do Código Civil, ou em qualquer outro dispositivo dos Códigos Civil e de Processo Civil, qualquer menção à necessidade do lapso temporal de um ano e um dia para que haja o convalescimento da posse. A idade da posse, se velha (mais de um ano e um dia) ou nova (menos de um ano e um dia) só interessa ao profissional do direito no que se refere à possibilidade de se obter ou não a medida liminar; à escolha do procedimento a ser adotado em sua possessória (se rito ordinário ou especial), e quanto à concessão ou não da *posse provisória*. O critério da idade da posse, definitivamente, não é elemento que se tenha de analisar para o seu convalescimento.

De todo o exposto, podemos destacar os pontos de divergência entre os pensamentos formulados pelo professor Sílvio Rodrigues e os nossos:

a) O convalescimento da posse, para Sílvio Rodrigues, consiste na mudança do estado da posse de posse injusta para posse justa.

No nosso entendimento, o convalescimento da posse, nada mais é que a mudança do estado de detenção para posse injusta (injusta porque, ainda que tenha cessado a violência ou a clandestinidade que lhe deram causa, a posse permanece com o caráter com que foi adquirida – art. 1.203 do Código Civil. Como foi resultante de violência ou clandestinidade, esses vícios a macularão para sempre);

b) Para o professor Sílvio Rodrigues, o convalescimento da posse se dará após o decurso do lapso temporal de um ano e um dia (posse velha). Neste momento, a posse deixará de ser injusta para se tornar justa.

No nosso entendimento, o convalescimento da posse se dá no exato momento em que cessar a violência ou a clandestinidade. Não há, nos ordenamentos civil ou processual civil, qualquer dispositivo que determine que só após o decurso do lapso temporal de um ano e um dia, possa haver o convalescimento da posse. Portanto, o convalescimento da posse se dará no exato momento da cessação da violência ou da clandestinidade;

c) No entendimento do professor Sílvio Rodrigues, o convalescimento da posse seria a mudança de sua classificação: a mudança de uma posse injusta para uma posse justa.

No nosso entendimento, tal mudança não é possível. Os vícios que maculam uma posse se perpetuarão durante toda a existência daquela. Uma posse que nasce com os vícios da violência ou da clandestinidade se perpetuará injusta até que uma situação que envolva o antigo possuidor injustamente esbulhado em sua posse e o atual possuidor, que adquiriu a posse daquele primeiro de forma injusta, ponham fim àquele vício. Essa é a prova em contrário que o artigo 1.203 do Código Civil prevê em seu texto.

Neste diapasão lecionam também os professores Tito Fulgêncio[1] e Caio Mário da Silva Pereira[2].

---

1 "Princípio geral sobre o caráter da posse – Está firmado no art. 1.203: 'Salvo prova em contrário, entende-se manter a posse o mesmo caráter com que foi adquirida'.
Quer isso dizer que uma posse, que começou violenta, clandestina ou precária, presume-se ficar com os mesmos vícios; adquirida de boa-fé ou de má-fé, direta ou indireta, a título de propriedade ou de exercício de algum poder elementar do domínio, entende-se permanecer assim mesmo, conserva a modalidade que a qualifica.
Daí a máxima, que os romanos expressavam – *nemo, si ipsi causam possessionis mutare potest;* em vernáculo – ninguém pode mudar, por si só, a causa de sua posse (...)
Criando a regra, o legislador tinha em mente determinar que o possuidor a título de compra não pode ex arbitrio, passar a possuir a título de herdeiro; quem tinha a posse para interditos, não podia a seu bel-prazer transformá-la em posse qualificada para usucapião; o mero detentor não podia mudar, por vontade sua arbitrária, a detenção em posse verdadeira. E por que? Pela razão que dá PLANIOL com nitidez: esta transformação não resultaria de uma simples mudança de vontade do possuidor; seu título primitivo grita por assim dizer contra ele e torna ineficaz e nula a vontade presente; possuidor precário é, possuidor precário fica, isto é, simples detentor e não possuidor, tanto que continua a deter a coisa em virtude de seu título primitivo.
Mas se a simples mudança de vontade é incapaz de transformar o caráter da posse, enquanto dura o título primitivo dela, a inversão desse título opera este resultado, e o Código o admite, na expressada ressalva de prova em contrário.
Esta inversão se dá por um fundamento jurídico e pode vir de um terceiro, ou por uma contradição violenta aos direitos do proprietário.
Exemplo do primeiro caso: quem possui como locatário, compra o prédio do terceiro, que é proprietário, e passa a possuir como dono. A sua posse foi invertida, de possuidor imediato, passou a possuir a título de proprietário; essa posse era direta simplesmente e assumiu caráter inteiramente diverso, a título diferente." (FULGÊNCIO, 1999, p. 44-45).

2 "A posse injusta não se pode converter em posse justa quer pela vontade ou pela ação do possuidor: *nemosibi ipse causam possessionis mutare potest,* quer pelo decurso do tempo:

8. POSSE DE BOA E DE MÁ-FÉ

Outra importante classificação da posse, que se faz mister termos domínio, é a classificação da posse em de boa e de má-fé. Tal classificação assume primordial importância no estudo acerca dos efeitos da posse, especialmente, no que pertence ao direito de percepção de frutos. Afinal, só tem direito à percepção de frutos, por exemplo, o possuidor de boa-fé.

Analisemos, então, cada uma das classificações. Assim dispõe o artigo 1.201 do Código Civil:

> Art. 1.201. É de boa-fé a posse, se o possuidor ignora o vício, ou o obstáculo que lhe impede a aquisição da coisa.
>
> Parágrafo único. O possuidor com justo título tem por si a presunção de boa-fé, salvo prova em contrário, ou quando a lei expressamente não admite esta presunção.

Da mesma forma que ocorreu na conceituação do que vem a ser posse justa, ou ainda, como ocorreu na própria conceituação da posse, o legislador também aqui, classificou o que seja posse de boa-fé para, desta classificação, a doutrina conceituar o que vem a ser posse de má-fé.

Possuidor de boa-fé é aquele que detém em seu poder alguma coisa, desconhecendo qualquer fato impeditivo ou obstáculo à sua aquisição. Portanto, boa-fé é a própria ignorância da existência de vícios ou obstáculos que embaracem a aquisição da coisa.

Mutatis mutandis, má-fé é o conhecimento do vício, melhor dizendo, é a consciência que o possuidor da coisa tem, de que a coisa por ele possuída contém obstáculos que impedem a sua aquisição.

Percebam que, ao contrário dos vícios da posse injusta, que são vícios que se exteriorizam, que são de fácil percepção aos olhos da coletividade (violência, clandestinidade e precariedade) – daí porque recebem o nome de "vícios objetivos da posse" – o vício que faz com que a posse receba a classificação de má-fé é um vício invisível aos olhos da coletividade: é o conhecimento de determinado fato. Em sendo assim, só à própria pessoa

---

quod ab initio vitiosum est non potest tractu temporis convalescere." (PEREIRA, 1998). Nada impede, porém, que uma posse inicialmente injusta venha a tornar-se justa, mediante a interferência de uma causa diversa, como seria o caso de quem tomou pela violência comprar do esbulhado, ou de quem possui clandestinamente herdar do desapossado." (PEREIRA, Caio Mário da Silva. Instituições de Direito Civil – vol. IV. 13ª ed. Rio de Janeiro: Forense, 1998)

que detém uma posse dessa qualidade, cabe conhecer ou não esse vício. Daí porque o vício que faz com que a posse seja classificada como posse de má-fé, receba o nome de "vício subjetivo da posse".

Assim, temos as seguintes classificações de acordo com a espécie de vício que a posse possa receber:

POSSE INJUSTA ⟷	VÍCIOS OBJETIVOS	* Violência * Clandestinidade * Precariedade
POSSE DE MÁ-FÉ ⟷	VÍCIO SUBJETIVO	Conhecimento do vício ou obstáculo que impede a aquisição da coisa

Nota-se, portanto, que as classificações da posse em de *má-fé* ou de *boa-fé*, não têm qualquer ligação ou qualquer correlação com a classificação da posse em posse *injusta* ou *justa*. Isso porque, a posse será justa ou injusta, dependendo se esta terá ou não vícios objetivos que a maculem. De outro turno, a posse será de boa ou de má-fé, dependendo da existência ou não de vícios subjetivos.

Os vícios objetivos da posse não guardam qualquer relação com o vício subjetivo da posse. Os primeiros são a existência de violência, clandestinidade e precariedade na aquisição da posse. O segundo está ligado ao fato de o possuidor ter ou não conhecimento acerca de fatos que impeçam a aquisição da posse sobre determinado bem.

Desta maneira, as classificações de posse de boa e má-fé, se combinarão com as classificações da posse justa e injusta.

A melhor posse, melhor dizendo, a mais forte, é aquela despida de qualquer vício, subjetivo ou objetivos. Ou seja: a melhor posse é a posse justa e de boa-fé. Isso porque foi adquirida sem o emprego de qualquer violência, clandestinidade ou precariedade e o seu possuidor não tem qualquer conhecimento de fatores que possam impossibilitar a sua posse sobre a coisa.

Entretanto, por vezes a posse pode se apresentar justa e de má-fé. Ter uma posse da forma descrita, implica em dizer que, muito embora o seu possuidor não tenha lançado mão de qualquer violência, clandestinidade ou precariedade em sua aquisição, este mesmo possuidor tem consciência de que sobre aquele bem já recai outra posse, ou uma propriedade, enfim: tem conhecimento de que sobre aquela coisa existe um fator que impede a sua aquisição por outra pessoa. Desta forma, este possuidor, que ainda assim, teima em exercer a sua posse, é um possuidor de má-fé. Tem, portanto, uma posse de má-fé.

É o caso típico de alguém que invade um lote vago abandonado. Este possuidor adentrou o lote vago sem exercer qualquer violência. Não se esforçou em dissimular a sua posse perante o seu legítimo possuidor ou proprietário, razão pela qual não pode ser chamado de clandestino, e, tão pouco, se encontra diante de uma posse precária. Assim sendo, quanto aos vícios objetivos, tal posse não os tem. Trata-se, portanto, de um possuidor justo.

No entanto, aquele possuidor sabe bem que aquele lote vago já é de outro possuidor ou, ainda, que sobre ele recai um direito de propriedade. Ainda assim, o cidadão teima em persistir em sua posse. Esse conhecimento do vício e sua permanência no lote, o faz possuidor justo, porém, de má-fé. Eis um caso típico, então, de posse justa e de má-fé.

Imaginemos agora uma hipótese de posse injusta e de boa-fé.

Veremos mais adiante, que os vícios objetivos da posse anterior, se transferem ao novo adquirente. Diante disto, se compro um lote de alguém que, originariamente o adquiriu mediante violência, precariedade ou clandestinidade (posse injusta, portanto), muito embora eu, particularmente não tenha praticado qualquer destes vícios objetivos, serei, ainda assim, possuidor injusto, porque minha posse foi adquirida de alguém cuja posse já era injusta, devido à forma como se dera a sua aquisição.

No entanto, quando a comprei, desconhecia qualquer espécie de vício que pudesse impedir ou obstaculizar a sua aquisição. Por isso, sou possuidor de boa-fé. Dessa forma, terei uma posse injusta e de boa-fé.

Por fim, é possível que uma posse esteja impregnada pelas duas ordens de vícios: objetivos e subjetivos. Assim, teremos uma posse injusta e de má-fé. Esta é a pior posse, ou a posse mais fraca que pode existir.

É a posse daquele que passa em frente a uma casa, se arma de foice e enxada e parte contra seus possuidores visando a retirar-lhes a posse e tomá-la para si. Esse possuidor será injusto, porque usou de violência. É ainda de má-fé, porque tinha conhecimento que sobre aquele imóvel uma família já exercia sua posse. Não obstante ter conhecimento deste obstáculo, ainda assim, partiu contra aquela família visando a tomar para si a posse daquela casa.

9. A EXISTÊNCIA DE JUSTO TÍTULO

O artigo 1.201, em seu parágrafo único, preceitua que:

> Parágrafo único. O possuidor com justo título tem por si a presunção de boa-fé, salvo prova em contrário, ou quando a lei expressamente não admite esta presunção.

Em outras palavras: a lei confere ao possuidor que tem consigo justo título na aquisição de sua posse, a *presunção relativa* (*juris tantum*) de boa-fé. Isso significa que, até que se prove o contrário, aquele que tenha consigo um justo título da posse que exerce, é possuidor de boa-fé. Tal presunção legal, resulta na inversão do ônus da prova. Ou seja: em uma demanda possessória, o possuidor de justo título goza da presunção relativa de que ele é possuidor de boa-fé. Caberá, assim, à contraparte fazer a prova contrária, demonstrando a má-fé daquele possuidor.

Mas afinal de contas, o que vem a ser justo título? *Título*, na linguagem vulgar, para os efeitos mencionados no artigo 1.201, traz o sentido de *causa* ou de *elemento criador* da relação jurídica. Ex.: doação, compra e venda, etc.

Por sua vez, *justo*, indica que aquele documento recebeu a chancela do Estado, por meio de algum órgão do Poder Judiciário (cartório de imóveis, algum juízo, etc). Portanto, *justo título* é o documento que goza de fé pública, hábil para, em tese, para transferir a propriedade. Ex.: uma escritura de compra e venda, uma carta de adjudicação, um formal de partilha, etc. Nas palavras de Sílvio Rodrigues:

> O legislador presume de boa fé a posse quando o possuidor tem justo título.
>
> Justo título é o título hábil para conferir ou transmitir direito à posse, se proviesse do verdadeiro possuidor ou proprietário.
>
> De modo que, se o adquirente da posse a houve de forma legal, embora de quem não tivesse legitimação para transferi-la, a lei o presume de boa fé, pois o título de que é portador é justo. Tal presunção, entretanto, admite prova em contrário. Mas, como toda presunção dessa natureza, ela transfere o ônus da pova, pois, exibindo o possuidor justo título, compete à parte contrária provar que, a despeito dele, está o litigante ciente de não ser justa a sua posse. (RODRIGUES, 2004, p. 32)

10. POSSE A TÍTULO SINGULAR E A TÍTULO UNIVERSAL

O artigo 1.207 do Código Civil dispõe que:

> Art. 1.207. O sucessor a título universal continua de direito a posse de seu antecessor; e ao sucessor singular é facultado unir sua posse à do antecessor, para os efeitos legais.

A classificação de *posse a título singular* e *posse a título universal*, tem interesse, mais especificamente, quanto à aquisição da posse.

A posse a título universal é aquela posse adquirida por meio da sucessão *causa mortis*. Por isto também chamada de *successio possessionisl*. Vamos dizer que "A" exerça uma posse injusta sobre determinado imóvel há mais de trinta anos. Caso "A" venha a falecer e deixe herdeiros, seus herdeiros adquirirão a posse de "A", a título universal. Em sendo assim, por ter sido a posse de "A" uma posse injusta, e seus herdeiros serem possuidores a título universal, então a posse destes também será injusta, exatamente como dispõe o artigo 1.208.

Por outro lado, aquele que vem a adquirir a posse por um ato de vontade, por ato *inter vivos*, tal como a doação e a compra e venda, recebe o nome de *possuidor a título singular,* ou ainda *accessio possessionis* (*accessio possessionis*, pois neste caso está havendo, mesmo, uma acessão – um acréscimo – do tempo de posse do possuidor anterior.

No primeiro caso, os herdeiros adquirem todo o patrimônio do falecido, por via da transmissão *causa mortis*. Adquire aquele patrimônio em toda a sua universalidade.

Nos atos entre vivos, tal fato não ocorre. A compra e venda, ou a doação, por exemplo, se dá sobre um ou alguns bens determinados, e não sobre a universalidade do patrimônio.

A diferença para este possuidor é que, enquanto o possuidor a título universal, automaticamente adquire a posse de seu antecessor com todos os vícios que aquela possuía, o possuidor a título singular tem a faculdade de unir à sua posse a posse anterior, para os efeitos legais.

Vamos ilustrar com um exemplo. Continuemos com o mesmo exemplo acima. Vimos que a posse de "A" era uma posse violenta, já que fora adquirida mediante violência ou clandestinidade. E "A" exerceu esta posse por mais de trinta anos, até que veio a falecer. "B" vem a comprar esta posse, portanto, é um possuidor a título singular. Este terá, por conseguinte, a faculdade de unir à sua recém-adquirida posse, os trinta anos exercidos por "A" e requerer a aquisição da propriedade via usucapião extraordinário (que independe de justo título e boa-fé), ou recomeçar a contagem de sua própria posse.

11. POSSE *AD INTERDICTA* E POSSE *AD USUCAPIONEM*

Diz-se que uma posse é *ad interdicta* quando esta posse pode ser protegida pelos interditos possessórios. Para isso, basta que haja a exteriorização do domínio, ou seja, a presença dos elementos *corpus* ou *animus*. É a posse simples, defendida na teoria de Jhering: *posse = aparência de propriedade*. Aparência esta que se dá com o fato do possuidor dar destinação econômica ideal à coisa.

De outro turno, diz-se que uma posse é *ad usucapionem* quando esta posse, além de poder ser protegida pelos interditos possessórios, ou seja, além de ter a simples "aparência de propriedade" exercida pelo possuidor, possui um elemento a mais: elemento subjetivo (*animus domini*) da Teoria Subjetiva de Savigny. Portanto, se alguém tem a aparência de ser proprietário de algo que na realidade não o é, e, aliado a esta aparência, tal possuidor esteja munido de *animus domini* (elemento preponderante na Teoria Subjetivista da Posse de Savigny), ou seja, tem a coisa como sua, então, este possuidor exerce a chamada *Posse ad usucapionem* ou *Posse Qualificada*.

Podemos dizer que é o único momento de nosso ordenamento jurídico em que adotamos a teoria possessória de Savigny: para a aquisição da propriedade via usucapião.

Vejamos dois exemplos: alguém que seja inquilino, poderia se tornar proprietário da coisa alugada, depois de passados cinquenta anos na posse desta coisa? Resposta: não. Pois apesar de este inquilino estar há cinquenta anos na posse do coisa, esta sua posse é uma posse simples. Ou seja, ele tem a aparência de proprietário, mas falta-lhe o *animus domini* (ele não tem a coisa como sua). Tanto não tem a coisa como sua que ele paga aluguel àquele que reputa ser o proprietário do bem.

Ao contrário, aquele que invade uma área, constrói ali a sua casa e ali permanece por mais de quinze anos, pode adquirir a propriedade por usucapião? Resposta: sim. Pois a posse deste indivíduo, além do elemento objetivo (aparência de propriedade) apresenta também o elemento subjetivo (*animus domini*), elemento este determinante para a configuração da usucapião.

Esse indivíduo, neste caso, assume a posição de dono mesmo (subjetivamente), e não apenas a aparência de dono.

4 DOS EFEITOS DA POSSE

1. INTRODUÇÃO

Todo o estudo que fizemos da posse até então, discutindo as suas teorias, analisando as suas classificações e conhecendo a figura do possuidor, constituiu a base; o pilar de sustentação, para que pudéssemos chegar, neste momento, no ponto alto dos estudos da posse: os efeitos que esta posse confere ao seu titular.

Com efeito, todo o estudo da posse só faz sentido na medida em que esta se constitui em direito, reconhecido pelo nosso ordenamento jurídico, e que, justamente por ser um direito, reveste o seu titular de alguns poderes. Poderes esses, que não só: 1. protegerão o exercício da posse, como também: 2. assegurarão a percepção dos frutos que o exercício de tal direito venha a proporcionar ao possuidor e, 3. no direito do possuidor de receber pelas benfeitorias que eventualmente tenha realizado sobre a coisa possuída.

Estes são os efeitos da posse que passaremos a estudar neste capítulo: a proteção possessória, o direito à percepção de frutos e o levantamento de benfeitorias.

2. DA PROTEÇÃO POSSESSÓRIA

Podemos dizer que a proteção possessória é assegurada ao possuidor em dois âmbitos: a) pelo âmbito EXTRAJUDICIAL e, b) pelo âmbito JUDICIAL.

Chamamos de âmbito extrajudicial aquela proteção possessória que se dá fora do Poder Judiciário. Independentemente deste. Assim como ocorre no direito penal, o direito civil também permite que em situações excepcionais, alguém possa se valer de seus próprios meios; suas próprias forças, para repelir a agressão que estiver sendo perpetrada contra a sua posse.

A esta proteção possessória que se dá no âmbito extrajudicial (independentemente fora do Poder Judiciário, repita-se) dá-se o nome de **legítima defesa da posse**.

A legítima defesa da posse, para que seja reconhecida, precisa contar exatamente com os mesmos requisitos da legítima defesa pessoal (do direito penal): ela precisa ser **imediata** e **os atos praticados em defesa desta posse não podem ultrapassar (exceder) a força necessária para fazer com que cessem as agressões à posse**. Assim preceitua o §1° do artigo 1.210 do Código Civil:

> § 1º *O possuidor turbado, ou esbulhado, poderá manter-se ou restituir-se por sua própria força, contanto que o faça logo; os atos de defesa, ou de desforço, não podem ir além do indispensável à manutenção, ou restituição da posse.*

Daí porque a legítima defesa é também chamada de *desforço imediato*, porque deve ser praticada **no momento exato em que estiver ocorrendo a agressão à posse**, ou ainda, *desforço incontinenti*, pois não poderá haver incontinência (falta de controle) da força empregada na proteção desta posse.

Vale a pena chamar a atenção mais uma vez: **a legítima defesa da posse deve ser utilizada no momento em que a agressão à posse estiver em andamento, e não quando o legítimo possuidor dela vier a tomar conhecimento, tendo ela já se concretizado.**

Assim, ultrapassado o momento em que a legítima defesa da posse poderia ter sido utilizada, ou ainda, não tendo sido possível o possuidor ter se valido de suas próprias forças para fazer cessar as agressões à sua posse, não há, então, outro meio senão o de recorrer ao Poder Judiciário para pedir ao Estado que confira a proteção a esta posse contra as agressões que estiverem sendo praticadas pelo terceiro (esbulho possessório, perturbação da posse ou ameaça à posse).

Daí, porque se faz necessária neste momento a intervenção do Poder Judiciário, dizemos que aqui estamos no âmbito judicial da proteção possessória.

No âmbito judicial as ações possessórias podem ser classificadas em típicas e atípicas.

Ações possessórias atípicas são todas aquelas ações que estão espalhadas ao longo de todo o Código de Processo Civil e Leis extravagantes, que exigem que o seu titular tenha **posse**. São exemplos de ações possessórias atípicas: nunciação de obra nova; embargos de terceiro senhor e possuidor; demolitórias, etc.

Por outro lado, ***ações possessórias típicas*** são aquelas ações que receberam um capítulo especial no Livro I (Do Processo de Conhecimento e do Cumprimento de Sentença), Título III (Dos Procedimentos Especiais) da Parte Especial do Novo Código de Processo Civil (Das Ações Possessórias), a saber: **a)** ***interdito proibitório***: ação possessória cabível contra atos de ameaça à posse; b) ***manutenção de posse***: ação possessória cabível contra atos de perturbação à posse e c) ***Reintegração de posse:*** ação possessória cabível contra atos de esbulho (retirada; tomada) da posse.

Mais à frente debruçaremo-nos com mais vagar sobre estas ações possessórias típicas.

Daí temos então, que o primeiro dos efeitos da posse a ser garantido em nosso Código Civil é o da proteção possessória. De todos os três efeitos da posse acima mencionados, este pode ser considerado, sem qualquer sombra de dúvida, como o mais abrangente e o mais vigoroso de todos. Isso porque, o possuidor que sentir sua posse ameaçada, perturbada, ou mesmo, no caso extremo de haver perdido a sua posse, terá o direito de buscar junto ao Poder Judiciário (ou, como veremos mais a frente, por suas próprias mãos, em casos excepcionalíssimos) a tutela correspondente.

Mas não só. Mesmo nos casos em que o possuidor tiver violado os seus direitos na percepção dos frutos que a coisa lhe tenha rendido, ou ainda, quando lhe estiver sendo negado o recebimento pelas benfeitorias acaso realizadas na coisa, poderá resgatar tais direitos exatamente por meio da proteção possessória. Assim dispõe o artigo 1.210 do Código Civil:

> Art. 1.210. O possuidor tem direito a ser mantido na posse em caso de turbação, restituído no de esbulho, e segurado de violência iminente, se tiver justo receio de ser molestado.
>
> § 1º O possuidor turbado, ou esbulhado, poderá manter-se ou restituir-se por sua própria força, contanto que o faça logo; os atos de defesa, ou de desforço, não podem ir além do indispensável à manutenção, ou restituição da posse.
>
> § 2º Não obsta à manutenção ou reintegração na posse a alegação de propriedade, ou de outro direito sobre a coisa.

Temos aqui delineado, então, o fundamento jurídico do direito material para as ações possessórias: a manutenção de posse, para caso de turbação (ou perturbação da posse); a reintegração de posse, para caso de esbulho (perda da posse) e o interdito proibitório (para casos de ameaça da posse).

3. EVOLUÇÃO HISTÓRICA DAS AÇÕES POSSESSÓRIAS TÍPICAS

Podemos dizer, sem o menor receio de estarmos incorrendo em erro, que as ações possessórias constituem-se em um dos mais antigos procedimentos da história do direito. Elas remontam ao velho Direito Romano, quando eram conhecidas como *interditos possessionis.*

Os interditos consistiam nos instrumentos com que contavam os romanos para repelirem a agressão ao seu patrimônio.

É importante que se diga desde já, que o patrimônio era o bem jurídico mais importante para os romanos, ao contrário das civilizações atuais, cujo bem jurídico mais importante é a vida. Isso porque, os romanos não tinham a vida como um bem. A vida, para os romanos, era algo sem qualquer repercussão jurídica. Consistia numa dádiva, que só cabia a Deus o seu trato. Assim, o bem que merecia a maior atenção por parte dos romanos era o patrimônio.

Tanto assim que, no *Codex Iuris Civilis* (ou Código de Justiniano), o ordenamento de maior envergadura do antigo Direito Romano, o livro de maior importância era justamente o *Jus Rerum* (Direito das Coisas). Este livro era o que resguardava a posse e a propriedade dos romanos e tinha nos interditos, os eficazes instrumentos para a defesa de tais direitos.

A preocupação dos romanos com o seu patrimônio era tamanha que aquele ordenamento jurídico desenvolveu "remédios" para os mais variados tipos de ameaça que o seu patrimônio pudesse sofrer: desde a simples ameaça, passando por uma eventual perturbação, até chegar na possibilidade de ter a sua coisa perdida. Assim é que se tinha, respectivamente, os três interditos *possessionis*, a saber: *interdictum proibitorium*, *interdictum retinandae* e *interdictum recuperandae.*

4. DA PROTEÇÃO POSSESSÓRIA NO CÓDIGO CIVIL BRASILEIRO (ART. 1.210)

4.1 . Da legítima defesa da posse

A proteção possessória, por força do artigo 1.210 do Código Civil, poderá ocorrer em dois âmbitos: no âmbito judicial e no âmbito extrajudicial.

Em outras palavras, o possuidor ofendido em sua posse, deverá recorrer ao Poder Judiciário para fazer cessar tais agressões.

Entretanto, em caráter excepcionalíssimo, a lei permite que o próprio possuidor, utilizando-se de seus próprios meios, repulse a referida agressão. É a figura da *legítima defesa da posse* (também chamada de "desforço imediato" ou "desforço incontinenti") que, como a legítima defesa da pessoa (art. 25 do Código Penal), permite àquele que estiver sendo perturbado ou esbulhado em sua posse, mantenha-se ou restitua a coisa por sua própria força, contanto que o faça logo. Ou seja: no exato momento em que a agressão estiver ocorrendo. E ainda adverte o § 1° do artigo 1.210 do Código Civil:"(...) os atos de defesa, ou de desforço, não podem ir além do indispensável à manutenção ou restituição da posse".

Assim, para que o possuidor possa se utilizar deste remédio, hão de ser observados dois importantes requisitos: 1°) a agressão precisa ser atual. Deve estar ocorrendo naquele momento. Alguém que, por exemplo, toma conhecimento da invasão já consolidada de sua posse, não poderá valer-se de tal remédio. Para tanto, seria necessário que o possuidor agredido estivesse presenciando a ocupação da coisa e, aí sim, poderia utilizar-se de seus próprios meios para repelir aquela agressão; 2°) Os atos de defesa à coisa não podem ir além do indispensável à sua manutenção, ou restituição.

Nesta advertência legal, vale a pena lembrarmos que, para se promover a defesa de um bem jurídico, não podemos ferir um bem jurídico de natureza superior. Com isso queremos dizer que, para defendermos a nossa propriedade, não podemos, por exemplo, tirar a vida daquele que tenta invadi-la. Senão, estaríamos diante de uma típica situação de abuso de direito. Afinal de contas, o bem jurídico "vida" é infinitamente maior que o bem jurídico "propriedade".

4.2 . Da manutenção de posse

O artigo 1.210 de nosso Código Civil, como vimos acima, garante ao possuidor que esteja sendo perturbado no exercício de sua posse, o direito de repelir tal incômodo (juridicamente chamado de "turbação").

Essa repulsa poderá se dar de forma extrajudicial, como já dissemos, desde que obedecidos os requisitos *supra* mencionados. Caso contrário, o possuidor ofendido em sua posse deverá utilizar-se dos meios judiciais, por meio da chamada "manutenção de posse", que é o procedimento adequado para tais situações, definido nos artigos 554 e seguintes do Novo

Código de Processo Civil brasileiro, sob o título único "Das ações possessórias" (já que estas englobam, também, a reintegração de posse e o interdito proibitório), que serão objeto especial de nosso estudo mais adiante.

4.3 . Da reintegração de posse

Da mesma forma, o mesmo artigo 1.210 garante ao possuidor que tivera a sua posse retirada de si (esbulho possessório) o direito de ser reintegrado na mesma. *In verbis*: "Art. 1.210. O possuidor tem direito a ser mantido na posse em caso de turbação, restituído no de esbulho, e segurado de violência iminente, se tiver justo receio de ser molestado".

Como já nos ocupamos de informar no item acima, para se alcançar tal desiderato o possuidor deverá lançar mão das ações possessórias, delineadas a partir do artigo 554 do Novo Código de Processo Civil.

Vale a pena repetir que as ações possessórias consistem em meio comum, tanto para aquele que tem a sua posse perturbada, quanto para aquele que tem a sua posse perdida.

5. DO PROCEDIMENTO DAS AÇÕES POSSESSÓRIAS

Sabemos que todo aquele que se encontrar ofendido em qualquer de seus direitos, não poderá valer-se de suas próprias razões para fazer cessar tal agressão (salvo casos excepcionalíssimos, como já cuidamos de citar acima). Portanto, para ter os seus direitos respeitados, ou mesmo restaurados, o interessado deverá endereçar tal pedido ao Poder Judiciário

Assim, uma vez encontrado no universo legal o direito subjetivo merecedor da tutela jurisdicional, cabe ao interessado, nessa situação, perquirir sobre qual o procedimento a ser utilizado para endereçar ao Estado a sua pretensão.

Não é a parte quem escolhe o procedimento a ser adotado nesta ou naquela demanda. É o Estado que determina o modo como tal pedido deverá ser-lhe encaminhado pela parte interessada. Em outras palavras, é o Estado que determina qual o procedimento a ser seguido por aquele cidadão que desejar a proteção de seus interesses. E ele assim o faz pelo Novo Código de Processo Civil.

Como definir, então, o procedimento a ser usado para esta ou aquela situação?

A opção pelo procedimento deverá se dar pelo critério da exclusão. O Código de Processo Civil brasileiro apresenta dois (2) procedimentos cognitivos, a saber: procedimento especial e procedimento comum.

Rezam as regras de hermenêutica que a regra especial prefere a regra geral. Isso porque, ela foi especialmente criada para aquela situação. Assim sendo, diante de um caso concreto, o primeiro procedimento a ser investigado, quanto à sua aplicabilidade ao caso ou não, deverá ser o procedimento especial, justamente porque ele foi criado exatamente para aquelas situações ali previstas.

No que se refere às ações possessórias, o procedimento a ser adotado é o especial. As ações possessórias são trabalhadas nos artigos 554 a 568 do Novo Código de Processo Civil.

O artigo 558, parágrafo único, daquele diploma preceitua que:

> Art. 558. Regem o procedimento de manutenção e de reintegração de posse as normas da Seção II deste Capítulo quando a ação for proposta dentro de ano e dia da turbação ou do esbulho afirmado na petição inicial.
>
> Parágrafo único. Passado o prazo referido no caput, será comum o procedimento, não perdendo, contudo, o caráter possessório.

Entretanto, como podemos depreender da leitura do dispositivo acima, não será o procedimento especial observado em todas as ações possessórias, não! As ações possessórias que seguirão o procedimento especial serão somente aquelas que forem propostas dentro do prazo de um ano e um dia contados da data em que ocorreu a turbação ou o esbulho da posse.

O procedimento especial, contudo, tem uma duração curtíssima. As ações possessórias seguem o procedimento especial somente até a decisão do juiz que nega ou concede a liminar possessória. Após tal decisão, o procedimento se transforma em comum (art. 566 do NCPC), sendo o réu citado para apresentar sua resposta no prazo de quinze (15) dias.

Que diferença, afinal, faz ao se adotar o procedimento especial ou o procedimento comum na ação possessória?

A diferença está na *possibilidade da concessão da medida liminar possessória*. Pois, se a turbação ou o esbulho tiver ocorrido há menos de um ano e um dia (posse nova, portanto), o procedimento cabível será o procedimento especial (ação possessória de força nova). Neste procedimento, *existe a possibilidade de o autor obter a liminar possessória* para que a agressão à sua posse seja interrompida imediatamente.

Entretanto, se a turbação ou o esbulho tiver ocorrido há mais de um ano e um dia (posse velha, portanto), o procedimento cabível será o comum (ação possessória de força velha). Neste procedimento, *não existe a possibilidade de o autor obter a liminar possessória.*

Veja-se que estamos dizendo *possibilidade*. Ou seja: a adoção do procedimento especial nas ações possessórias não é garantia de que o autor obterá a medida liminar. Este procedimento, *apenas, abre a possibilidade* para o autor da ação possessória de obter tal medida.

6. NATUREZA JURÍDICA DA LIMINAR POSSESSÓRIA

O que é uma liminar? Liminar é toda medida em que o juiz antecipa um provimento jurisdicional. Este provimento antecipado pelo juiz pode ser um provimento de mérito (quando o litigante pede que o juiz antecipe a própria decisão) ou um provimento cautelar (quando o litigante pede, não que o juiz antecipe a sua decisão, mas simplesmente que o juiz tome medidas que assegurem que o objeto da demanda não se perca até que chegue ao fim o processo). Daí porque podemos falar em *liminar de mérito* e em *liminar cautelar*, dependendo se a liminar visa a antecipar a própria decisão ou se a liminar visa única e tão somente praticar atos que impeçam a perda do objeto da lide. Em outras palavras: medida que visa garantir o resultado útil do processo.

Um exemplo: imaginemos que "A" e "B" estejam litigando por um cacho de bananas. Entretanto, ou "A" ou "B", ciente de que aquele cacho perece rapidamente e que, provavelmente, não durará até o final do processo, se algo não for feito para a sua conservação, então, pede ao juiz que lhe conceda uma medida liminar a fim de que seja tomada alguma medida para que aquele cacho dure até o resultado final da demanda. Veja que, neste caso, o litigante não está pedindo ao juiz que lhe entregue, antecipadamente, o cacho de bananas, mas tão somente, que sejam tomadas atitudes capazes de garantir a durabilidade daquele cacho até o final do processo. Esta é uma *liminar cautelar*, porque tem por fim a *cautela* de se preservar o objeto da lide.

Outra situação é quando um dos litigantes pede ao juiz que lhe defira, não uma tutela de urgência cautelar para preservação do objeto da lide, mas a parte pede ao juiz que antecipe a própria decisão.

Voltemos ao exemplo do cacho de bananas.

Se um dos litigantes se dirige ao juiz e pede que o cacho de bananas lhe seja entregue, pois existem provas inequívocas de que aquele cacho seria, realmente, de sua propriedade, e que aquele cacho de bananas, por ser de fato seu, deve lhe ser entregue naquele momento, pois depende dele o sustento de toda uma família, etc. etc. etc. então, neste caso, o litigante está pleiteando uma tutela de urgência antecedente, a própria antecipação da tutela. Em outras palavras, o litigante está pedindo ao juiz que lhe antecipe a tutela para já.

Neste caso, a parte está pedindo ao juiz da causa que lhe antecipe um provimento que somente lhe seria devido no final do processo. Portanto, no evento, o litigante está pedindo a antecipação da própria tutela jurisdicional, e não apenas um acautelamento para a preservação do resultado útil final do processo.

Repita-se: enquanto a liminar cautelar tem por fim simplesmente assegurar o resultado final útil do processo, sem entrar na discussão quanto quem faz jus à tutela pretendida, na liminar de mérito, o que a parte busca é a antecipação do próprio mérito (da tutela jurisdicional perseguida pelas partes).

A tutela de urgência (art. 300 do Novo CPC), que poderá ser cautelar (liminar cautelar) ou antecedente (liminar de mérito), poderá ser concedida desde que a parte faça prova da probabilidade do direito (*fumus boni iuris*), bem como do perigo de dano ou risco ao resultado útil do processo que a demora da prestação jurisdicional possa representar para o objeto da demanda (*periculum in mora*).

Entretanto, para a concessão da tutela antecedente, tal medida deverá ser reversível. Como neste caso, a parte está pedindo ao juiz que lhe antecipe o provimento, que a rigor só deveria vir no final do processo, então, é desnecessário dizer que o juiz exigirá e analisará a reversibilidade de tal medida. Afinal, aqui, o que está sendo pedido é que o próprio objeto da lide seja concedido à parte agora, e não no final do processo.

Atendidos esses requisito, o juiz, então, concederá a liminar possessória.

Da decisão que conceder ou negar a liminar, o procedimento deixará de ser especial e cairá na vala do procedimento comum (art. 566 do NCPC).

7. CARACTERÍSTICAS DAS AÇÕES POSSESSÓRIAS

Repetindo o artigo 558, parágrafo único, do Novo Código de Processo Civil:

> Art. 558. Regem o procedimento de manutenção e de reintegração de posse as normas da Seção II deste Capítulo quando a ação for proposta dentro de ano e dia da turbação ou do esbulho afirmado na petição inicial.

Parágrafo único. Passado o prazo referido no caput, será comum o procedimento, não perdendo, contudo, o caráter possessório.

Da leitura do artigo *supra* citado, infere-se que, seja pelo procedimento especial, seja pelo procedimento comum, as ações possessórias têm características próprias. Quais sejam:

a) *Fungibilidade dos interditos* (art. 554 do NCPC): o artigo 554 do Novo Código de Processo Civil dispõe que "a propositura de uma ação possessória em vez de outra não obstará a que o juiz conheça do pedido e outorgue a proteção legal correspondente àquela cujos requisitos estejam provados".

Todos sabemos que um dos princípios norteadores do processo civil brasileiro é o princípio dispositivo ou da adstrição, em conformidade com o qual, o juiz está adstrito a analisar aquilo que foi pedido pela parte, considerando o conjunto da postulação, exceto nos casos de juros legais, correção monetária e verbas de sucumbência, já compreendidos no pedido principal. Ou seja: se a parte pediu "a", então o juiz deverá conceder ou negar precisamente "a". Não poderá apreciar nem "+ a" nem "- a", nem "b", sob pena de sua sentença ser considerada nula por ser *extra petita*, *ultra petita* ou *citra petita.*

O artigo sob comento (554 do NCPC), todavia, constitui exceção a tal princípio. Nas ações possessórias, excepcionalmente, o juiz poderá conceder tutela possessória diferente daquela pedida pelo autor se, da análise do caso concreto, o juiz entender que a ofensa à posse foi diferente daquela narrada pela parte.

Sendo assim, se da leitura de uma inicial de manutenção de posse, por exemplo, o juiz entende que o que houve foi um esbulho, e não uma turbação, então o juiz poderá conceder uma reintegração de posse, não obstante a parte ter pedido uma manutenção de posse, e vice-versa.

b) *Possibilidade de cumulação de pedidos de naturezas diversas* (art. 555 do NCPC): nas ações possessórias, além do respectivo pedido de proteção da posse contra o ato esbulhativo ou turbativo, o autor pode cumular, ainda, os pedidos de: a) condenação em perdas e danos; b) indenização dos frutos; c) imposição de medida necessária para c.1) evitar nova turbação ou esbulho ou c.2) cumprir-se a tutela provisória ou final; e d) cominação de multa pecuniária para o caso de nova turbação ou esbulho.

Dessa forma, evita-se que o possuidor turbado ou esbulhado em sua posse, tenha que manejar várias ações para ter restabelecido o seu *status quo ante* a agressão à sua posse.

Assim, na própria ação possessória, o autor pode pedir, não só a proteção possessória cabível ao caso, mas também a reparação integral de todos os danos por ele sofridos.

Há de se chamar a atenção para o pedido de cumulação de pena pecuniária para o caso de nova turbação ou esbulho.

Este pedido tem como fundamento as *astreintes* do direito francês. É uma multa pecuniária que tem, por finalidade, coibir o réu de voltar a praticar atos atentatórios contra a posse do autor.

Como o juiz não pode limitar a liberdade individual de cada um fazer o que quiser, então, este fixará uma multa pecuniária. Assim, não se atinge a esfera de liberdade do réu. Ele tem a opção entre praticar o ato atentatório contra a posse do autor ou pagar a multa que lhe for fixada pelo juízo.

c) *Natureza dúplice da ação possessória* ou *actio duplex* (art. 556 do NCPC): sabemos que quando o réu é citado para apresentar sua resposta, esta poderá se dar no formato de contestação (que é a defesa, propriamente dita) e reconvenção.

A reconvenção é um contra-pedido que o réu faz ao juiz, contra o autor, no mesmo processo que este move em face daquele.

A reconvenção deve ser feita em peça apartada, mas que é juntada aos próprios autos.

Entretanto, nas ações possessórias, é *lícito* (portanto, facultado, permitido, autorizado) que o réu, em vez de apresentar sua reconvenção em peça apartada, a faça em sua própria peça contestatória. Ou seja: na mesma peça em que o réu apresentar a sua contestação, ele poderá apresentar o seu contra-pedido.

Esta é uma tendência do processo civil moderno, visando a simplificação dos procedimentos e maior celeridade processual. É o que ocorre, por exemplo, nos Juizados Especiais, regidos pela Lei 9.099: o chamado *pedido contraposto.*

Note que não está correto afirmar, como alguns o fazem, que "nas ações possessórias não existe reconvenção". Ora, existe sim! O que ocorre, é que o réu de uma ação possessória, *tem a faculdade, a opção, a permissão* (afinal, o artigo diz que "é lícito ao réu (...)") de escolher de que forma apresentará a sua reconvenção: se na própria peça contestatória, ou se em peça apartada. Afinal, o réu poderá sim, apresentar em peça apartada a sua reconvenção se assim o quiser, já que o artigo diz que "é lícito ao réu (...)".

d) *Exceção de domínio* ou *exceptio proprietatis* (art. 557 do NCPC): diz o artigo 923 do Código de Processo Civil:

> Art. 557. Na pendência de ação possessória é vedado, tanto ao autor quanto ao réu, propor ação de reconhecimento do domínio, exceto se a pretensão for deduzida em face de terceira pessoa.

Ainda sobre a exceção de domínio, o § 2º, do artigo 1.210 do Código Civil assim dispõe:

> Art. 1.210. (...)
>
> § 2º Não obsta à manutenção ou reintegração na posse a alegação de propriedade, ou de outro direito sobre a coisa.

Portanto, temos que nas ações possessórias, não há cabimento para a discussão de propriedade. Em outras palavras: a alegação em uma ação possessória, por parte do autor ou do réu, de que o seu direito sobre a coisa se funda no fato de ser proprietário do bem, jamais constituirá impedimento para que o juiz conceda a proteção possessória à outra parte, caso seja esta quem realmente esteja sofrendo atos esbulhativos ou turbativos em sua posse.

Da mesma forma, na pendência de um processo possessório, o juízo não pode ter a discussão possessória interrompida por um outro processo, movido por uma das partes, em que o direito de propriedade esteja sendo pedido naquele momento. Ora, se no processo possessório a discussão está adstrita a quem cabe o direito de posse, de que vale, então, que uma das partes pleiteie em outro processo a propriedade sobre o bem? Ainda mais quando, por meio deste processo, vise a parte utilizar este título, recém-constituído, contra um fato antigo: a posse que cada uma das partes já está discutindo se está exercendo ou não sobre o bem.

Definitivamente, posse e propriedade são como água e óleo: não se misturam.

Entretanto, em uma hipótese se admite *excepcionalissimamente*, a demonstração do direito de propriedade sobre o bem. Veja o que dispõe a Súmula 487 do Supremo Tribunal Federal:

> Súmula 487 (STF). Será deferida a posse a quem, evidentemente, tiver o domínio, *se com base neste for ela disputada.* (grifos nossos)

Ora, pergunta o leitor então: se não cabe a discussão de propriedade nas ações possessórias, por que, então, o juiz somente deferirá a posse a quem demonstrar ser o proprietário?

Para responder a esta pergunta, chamamos a atenção para a parte que grifamos no texto: *"se com base neste* (domínio) *for ela* (posse) *disputada"*.

Explicamos melhor: via de regra, as questões possessórias envolvem simplesmente agressões à posse de uma e outra parte, não entrando na discussão quanto a quem cabe o direito de propriedade sobre a coisa.

Excepcionalmente, entretanto, existem situações em que, embora as partes estejam brigando pela posse de uma determinada área, o juiz percebe que, na verdade, ambas brigam por aquela posse porque cada um se acha mesmo proprietário daquela área.

Vamos a um exemplo. Imagine a seguinte situação:

LOTE DE "X"

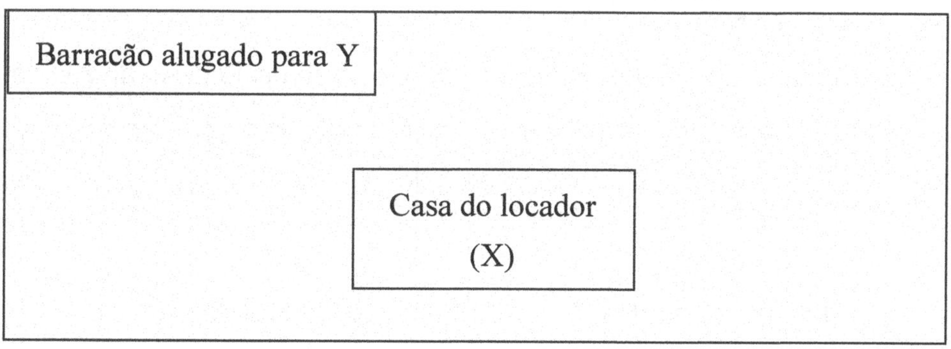

O lote acima representado é de propriedade de "X", que mora na casa da frente e aluga o barracão (casa dos fundos) a "Y".

Estas duas residências (casa de X e o barracão alugado a Y) encontram-se em um mesmo lote, sem qualquer divisão física entre os mesmos.

Primeira situação: a personagem "X" cria cães bravios em sua propriedade, deixando-os soltos no quintal. Tal fato perturba a personagem "Y", que tem pavor de cães e, enquanto os cães de "X" ficam soltos no quintal, "Y" se torna prisioneira em sua própria casa.

Segunda situação: a entrada naquele lote é única. A personagem "Y" estuda à noite e, quando chega em casa, percebe que o portão está trancado com cadeado (que "Y" não possui a chave) e os cães já estão soltos. Portanto, embora alugue o barracão, o seu acesso ao mesmo é o tempo inteiro controlado por "X".

Terceira situação: a personagem "X" controla as visitas de "Y", não permitindo, muitas vezes, a entrada de algumas amizades desta última no imóvel por esta alugado.

Diante das situações acima, imagine que "Y", estando farta dessa situação, ingressa em juízo requerendo a manutenção de sua posse, em face dos vários atos turbativos que "X" vem perpetrando contra ela.

Nessa ação possessória, "Y" não está discutindo quem é a "dona do pedaço". A personagem "Y" não está discutindo quem é a proprietária da área. Ela sabe que a proprietária é "X". Está, apenas, requerendo ao juiz, em sua manutenção de posse, que condene "X" a se abster de praticar atos turbativos contra a sua posse.

Portanto, nesse caso, a alegação de "X" de que a mesma age daquela forma porque é a dona, a proprietária da área, não é fato impeditivo a que o juiz conceda a manutenção de posse a "Y", contra a proprietária do lote, a personagem "X".

Imaginemos, agora, uma outra situação ilustrada pelo desenho abaixo:

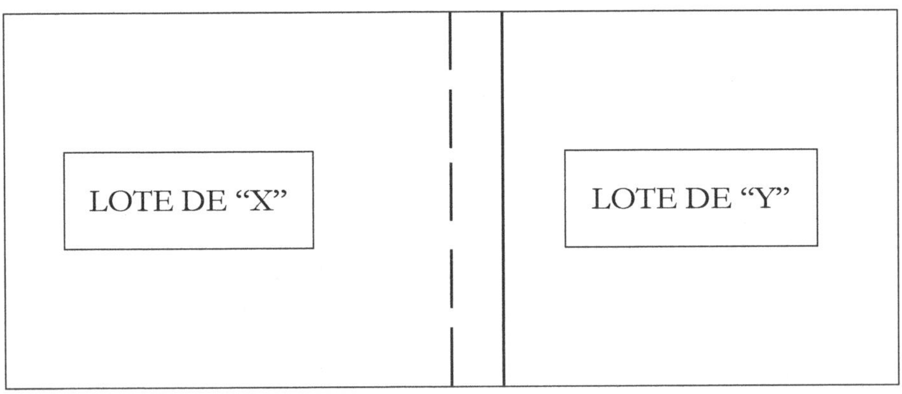

Nesta situação, diferentemente do que ocorreu na primeira, as personagens "X" e "Y" estão brigando pela posse sobre a área delimitada entre a linha pontilhada e a linha contínua representada na ilustração acima. A cada momento, uma das personagens toma para si o exercício da posse sobre referida área. E essa briga acaba por gerar uma ação de reintegração de posse, movida por uma destas personagens.

No momento em que o juiz analisa a situação, percebe que embora a ação se trate de uma reintegração de posse, as duas partes se julgam no direito de exercer a sua posse sobre referida área, na medida em que cada uma se diz sua proprietária.

Nessa situação, o julgador, percebendo que a possessória em questão está tendo como "pano de fundo" a discussão de quem é proprietário, não poderá decidir a demanda contra aquele a quem efetivamente fizer prova de que é proprietário.

Portanto, a alegação de propriedade nessa ação possessória, só é cabível porque a discussão possessória está toda fundada na questão de quem é o dono daquela faixa de terra.

O juiz, percebendo que a discussão possessória se baseia na alegação de domínio que as partes alegam ter sobre a coisa, decide a demanda, então, em favor daquele a quem efetivamente faz prova do seu direito de propriedade sobre a coisa. E assim o faz, pelo princípio da economia processual. Ou seja: ainda que as partes estejam demandando a coisa pelo juízo impróprio, o julgador entende por preferível conceder a tutela à propriedade a extinguir o processo e forçar as partes a buscarem novamente a tutela jurisdicional. Seria desgastante, não só para as partes, mas também para o judiciário, bem como para toda a sociedade, que se veria exposta às quimeras processuais, em lugar do verdadeiro interesse dos litigantes.

e) *Natureza mandamental da sentença no processo possessório* (sentença *executiva lato sensu*): todos sabemos que, a rigor, as sentenças judiciais classificam-se em meramente declaratórias, declaratórias constitutivas e declaratórias condenatórias.

Essas sentenças, uma vez prolatadas e não cumpridas espontaneamente pela parte sucumbente, ensejam a propositura de um processo autônomo de execução, com o objetivo de provocar novamente o judiciário para que este execute o devedor, forçando-o a cumprir a ordem judicial que deveria ter cumprido espontaneamente.

Entretanto, a sentença de um processo possessório possui natureza jurídica diversa. Esta sentença é a que chamamos *mandamental* ou *executiva lato sensu*. Em outras palavras, a sentença de uma ação possessória, caso não cumprida espontaneamente pela parte sucumbente, não carece de um processo de execução para ser cumprida. Basta que a parte vitoriosa na demanda dirija ao juiz uma simples petição, informando que a parte sucumbente não cumpriu a sentença, e requerendo a expedição de mandado, via oficial de justiça, para que este promova a execução forçada daquela sentença.

Portanto, as sentenças das ações possessórias dispensam o processo de execução.

8. PERCEPÇÃO DE FRUTOS

8.1 Classificação dos frutos

Antes de falarmos sobre o direito do possuidor à percepção dos frutos de sua posse, cabe-nos classificar as espécies de frutos que a coisa pode gerar. São elas:

a) *Frutos naturais*: frutos naturais são aqueles produzidos pela natureza. Por exemplo, as frutas de um pomar, as crias de uma criação de gado, etc.

b) *Frutos industriais*: frutos industriais são aqueles frutos produzidos por meio de um processo de manufaturação. Por exemplo: a cachaça de um alambique, o doce de uma fábrica, etc.

c) *Frutos civis*: frutos civis são todos aqueles que consistem na remuneração de um negócio jurídico. Exemplo: os aluguéis, os juros remuneratórios, etc.

9. A PERCEPÇÃO DOS FRUTOS E A INTENÇÃO DE QUEM OS COLHE

Outro efeito que a posse gera para o seu titular, é o direito de perceber os frutos que a coisa lhe rende. A forma como se dará a percepção desses frutos, entretanto, dependerá da intenção com que o possuidor exerce a sua posse.

Assim, todos os frutos que foram colhidos ou percebidos enquanto o possuidor estava de boa-fé, caberão a ele, independentemente de indenização ao legítimo possuidor ou proprietário da coisa.

Entretanto, a partir do momento em que cessar a boa-fé desse possuidor, a sua obrigação é entregar a coisa a quem de direito, sob pena de arcar com perdas e danos. Tal obrigação se estende até mesmo sobre aqueles frutos que foram colhidos ou percebidos antecipadamente, enquanto o possuidor ainda estava de boa-fé, e posteriormente quando veio a se tornar possuidor de má-fé. Assim prescreve o artigo 1.214 do Código Civil:

> Art. 1.214. O possuidor de boa-fé tem direito, enquanto ela durar, aos frutos percebidos.
>
> Parágrafo único. Os frutos pendentes ao tempo em que cessar a boa-fé devem ser restituídos, depois de deduzidas as despesas da produção e custeio; devem ser também restituídos os frutos colhidos com antecipação.

A expressão "frutos colhidos" deve ser utilizada para os frutos naturais, enquanto a expressão "frutos percebidos" deve ser utilizada nos casos de frutos industriais e civis.

Por outro lado, note como o legislador foi extremamente rigoroso com o possuidor de má-fé, punindo-o exemplarmente:

> Art. 1.216. O possuidor de má-fé responde por todos os frutos colhidos e percebidos, bem como pelos que, por culpa sua, deixou de perceber, desde o momento em que se constituiu de má-fé; tem direito às despesas da produção e custeio.

Portanto, tratando-se de possuidor de má-fé, este não terá direito aos frutos colhidos ou percebidos. Nesse caso, o legítimo possuidor da coisa, ou o seu proprietário, poderá pedir a indenização dos frutos que deixou de ganhar com os frutos colhidos ou percebidos indevidamente pelo possuidor *que sabia não ter direito sobre a coisa.*

Note-se, então, que a intenção do agente é o fator preponderante levado em consideração em nossa política legislativa que trata da posse: a consciência de se exercer indevidamente a posse sobre algo que sabe não lhe pertencer.

E o legislador vai mais além: o possuidor de má-fé responderá pelos danos causados à coisa. Mesmo os acidentais porque somente se livrará de tal ônus se conseguir demonstrar que tal evento danoso teria ocorrido ainda que o legítimo possuidor estivesse com a coisa. Ou seja: somente se livrará de tal ônus se provar que ocorreu um evento de força maior que danificou a coisa.

Entretanto, para que não haja enriquecimento sem causa por parte do legítimo possuidor da coisa, o possuidor de má-fé receberá pelas despesas que teve com a produção e custeio.

O possuidor de boa-fé somente responderá pelos danos que ele tenha praticado conscientemente. Senão vejamos:

> Art. 1.216. O possuidor de má-fé responde por todos os frutos colhidos e percebidos, bem como pelos que, por culpa sua, deixou de perceber, desde o momento em que se constituiu de má-fé; tem direito às despesas da produção e custeio.

> Art. 1.217. O possuidor de boa-fé não responde pela perda ou deterioração da coisa, a que não der causa.
>
> Art. 1.218. O possuidor de má-fé responde pela perda, ou deterioração da coisa, ainda que acidentais, salvo se provar que de igual modo se teriam dado, estando ela na posse do reivindicante."

Questão tormentosa é a que se planta quanto a que momento se considera que cessou a boa fé. Sem dúvida que pode-se dizer que a boa fé cessa *"desde o momento em que as circunstâncias façam presumir que o possuidor não ignora que possui indevidamente"* (a coisa), conforme preceitua o artigo 1.202 do Código Civil.

Mas esta disposição não elucida a dúvida: qual o momento deve-se considerar que este possuidor tomou conhecimento de que esta coisa não lhe pertence? O simples fato de uma terceira pessoa comunicar-lhe que aquele bem não pode ser por ele possuído já é capaz de fazer cessar a boa-fé do indivíduo? Se não, o que seria preciso, então? O mandado de citação de uma ação possessória? Então, apenas o fato da coisa estar em litígio já faria com que o seu possuidor esteja exercendo uma posse de má fé?

Não é este o nosso entendimento. Explicamos melhor. A boa fé é um espírito; a certeza mais profunda e inabalável que alguém tem sobre a legitimidade do poder que está a exercer sobre a coisa. Portanto, este espírito, esta certeza, não se abala facilmente. Não é pelo fato de um terceiro comunicar a este possuidor de boa fé que aquela coisa por ele possuída é de direito de outra pessoa, que esta boa fé será atingida ou, menos ainda, vá deixar de existir. Pela mesma razão, a mera citação, comunicando a existência de uma demanda judicial sobre a coisa, não será hábil a retirar a boa fé do agente.

Por isto, entendemos que há duas formas de se falar em cessação da boa-fé: a) cessação formal da boa fé e; b) cessação material da boa fé.

Diz-se que há a cessação formal da boa-fé quando, a despeito do indivíduo ter a absoluta convicção de que a coisa lhe pertence de direito (tem o espírito inabalado nesta convicção), a despeito disto, já houve o trânsito em julgado da questão e o Poder Judiciário determinou ao indivíduo a entrega do bem. Portanto, se após o trânsito em julgado da ação, o indivíduo continua a exercer posse sobre a coisa, esta será considerada de má fé. Má fé formal, pois o Poder Judiciário já ordenou a sua saída da coisa.

Por outro lado, diz-se que há a cessação material da boa fé, em qualquer momento do processo em que se fizer prova de que o indivíduo tomou conhecimento de que a coisa por ele possuída cabe a terceiro.

Esta última situação é, sem dúvida, a mais difícil de ser demonstrada, mas uma vez que o interessado consiga fazer esta prova, em qualquer momento do processo, repita-se, considera-se cessada imediatamente a boa fé.

Por fim, cabe-nos analisar a situação das benfeitorias feitas sobre a coisa.

10. O LEVANTAMENTO DAS BENFEITORIAS E A INTENÇÃO DE QUEM AS FAZ

Por derradeiro, vamos analisar a situação do possuidor em relação às benfeitorias levantadas sobre a coisa possuída.

Aqui, tal como ocorre na percepção de frutos, o legislador se preocupa em amparar o possuidor que obrou de boa-fé e punir severamente o possuidor que obrou de má-fé.

Entretanto, antes de falarmos sobre os direitos que cabem a uma e outra espécie de possuidor, é necessário distinguir as espécies de benfeitorias que existem. Lembrando que benfeitorias não se confundem com construções. *Benfeitorias*, como o próprio nome indica, são melhorias; um bem fazer sobre algo que já existe. Já *construções*, são todas as obras novas. Aquilo que é edificado de novo, sem nada anterior a ele.

Assim, temos:

Benfeitorias necessárias: são aquelas benfeitorias que, caso não sejam realizadas, a coisa corre o risco de perecer; de se perder;

Benfeitorias úteis: são todas aquelas benfeitorias que não são necessárias para que a coisa continue existindo, mas a sua realização aumenta a utilidade da coisa para aquele que dela se utiliza;

Benfeitorias voluptuárias: como o próprio o nome indica (voluptuária, decorre de volúpia, deleite, gozo), as benfeitorias voluptuárias são feitas pelo possuidor exclusivamente para lhe dar gozo, prazer. Tal possuidor não está importando com a conservação da coisa ou em aumentar a sua utilidade. O que o leva a fazer benfeitorias voluptuárias é o seu desejo de embelezar a coisa, ou de fazer coisas que lhe proporcionem prazer. Daí temos que:

> Art. 1.219. O possuidor de boa-fé tem direito à indenização das benfeitorias necessárias e úteis, bem como, quanto às voluptuárias, se não lhe forem pagas, a levantá-las, quando o puder sem detrimento da coisa, e poderá exercer o direito de retenção pelo valor das benfeitorias necessárias e úteis.

> Art. 1.220. Ao possuidor de má-fé serão ressarcidas somente as benfeitorias necessárias; não lhe assiste o direito de retenção pela importância destas, nem o de levantar as voluptuárias.

E o que vem a ser este direito de retenção de que tratam os artigos acima? O direito de retenção consiste no direito que cabe *apenas ao possuidor de boa-fé, sobre as benfeitorias úteis e necessárias* de, na mesma ação possessória que porventura o tenha condenado a reintegrar a posse a outrem, de permancer no imóvel até que os valores de tais benfeitorias lhe sejam pagos. Há de se chamar a atenção para o seguinte fato: para que o possuidor de boa-fé faça jus ao direito de retenção é *absolutamente necessário* que o réu tenha elencado em sua contestação, de maneira pormenorizada as benfeitorias que acaso tenha realizado no imóvel. Se ele assim não o fizer, o juiz não poderá se manifestar sobre as mesmas (por força do princípio dispositivo e da adstrição) e, por consequência, esse possuidor não poderá exercer o direito de retenção.

Portanto, vale ressaltar: *o direito de retenção só vale para o réu, na primeira instância, que tenha relatado, minuciosamente em sua contestação, a existência de benfeitorias por ele realizadas no imóvel.*Caso o réu tenha se manifestado sobre a existência de tais benfeitorias e, na sentença, o juiz nada disser sobre as mesmas, compete então ao autor interpor os chamados *embargos de retenção.*

5 DA AQUISIÇÃO E PERDA DA POSSE

1. AQUISIÇÃO DA POSSE EM GERAL

Já vimos no decorrer de nossos estudos que a posse não é apenas um direito. A posse, em si, é um fato capaz de gerar direitos.

Pois bem. Para que possamos falar em aquisição e perda da posse, é imprescindível que tenhamos consciência desta natureza jurídica da posse, bem consolidada. Isso porque, sendo a posse um fato, não há como o legislador estabelecer, de forma taxativa e exaustiva, todas as formas pelas quais as coisas podem ser possuídas.

Preceitua o artigo 1.204:

> Art. 1204. Adquire-se a posse desde o momento em que se torna possível o exercício, em nome próprio, de qualquer dos poderes inerentes à propriedade.

Portanto, a dicção do artigo que dispõe sobre as formas de aquisição da posse é simplesmente exemplificativa, não é taxativa. Vale dizer que admite várias formas de aquisição.

O mesmo não ocorre com a aquisição da propriedade. Como veremos mais adiante, por se tratar esta última de um direito, então neste caso sim, suas formas de aquisição só podem ser aquelas que o legislador convencionar, taxativamente, *numerus clausus*.

Caio Mário afirma:

> A aquisição, qualquer que seja o seu objeto (coisa ou direito), e qualquer que seja o modo adotado pelo adquirente, há de estar subordinada à noção fundamental da posse. Para a doutrina de Jhering, dominante

> em nossa orientação teórica, como vitoriosa no ordenamento positivo, adquire a posse aquele que procede em relação à coisa da maneira como o dono habitualmente faz – *omnia ut dominus gerit*. Para se apurar se alguém a adquiriu, ter-se-á de verificar se no caso ocorre uma situação de fato, análoga à conduta do proprietário, em relação às suas coisas, e, na afirmativa, ter-se-á a relação jurídica possessória. Sempre presente estará o critério econômico, inspiração do binômio 'coisa-conduta' do agente, ou seja, 'objeto-vontade'. Ainda que venha a faltar um critério legalmente estatuído, a aquisição da posse decorre do princípio de conjunção de seus dois elementos, *corpus* e *animus*. (PEREIRA, 2002, p. 34)

2. A CLASSIFICAÇÃO EM POSSE ORIGINÁRIA E POSSE DERIVADA

A classificação da posse em originária e derivada, ao contrário do que o nome de tal classificação sugere, não diz respeito, necessariamente, ao fato de sobre a coisa nunca ter recaído uma posse anterior, ou ao fato de uma determinada posse ser *derivada* de uma posse anterior.

A classificação da posse em originária ou derivada diz respeito à existência ou não do que os doutrinadores chamam de "transmissão espontânea da posse". E o que vem a ser essa transmissão espontânea da posse?

Diz-se transmissão espontânea da posse a entrega livre e espontânea da coisa a outrem, sem que o novo possuidor tenha que usar de violência ou clandestinidade para adquirir esta posse.

Portanto, a posse que é recebida de outrem, mediante sua entrega espontânea, recebe o nome de "posse derivada". Por outro lado, aquela posse adquirida sobre determinada coisa por força própria do possuidor, ou ainda, que é exercida sobre determinado bem sem que tenha ocorrido aquela transmissão espontânea em sua aquisição, dá-se o nome de "posse originária".

Vamos imaginar dois exemplos bastante elucidativos:

No primeiro exemplo, vamos imaginar que "A" esteja trafegando por uma rua deserta e encontra jogada no chão uma carteira. Ao lançar mão desta carteira, "A" lhe adquire a posse. Esta aquisição se deu única e exclusivamente por força de "A". Não foi necessária a figura de ninguém para que "A" adquirisse a sua posse sobre a coisa. Dessa forma, podemos dizer que a posse de "A" é uma posse originária, já que não houve a transmissão espontânea da posse dessa carteira a "A".

Em um segundo exemplo, vamos imaginar que esse mesmo personagem estivesse trafegando pela mesma rua escura e se deparasse com "B" que exercia a posse sobre uma carteira.

"A", então, usando de violência, partiu em ofensiva contra "B" visando a obter a posse sobre a carteira que se encontrava em poder deste último. Com tal procedimento, "A" adquiriu a posse sobre referida carteira. Note-se, no entanto, que a carteira passou das mãos de "B" para as mãos de "A" sem a referida transmissão espontânea. Portanto, a posse de "A", também nesse caso, será originária. Isso porque, embora "B" já tivesse exercido a sua posse sobre aquela carteira, "A" adquiriu a posse da mesma por sua própria força, sem qualquer participação de terceiro.

2.1 Efeitos de tal classificação

Tal classificação assume destacada importância em relação aos efeitos que uma e outra forma de aquisição da posse podem gerar. A posse adquirida de forma originária vem despida dos vícios objetivos de posse anterior. Obviamente, se ela é originária, não podemos admitir a interferência nela dos vícios de uma posse anterior.

Por outro lado, uma posse adquirida por meios derivados traz consigo todos os vícios objetivos da posse anterior.

Isso não quer dizer que uma posse originária seja despida de vícios, absolutamente. Ela apenas não traz consigo qualquer vício de posse anterior, até porque ela está sendo originada naquele momento. No entanto, a sua própria origem pode estar carregada de vícios objetivos: violência, clandestinidade e precariedade. Por exemplo: se "B" adquire mediante violência a casa de "A". A posse de "B" é originária e injusta. Injusta porque foi adquirida, originariamente, mediante violência. "C" desconhecedor daquela violência, compra a casa de "B". Apesar de "C" ser desconhecedor do obstáculo ou da violência, ainda assim a sua posse é injusta, já que ela é uma posse derivada da posse de "B" (que é uma posse injusta). O fato de "C" não ter conhecimento daquela violência o faz apenas ser possuidor de boa-fé, já que os vícios subjetivos da posse não acompanham a coisa. Entretanto, o mesmo não ocorre em relação aos vícios objetivos.

Se a posse de "B" fosse justa, ao ser adquirida por "C", a posse deste também seria justa, já que não haveria vícios objetivos a serem transmitidos.

3. MODOS ORIGINÁRIOS DE AQUISIÇÃO DA POSSE

Já estudamos no item anterior a classificação da posse, quanto à sua forma de aquisição, em posse originária e posse derivada. Vimos que dá-se o nome de posse originária àquela cuja aquisição se dá sem o consentimento do possuidor antecedente.

Por outro lado, dá-se o nome de posse derivada àquela posse que se dá com o consentimento do possuidor antecedente, quando o possuidor antecedente entrega a posse da coisa a seu sucessor de forma livre e espontânea.

São modos de aquisição originária da posse: a) a apreensão; b) o exercício do direito. A apreensão nada mais é que a apreensão física da coisa. Obviamente, tal apreensão só poderá ocorrer sobre coisas materiais. A aquisição originária da posse sobre um direito se dá pelo seu exercício (*usus*).

Preleciona Orlando Gomes que "para os que admitem a posse como conjunção dos elementos *corpus* e *animus*, na apreensão, predominaria o primeiro; no *usus*, o outro" (GOMES, 2002, p. 52).

3.1 A aquisição da posse pela apreensão (aquisição originária e unilateral)

A apreensão, em relação aos bens imóveis, consiste em sua ocupação e uso. "Em relação aos bens móveis, pelo fato do possuidor os deslocar para a sua órbita de influência" (RODRIGUES, 2001, p. 40).

A apreensão se dá por esforço próprio daquele que quer possuir a coisa. Não depende da vontade de terceiro. Daí porque podemos afirmar que a apreensão, além de ser uma forma originária de aquisição da posse, também se trata de uma aquisição unilateral da posse.

Obviamente, há de se lembrar que não se adquire a posse pelo simples fato de se efetuar a apreensão da coisa ou a ocupação do imóvel. Quem assim entender da leitura do artigo 1.204 do Código Civil, estará interpretando além do escrito. Aquele dispositivo há de ser interpretado *cum grano salis*.

Tito Fulgêncio, em sua didática obra intitulada "Da Posse e das Ações Possessórias", leciona que:

> Fala o legislador em apreensão sem restrição de espécie alguma, parecendo indicar que, em havendo a apropriação da coisa, sempre há aquisição da posse. Isso, porém, é ir muito além da mente legislativa: pode haver apreensão e não haver posse, e pode haver posse e não se ter a apreensão. (FULGÊNCIO, 1999, p. 51)

E usa de exemplos que elucidam bastante tal questão:

> O caçador persegue a caça e fere-a. Adquiriu a posse? De nenhum modo; a sua vontade se realizará de fato em plenitude quando tiver segurado a caça, sujeitando-a a seu poder físico.
>
> E se essa caça tiver caído em seus laços, em sua ausência? O caçador adquiriu a posse, porque sua vontade de apropriar se realizou de fato de maneira clara e enérgica, embora a ausência do contato material. (FULGÊNCIO, 1999, p. 51)

3.2 A aquisição da posse pelo exercício do direito (aquisição originária e unilateral)

O exercício do direito não se confunde com o gozo do direito. Gozar de um direito é o resultado; é o objeto do exercício do direito. Quem exerce um direito o faz de forma mais ampla do que aquele que apenas goza do direito. Por exemplo: se sou dependente de meu pai em um clube recreativo. Enquanto tal, posso gozar desse direito e lançar mão de todas as regalias que tal condição me propicia. Entretanto, não estou exercendo direito algum. Isso porque, o exercício do direito é de meu pai. Se posso gozar da situação de dependente, este fato só se deve à existência de um direito maior que me confere este poder.

Assim leciona Tito Fulgêncio:

> Exercício do direito – Não se confunde com o gozo, a serem verdadeiras as qualificações usuais. Ter o gozo de um direito é ter a aptidão necessária para se lhe tornar o titular; ter o exercício de um direito é poder usar esse direito, é ter-lhe a utilização, a dizer com a doutrina, a realização do poder que ele contém, o gozo das vantagens que oferece. (FULGÊNCIO, 1999, p. 52)

4. MODOS DERIVADOS (BILATERAIS) DE AQUISIÇÃO DA POSSE

Sempre que alguém adquire a posse de uma coisa das mãos de outra pessoa, que àquela passa por livre e espontânea vontade, temos a ocorrência da aquisição derivada da posse. Esta aquisição se faz por ato *bilateral*: um entrega e ou outro recebe a coisa.

4.1 Tradição

A forma mais frequente de se adquirir a posse de forma derivada é pela tradição. Pela tradição se entende a entrega da coisa, ou a sua transferência de mão a mão, passando do antigo ao novo possuidor

Entretanto, nem sempre a tradição se opera com a facilidade acima descrita. Ora porque o seu objeto não admite tal facilidade de remoção, ora porque tal remoção não é necessária. De toda forma ocorrerá a tradição, que poderá ser de três espécies:

- efetiva ou material;
- simbólica ou ficta;
- consensual.

A tradição efetiva ou material é a mais simples. Se perfaz com a efetiva entrega da coisa

A tradição ficta ou simbólica (*ficta traditio*) é forma da tradição aplicável àqueles bens cuja entrega material se faz impossível, seja por seu volume ou sua incapacidade de locomoção. Nesse caso, a entrega material é substituída por gestos, atitudes que demonstrem o firme propósito de transmitir a posse da coisa. Exemplo clássico é a venda de uma casa. É de todo impossível proceder à tradição material do imóvel. O comprador se contenta com a entrega das chaves, simbolizando a entrega da casa. Esta é a tradição simbólica ou ficta.

Por fim, a tradição consensual, que assume duas formas: a) *traditio brevi manu*, que tem no polo oposto o *constitutum possessorium* (constituto possessório); e b) *traditio longa manu.*

Dá-se a tradição consensual *brevi manu* quando alguém que possui a coisa em nome alheio passa a possuí-la em nome próprio. Por sua vez, dá-se a tradição pelo constituto possessório quando alguém que possuía a coisa em nome próprio passa a possuí-la em nome alheio. Ex.: o arrendatário que possuía uma fazenda em nome alheio, compra a propriedade. O antigo proprietário lhe transmite a fazenda mediante a tradição ficta da *traditio brevi manu.*

Mutatis mutandis, se sou o proprietário de uma casa e resolvo vendê-la, conservando-me em sua posse apenas a título de inquilino, foi efetivada a tradição daquela casa pelo constituto possessório.

Bem ensina Orlando Gomes que "o constituto possessório é o inverso da *traditio brevi manu.* Nestes dois modos de aquisição da posse, não é preciso renovar a entrega da coisa" (GOMES, 2002, p. 53).

Por sua vez, dá-se a *traditio longa manu* quando a aquisição da posse se dá a distância. Por exemplo: se compro um computador via internet.

Minha posse se deu de forma fictícia, sem que ninguém me entregasse em mãos aquele bem. A tradição foi feita de longa mão (*longa manu*).

4.2 *Via sucessória*

O herdeiro adquire, com a abertura da sucessão, bens, direitos e deveres. Portanto, a posse também pode ser adquirida via sucessória.Tal aquisição é derivada.

6 DA PROPRIEDADE

1. DO DIREITO DE PROPRIEDADE AO DEVER DA PROPRIEDADE

O direito de propriedade foi, seguramente, o instituto do direito privado que mais sofreu (e continua a sofrer) as maiores transformações em seu conceito e estrutura. Transformações tão amplas e profundas que exigem de nossa doutrina a reconstrução urgente de sua dogmática, sob pena de incorrermos na imperdoável incoerência de aplicarmos um texto constitucional moderno e arejado, sobre um tecido velho e carcomido, que constituiu a propriedade privada ao longo de quase todo o século XX, sob a ótica do Código Civil de 1916, de índole egoística e patrimonialista.

Estampado no artigo 524[1] daquele estatuto, luzia com todo o esplendor o espírito patrimonialista acima referido. O Estado assegurava o direito de propriedade de maneira irrestrita, independentemente da função que estivesse sendo dada a esta propriedade pelo seu titular. Protegia-se o título (o papel, por assim dizer) por si só.

A Constituição da República de 1988 coroou o movimento de socialização dos institutos jurídicos. Especificamente, no que diz respeito à propriedade privada, este movimento teve início na Constituição de 1946 que, em seu artigo 147 assim dispunha, *in verbis*: "O uso da propriedade será condicionado ao bem-estar social.(...)".

Topograficamente, a função social da propriedade foi elevada a Princípio Constitucional pela sua inserção no Capítulo I, do Título VII da Constituição da República de 1988: Dos Princípios Gerais da Atividade Econômica. *In verbis:*

---

1 "Art. 524. A lei assegura ao proprietário o direito de usar, gozar e dispor de seus bens, e de reavê-los do poder de quem quer que injustamente os possua."

> Art. 170. A ordem econômica, fundada na valorização do trabalho humano e na livre iniciativa, tem por fim assegurar a todos existência digna, conforme os ditames da justiça social, observados os seguintes princípios:
>
> (...)
>
> II – propriedade privada;
>
> III – função social da propriedade; (...).

O texto constitucional de 1988 chamou para si a responsabilidade de tutelar o direito de propriedade, e o novo ordenamento civil (ao menos no que se refere a esse direito) encontra-se em maior sintonia com a nossa Constituição. Isso porque, nas palavras de Roxana Cardoso:

> O direito de propriedade, em sua concepção clássica, tem-se mostrado muitas vezes inadequado para os anseios da sociedade atual. Com a evolução dos direitos e a emergência de categorias como os direitos coletivos e difusos, os interesses da sociedade como um todo, mesmo que seus titulares não possam ser individualmente identificados, devem prevalecer sobre os interesses particulares que, desta forma, precisam ser adaptados às características deste momento histórico. (BORGES, 1998, Vol. 9, p. 68)

Disto resulta que atualmente não se pode mais conceber a propriedade como sendo um regime jurídico meramente subordinado ao Direito Civil. Ao contrário:

> (...) em verdade, o regime jurídico da propriedade tem seu fundamento na Constituição. Esta garante o direito de propriedade, *desde que ela atenda a sua função social* (art. 5°, XXII e XXIII). (...) Significa isso que o Direito Civil já não disciplina mais a propriedade, mas tão somente regula as relações civis a ela pertinentes. Assim, só valem no âmbito das relações civis as disposições do Código Civil que estabelecem as faculdades de usar, gozar e dispor de bens (art. 524), a plenitude da propriedade (art. 525), o caráter exclusivo e ilimitado do domínio (art. 527), etc. (VIANA, 2003, p. 62) (grifos nossos)

Ou ainda:

> Com o advento da Constituição da República de 1988 o direito de propriedade deixa de ter sua regulamentação exclusivamente privatista, baseada no Código Civil, e passa a ser um direito privado de interesse público, sendo as regras para o seu exercício determinadas pelo Direito

> Público e pelo Direito Privado. Este processo de publicização do direito de propriedade é fundamental para a implementação da legislação referente à proteção do meio ambiente, que impõe limites ao exercício daquele direito. (BORGES, 1998. Vol. 9, p. 69)

Expressão que, inicialmente, soava como algo insólito, sem aplicação prática, e mais afeita ao campo da Filosofia que do Direito, o princípio da função social da propriedade privada ganhou corpo. Cresceu e norteou o legislador na construção do Código Civil de 2002.

O novo ordenamento civil, em compasso com o texto constitucional e muito mais sintonizado com a realidade social, estabelece limites a esta propriedade privada. Hoje temos, portanto, o que poderíamos chamar de "propriedade função", haja vista que, a propriedade somente será respeitada se esta estiver cumprindo sua função social.

Neste capítulo, além de estudarmos a estrutura e o funcionamento do direito de Propriedade, vamos analisar o avanço que vem sofrendo este direito em nosso ordenamento.

Ao final, restar-nos-á a certeza de que a propriedade privada deixou de ser um mero direito para se tornar um direito/dever. Como já afirmava a Constituição de Weimar (1919), em seu artigo 153: "a propriedade obriga".

2. A PROPRIEDADE NA HISTÓRIA DA HUMANIDADE: FONTE DE PODER E RIQUEZA

2.1 *A propriedade em Roma*

O direito de propriedade sempre constituiu para o seu titular fonte de poder e riqueza. No alto império romano não se falava em propriedade, mas sim em *propriedades*. Isso porque, existiam propriedades diferentes para cada classe de indivíduos daquela sociedade: *quiritária, pretoriana, peregrina* e *provincial*. Cada uma destas propriedades tinha requisitos, fundamentos e faculdades distintas, sendo a *propriedade quiritária* a mais nobre dentre todas.

Entretanto, qualquer que fosse o tipo de propriedade, o seu titular exercia sobre a sua coisa um direito absoluto. Nas palavras de José Cretella Jr.: "No direito romano, a propriedade principia por ser um direito *absoluto* e *exclusivo*, que permite a alguém – o proprietário – utilizar a coisa como bem entender, inclusive de destruí-la, em virtude do *jus abutendi*" (CRETELLA JR., 1991, p. 170).

Não se falava, pois, em qualquer espécie de função social. Essa preocupação surge apenas muitos séculos depois, por influência do cristianismo. Sob a influência cristã, a noção materialista da propriedade humaniza-se: "A propriedade é vista como um bem que acarreta para o titular direitos, mas também deveres; obrigações morais" (CRETELLA JR., 1991, p. 172).

O proprietário gozava, em Roma, do mais alto prestígio. "No mundo romano, situa-se a propriedade no centro do sistema, girando-lhe ao redor toda a ordem jurídica e econômica" (CRETELLA JR., 1991, p. 168).

Embora se possa falar que a república começa em Roma (*res publica*), não menos correto é dizer que as suas deliberações não eram tão públicas assim. Para ser um senador romano era necessário ter a *propriedade quiritária*. Portanto, a propriedade era o direito do qual emanavam os poderes daqueles que decidiam os rumos de Roma. E deste poder vinha a riqueza, que se traduzia em mais poder, que se traduzia em mais riqueza...

Aquelas várias espécies de propriedade a que nos referimos no início deste capítulo, somente desaparecem no final do direito romano, quando surge, então, a propriedade feudal.

2.2 A propriedade feudal

Com o esfacelamento do Império Romano, uma nova ordem social e econômica se plantou na Europa ocidental. Tinha início uma sociedade cuja fonte de toda a riqueza e força de produção vinha da terra; da propriedade imobiliária. Portanto, aqueles antigos proprietários do império romano, que amealharam propriedades imobiliárias, no novo sistema eram senhores absolutos de suas terras. E, por consequência, dos "microestados" que surgiam naquele momento. Eram os senhores feudais.

> O esfacelamento do Império Romano do Ocidente e as invasões bárbaras que estavam em diversas regiões da Europa favoreceram sensivelmente as mudanças econômicas e sociais que vão sendo introduzidas, principalmente na Europa Ocidental, e que alteram completamente o sistema de propriedade e de produção característicos da Antiguidade. Essas mudanças acabam revelando um novo sistema econômico, político e social que veio a se chamar Feudalismo. O Feudalismo não coincide com o início da Idade Média (século V d.C.), porque esse sistema começa a ser delineado alguns séculos antes do início dessa etapa histórica (mais precisamente, durante o início do século IV), consolidando-se definitivamente ao término do *Império Carolíngeo*, no século IX d.C".

(*Feudalismo*. Disponível em: <http://pt.wikipedia.org/wiki/Feudalismo>. Acesso em: 02 set. 2008)

O senhor feudal, senhor exclusivo de suas terras, explorava-as o quanto quisesse e da forma como quisesse. As suas terras eram fonte de inúmeras riquezas para ele próprio e sua família. De nada importava a qualidade da vida daqueles que moravam em seus feudos.

A sua propriedade não gerava apenas os frutos naturais (da terra), mas geravam também o direito de o senhor feudal cobrar altos e variados impostos de todos aqueles que quisessem residir e trabalhar em determinado feudo[2].

Assim, os feudos eram a fonte de todo o poder, riqueza e opulência dos senhores feudais. Novamente, a propriedade privada exercia papel fundamental na estrutura social daquela época, sendo utilizada, mais uma vez, como critério de seleção para a escolha dos líderes políticos daquela época[3].

Desses feudos, naturalmente, uns se sobressaíram mais que outros. Alguns senhores feudais ampliavam ainda mais os seus feudos, comprando os feudos vizinhos ou simplesmente invadindo-os e tomando-os por

---

2 As principais obrigações camponesas consistiam em: *Corveia*: trabalho gratuito nas terras do senhor em alguns dias da semana; *Talha*: parte da produção do servo deveria ser entregue ao nobre; *Banalidade*: tributo cobrado pelo uso de instrumentos ou bens do feudo, como o *moinho*, o *forno*, o *celeiro*, as *pontes*; *Capitação*: imposto pago por cada membro da família (por cabeça); *Tostão de Pedro* ou *dízimo*: 10% da produção do servo era pago à Igreja, utilizado para a manutenção da *capela* local; *Censo*: tributo que os vilões (pessoas livres, vila) deviam pagar, em dinheiro, para a nobreza; *Taxa de Justiça*: os servos e os vilões deviam pagar para serem julgados no tribunal do nobre; *Formariage*: quando o nobre resolvia se *casar*, todo servo era obrigado a pagar uma taxa para ajudar no casamento, era também válida para quando um parente do nobre iria casar. *Mão Morta*: era o pagamento de uma taxa para permanecer no feudo da família servil, em caso do falecimento do pai da família.

3 "O modo de produção feudal próprio do Ocidente europeu tinha por base a economia agrária, de escassa circulação monetária, autossuficiente. A propriedade feudal pertencia a uma camada privilegiada, composta pelos senhores feudais, altos dignitários da Igreja (o clero) e longínquos descendentes dos chefes tribais germânicos. (...) A principal unidade econômica de produção era o feudo, que se dividia em três partes distintas: a propriedade individual do senhor, chamada manso senhorial ou domínio, em cujo interior se erigia um castelo fortificado; o manso servil, que correspondia à porção de terras arrendadas aos camponeses e era dividido em lotes denominados tenências; e ainda o manso comunal, constituído por terras coletivas – pastos e bosques –, usadas tanto pelo senhor quanto pelos servos." (Feudalismo. Disponível em: <http://pt.wikipedia.org/wiki/Feudalismo>. Acesso em: 02 set. 2008)

meio das inúmeras guerras que saculejaram a Europa naquele tempo. Daí surgiram alguns dos Estados europeus.

O interesse em se adquirir mais propriedade privada (território) justificariam, séculos mais tarde, os casamentos entre nobres[4] e os grandes descobrimentos. Afinal, na antiguidade, o tamanho do poder dos países era medido não em PIB (como nos dias atuais), mas estava diretamente ligado à extensão territorial com que cada Estado contava. Quanto mais território (propriedade privada) maior era o poder do Estado.

3. A PROPRIEDADE NA HISTÓRIA DO BRASIL

3.1 A propriedade no Brasil Colônia e no Brasil Império

Nos primeiros anos de colonização do Brasil seguiu-se a mesma organização jurídica baseada no sistema feudal, por meio da implantação do sistema de capitanias hereditárias.

A colonização do Brasil iniciou-se em 1530, com a expedição de Martim Afonso de Souza, na condição de Governador-Geral enviado por Dom João III, com a finalidade de verificar a possível exploração de metais, madeira, explorar o litoral e estabelecer as vantagens de colonização para fortalecer o reino de Portugal e, naturalmente, aumentar sua riqueza. Afinal, como já cuidamos de comentar, a grandeza de um Estado na antiguidade estava diretamente ligada à sua quantidade de terras.

O instrumento jurídico de que se valeu o governo português para efetivar a colonização do Brasil foi a enfiteuse (que será objeto de estudo em capítulo específico desta obra). Por este instrumento, o governo português mantinha consigo a propriedade das terras (o que garantia a Portugal poder e riqueza na Europa) e concedia a posse daquelas terras a quem quisesse vir para cá e tornar a terra produtiva. Esse era o foreiro, ou donatário, que em troca, pagava uma taxa anual, denominada "foro". Isto significava, entre outras coisas, que os donatários não podiam vender ou dividir a capitania, cabendo somente ao rei tais direitos. A posse dava aos

---

4 Como exemplo, cite-se a união entre a católica Marguerite de Valois, a rainha Margot, e o nobre protestante Henri de Navarre, Henrique de Navarra (Henrique de Bourbon – Rei de Navarra), que tinha como meta a ampliação dos territórios de França e Espanha e a paz entre católicos e protestantes.

donatários extensos poderes, tanto na esfera econômica (arrecadação de tributos) como na esfera administrativa.

Assim, o Brasil teve contato, já em seus primeiros anos de vida, com o instituto da propriedade e uma das formas de seu desdobramento: a enfiteuse[5].

As capitanias hereditárias originaram-se dos antigos feudos, que eram, nada mais, nada menos que, nos dias de hoje, os latifúndios existentes no Brasil.

E ainda, mais adiante em nossa história. Na República Velha, quem tinha direito a voto e a ser votado? Apenas quem tivesse propriedade imobiliária. Era o chamado *voto censitário.* Ou seja: mais uma vez, os destinos de uma nação era traçado e estava sob as rédeas de quem tivesse propriedade imobiliária. Mais uma vez a propriedade imobiliária se mantém como fonte de poder e riqueza para os seus titulares.

3.2 A propriedade no Brasil República. A concepção da propriedade nas constituições brasileiras

A propriedade foi tratada nas diversas Constituições brasileiras com enfoque para o direito individual e absoluto e um direito subjetivo do proprietário. Assim foi nas Constituições da República de 1824 e 1891.

Embora a Constituição de 1934 tenha mantido o direito de propriedade na mesma concepção das constituições acima citadas, esta inovou no constitucionalismo brasileiro, no tocante à função social da propriedade, dispondo que o interesse público sobrepõe-se ao individual. As mesmas ideologias foram mantidas nas Constituições que se seguiram (1937, 1946, a Carta de 24/01/1967 e a Emenda Constitucional nº 1 de 17/10/1969), com relação a vinculação do exercício do direito de propriedade subordinado à Função Social.

A Constituição da República de 1988, por fim, foi além: em sintonia com o pensamento mundial contemporâneo, retirou do direito de propriedade o perfil egoístico e exclusivista de outrora, e passou a exigir que se dê à propriedade privada uma função social. Esta função social da propriedade

---

5 É imperioso notar que desde a queda do feudalismo, com a tomada do poder pela burguesia, o desmembramento da propriedade em outros direitos reais desta derivados, sempre foi um recurso muito valioso para o proprietário aumentar ainda mais o seu poder e obter ainda mais riqueza. Desmembra-se a propriedade em outros direitos, como forma de aproveitar ao máximo os seus atributos.

privada (embora já constante dos textos constitucionais desde 1934) recebera do constituinte uma nova roupagem: foi elevada a princípio constitucional, exigindo de toda a legislação infraconstitucional a reconstrução do conteúdo e estrutura do direito de propriedade.

4. O DIREITO DE PROPRIEDADE NO CÓDIGO CIVIL: A RECONSTRUÇÃO DA DOGMÁTICA DA PROPRIEDADE PRIVADA

O novo Código Civil, em vigor desde 10 de janeiro de 2003 (Lei nº 10.406 de 10 de janeiro de 2002)[6], em sintonia com a nova principiologia constitucional, reestruturou o direito de propriedade.

O legislador do novo código, em absoluta sintonia com o princípio constitucional da função social da propriedade, retirou deste direito toda aquela carga exclusivista e materialista que outrora lhe banhara o Código Civil de 1916 e imputou-lhe limites. Além de limites, imputou-lhe também funções.

O artigo 1.228 do novo Código (que substituiu o antigo artigo 524 do Código Civil de 1916, de caráter eminentemente egoístico e patrimonialista) assim dispõe sobre o direito de propriedade do século XXI:

> Art. 1.228. O proprietário tem a faculdade de usar, gozar e dispor da coisa, e o direito de reavê-la do poder de quem quer que injustamente a possua ou detenha.
>
> § 1º O direito de propriedade deve ser exercido em consonância com as suas finalidades econômicas e sociais e de modo que sejam preservados, de conformidade com o estabelecido em lei especial, a flora, a fauna, as belezas naturais, o equilíbrio ecológico e o patrimônio histórico e artístico, bem como evitada a poluição do ar e das águas.
>
> § 2º São defesos os atos que não trazem ao proprietário qualquer comodidade, ou utilidade, e sejam animados pela intenção de prejudicar outrem.
>
> § 3º O proprietário pode ser privado da coisa, nos casos de desapropriação, por necessidade ou utilidade pública ou interesse social, bem como no de requisição, em caso de perigo público iminente.
>
> § 4º O proprietário também pode ser privado da coisa se o imóvel reivindicado consistir em extensa área, na posse ininterrupta e de boa-fé,

---

6 Com *vacatio legis* de um ano, conforme preceitua o artigo 2.044 do referido diploma.

> por mais de cinco anos, de considerável número de pessoas, e estas nela houverem realizado, em conjunto ou separadamente, obras e serviços considerados pelo juiz de interesse social e econômico relevante.
>
> § 5º No caso do parágrafo antecedente, o juiz fixará a justa indenização devida ao proprietário; pago o preço, valerá a sentença como título para o registro do imóvel em nome dos possuidores.

Não é, pois, simplesmente de forma a modificação ocorrida no direito de propriedade.

O novo código alterou profundamente a estrutura deste direito. Abandonamos um direito de propriedade absoluto, em que o seu titular reinava soberano sobre a sociedade, já que *a lei lhe assegurava o direito de usar, gozar, dispor, sem qualquer tipo de limitações*, e chegamos a uma propriedade privada cujo uso é facultado ao seu titular, desde que seja exercida em consonância com as suas finalidades econômicas e sociais e de modo que não prejudique a coletividade, observando a preservação do meio ambiente, do patrimônio histórico e artístico.

Além disso, ao contrário da segurança que o antigo ordenamento civil dedicava à proteção do direito de propriedade em benefício de seu titular, o novo ordenamento destaca que o proprietário pode ser privado, sim, de seu exercício, em casos de necessidade pública.

Ora, definitivamente, esta propriedade não é mais aquela propriedade burguesa que dominou grande parte do século XX. Poderíamos chamar esta propriedade de "propriedade função", haja vista que a nova codificação não garante mais a propriedade por si mesma. O direito de propriedade é protegido, desde que o seu titular a utilize em prol do desenvolvimento de toda a sociedade.

Poderíamos mesmo dizer que, a esta "propriedade função" encontra seu fundamento mais no bem-estar social do que nos direitos individuais, já que esta pode ser inclusive, requisitada pelo Estado quando a sociedade assim necessitar.

O novo Código Civil instituiu no ordenamento brasileiro a "propriedade função". Afinal, o proprietário tem a faculdade de usar, gozar, fruir, dispor e reivindicar de sua a propriedade. Entretanto, esta mesma propriedade privada deve atender à sociedade, desempenhando funções ambientais, econômicas, culturais e históricas, que representem a manutenção da qualidade de vida dos indivíduos desta sociedade, a preservação de sua cultura e de sua história.

Esta mesma propriedade pode, ainda, em caso de necessidade ou interesse público ou perigo iminente, ser utilizada pelo Poder Público em benefício da coletividade, já que a mesma, não se presta mais de maneira exclusiva ao seu titular

Portanto, podemos mesmo dizer que o proprietário deixou a sua cômoda condição de *senhor que tudo pode* e foi conclamado pelo poder público a prestar-se ao socorro da sociedade, assumindo, assim, o novo papel de *senhor que tudo deve.*

Afinal, propriedade é um bem escasso. Por que um bem escasso? Ora, quantos habitantes há em nosso planeta? Destes, quantos são proprietários? Evidentemente, a esmagadora maioria não tem propriedade imobiliária. Assim, temos a propriedade imobiliária concentrada nas mãos de pouquíssimos bem-aventurados.

Se estes já receberam a *dádiva* de fazerem parte da camada minoritária e bem-aventurada dos proprietários de imóveis, é de se esperar destes, a sua contribuição social, sempre que esta se faça necessária.

5. LIMITES AO DIREITO DE PROPRIEDADE

À propriedade privada, como cuidaremos de demonstrar a partir de agora, foram impostos limites. Como já cuidamos de informar mais acima, o novo Código retirou do direito de propriedade toda aquela carga de exclusividade e poder absoluto que banhava a propriedade no Código Civil de 1916.

Como também já cuidamos de demonstrar acima, hoje, a propriedade é assegurada constitucionalmente sim, desde que atenda à sua função social.

E o que vem a ser "função social da propriedade"? Podemos dizer, perfeitamente, que o conteúdo da função social da propriedade foi magnificamente exposto nos três primeiros parágrafos do artigo 1.228 do Código Civil de 2002. Senão vejamos

a) *Limites ou funções de cunho econômico, social, ambiental e cultural à propriedade privada.*

O parágrafo 1° do artigo 1.228 assim dispõe:

> Art. 1.228. (...)
>
> § 1° O direito de propriedade deve ser exercido em consonância com as suas finalidades econômicas e sociais e de modo que sejam preservados,

> de conformidade com o estabelecido em lei especial, a flora, a fauna, as belezas naturais, o equilíbrio ecológico e o patrimônio histórico e artístico, bem como evitada a poluição do ar e das águas.

Esta, talvez seja a norma mais abrangente no que diz respeito aos limites a que a propriedade privada deve se dobrar: numa redação clara, simples e precisa, o legislador estabelece, como limites ao exercício da propriedade privada, o respeito e a observância às ordens econômicas e sociais da nação, bem como o respeito e a preservação das belezas naturais, devendo o seu titular, pois, buscar, no exercício do seu direito de propriedade, preservar o equilíbrio ecológico, o patrimônio histórico e artístico, bem como evitar a poluição do ar e das águas.

Temos aqui, pois, delineadas várias funções do direito de propriedade. Funções ou limites: econômico, social, ambiental e cultural.

Todo proprietário, para ter assegurado constitucionalmente o exercício de seu direito de propriedade, deverá observar os limites/funções acima delineados, sob pena de sua propriedade sofrer, desde uma simples limitação, até ser desapropriada pelo Poder Público.

Vale lembrar aqui, o que ocorre, por exemplo, com a propriedade imobiliária utilizada para plantio de plantas psicotrópicas: a mesma pode ser desapropriada, sem indenização. É a chamada *desapropriação sanção,* prevista no artigo 243 da Constituição da República, e regulamentada pela Lei 8.257/1991.

> Art. 243. As glebas de qualquer região do País onde forem localizadas culturas ilegais de plantas psicotrópicas serão imediatamente expropriadas e especificamente destinadas ao assentamento de colonos, para o cultivo de produtos alimentícios e medicamentosos, sem qualquer indenização ao proprietário e sem prejuízo de outras sanções previstas em lei.

Também está sujeita à desapropriação as terras agrícolas que não estejam atendendo aos limites/funções acima delineados, conforme preceitua os artigos 184 e 186 da Constituição Federal, *in verbis:*

> Art. 184. Compete à União desapropriar por interesse social, para fins de reforma agrária, o imóvel rural que não esteja cumprindo sua função social, mediante prévia e justa indenização em títulos da dívida agrária, com cláusula de preservação do valor real, resgatáveis no prazo de até vinte anos, a partir do segundo ano de sua emissão, e cuja utilização será definida em lei.

> (...)
>
> Art. 186. A função social é cumprida quando a propriedade rural atende, simultaneamente, segundo critérios e graus de exigência estabelecidos em lei, aos seguintes requisitos:
>
> I – aproveitamento racional e adequado;
>
> II – utilização adequada dos recursos naturais disponíveis e preservação do meio ambiente;
>
> III – observância das disposições que regulam as relações de trabalho;
>
> IV – exploração que favoreça o bem-estar dos proprietários e dos trabalhadores.

Mas devemos sempre nos lembrar que, por mais que a leitura do artigo 1.228 do Código Civil nos reporte a um entendimento de que a propriedade ali tratada seja a propriedade imobiliária, tal entendimento não é correto.

O direito de propriedade ali trabalhado é tanto sobre bens imóveis quanto sobre bens móveis. Portanto, também a propriedade sobre bens móveis deve atender à sua função social.

Tome-se, por exemplo, triste fato que assola o nosso país que é a irresponsabilidade de proprietários de veículos automotores: a partir do momento em que o proprietário de um veículo trafegue com o seu carro com pneus carecas, com o motor desregulado lançando mais poluentes que o normal, trafegando em condições precárias de conservação; ou ainda: dirigindo o seu veículo em alta velocidade, embriagado ou drogado. Ora, definitivamente, este veículo não está atendendo qualquer função social. Ao contrário, ele representa *um risco social*, pois, este veículo mata, fere, aleja.

Portanto, as mesmas razões de fato e jurídicas que justificam a expropriação da propriedade imobiliária, justificam, perfeitamente, a expropriação da propriedade móvel que se enquadre em uma das situações acima descritas.

b) *Limite à prática de atos meramente emulativos.*

Outro limite ao direito de propriedade (insculpido no § 2º do artigo 1.228) é a proibição da prática de atos emulativos. Compreende-se por *atos emulativos* aqueles que causam danos a terceiros, sem trazer qualquer benefício para aquele que o pratica.

> Art. 1.228 (...)
>
> § 2º São defesos os atos que não trazem ao proprietário qualquer comodidade, ou utilidade, e sejam animados pela intenção de prejudicar outrem.

Embora fosse desnecessária a inserção deste dispositivo (pois pela regra da responsabilidade civil, todo aquele que provocar dano a outrem é obrigado a indenizar), a inserção dessa norma se justifica na medida em que destaca, mais uma vez, o caráter social de que o direito de propriedade agora é revestido.

Era prática comum em um passado não muito distante, que proprietários rurais, com diferenças políticas, por exemplo, com os fazendeiros vizinhos, ateassem fogo em suas terras, sem que tal fato lhes representasse qualquer vantagem, mas tão somente animados pelo fato de o fogo atingir a propriedade de seu vizinho e inimigo político, por exemplo.

Portanto, embora possa ser julgada desnecessária a inserção de tal dispositivo no Código Civil, por outro lado, é muito bem-vinda, ao propósito de incutir uma nova mentalidade aos proprietários, acostumados há séculos com um direito de propriedade sobre o qual não recaía qualquer tipo de limite, não sofria qualquer intervenção estatal, e encontrava seus limites tão somente na vontade de seu titular.

c) *Limites (ou funções) da propriedade por sua necessidade ou utilidade públicas, ou por seu interesse social.*

O terceiro limite ao direito de propriedade pode ocorrer em virtude de necessidade ou utilidade pública, interesse social, ou ainda, perigo público iminente. É o que preceitua o § 3° do artigo 1.228, *in verbis*:

> Art. 1.228. (...)
>
> § 3° O proprietário pode ser privado da coisa, nos casos de desapropriação, por necessidade ou utilidade pública ou interesse social, bem como no de requisição, em caso de perigo público iminente.

São os casos, por exemplo, de desapropriação de avenidas, prédios públicos, etc.

Pelo exposto acima, poderíamos dividir os limites ao direito de propriedade em limites intrínsecos e extrínsecos ao direito de propriedade. Assim:

a) Limites intrínsecos ao direito de Propriedade (§§ 1° e 2°, do art. 1.228 do Código Civil)

Chamamos de limites intrínsecos do direito de propriedade aqueles limites que devem ser observados pelo proprietário, por si. Chamamos intrínsecos pois entendemos se tratar de limites a que o proprietário deve, conscientemente, impor no exercício de seu direito.

Portanto, no exercício livre do seu direito de propriedade, o proprietário deve cuidar de exercer o seu direito atentando para fazê-lo

> em consonância com as suas finalidades econômicas e sociais e de modo que sejam preservados, de conformidade com o estabelecido em lei especial, a flora, a fauna, as belezas naturais, o equilíbrio ecológico e o patrimônio histórico e artístico, bem como evitada a poluição do ar e das águas.

b) Limites extrínsecos ao direito de propriedade (§ 3º, do art. 1.228 do Código Civil)

Já por limites extrínsecos ao direito de propriedade, temos aqueles que, a qualquer hora, podem ser impostos pelo Estado, na busca do bem-estar social, por necessidade ou utilidade pública. Chamamos de extrínsecos porque, estes, ao contrário dos primeiros, não dependem da postura do proprietário perante a sua propriedade. Estes são impostos pelo próprio Estado, sempre que este necessitar utilizar-se da propriedade privada em razão das situações ali previstas. Vejamos: "O proprietário pode ser privado da coisa, nos casos de desapropriação, por necessidade ou utilidade pública ou interesse social, bem como no de requisição, em caso de perigo público iminente".

6. "O SAMBA DO CRIOULO DOIDO"

Pedimos as devidas desculpas aos leitores pela liberdade que tomamos ao intitular este subitem. Ocorre que não nos passa pela cabeça outra expressão que esboce, tão bem, o imbróglio jurídico, a confusão terminológica, ou ainda: a inconstitucionalidade que marca os parágrafos 4º e 5º do artigo 1.228. Senão vejamos:

> Assim dispõem os indigitados parágrafos:
>
> Art. 1.228 (...)
>
> § 4º O proprietário também pode ser privado da coisa se o imóvel reivindicado consistir em extensa área, na posse ininterrupta e de boa-fé, por mais de cinco anos, de considerável número de pessoas, e estas nela houverem realizado, em conjunto ou separadamente, obras e serviços considerados pelo juiz de interesse social e econômico relevante.
>
> § 5º No caso do parágrafo antecedente, o juiz fixará a justa indenização devida ao proprietário; pago o preço, valerá a sentença como título para o registro do imóvel em nome dos possuidores.

Pois bem. Agora analisemos detidamente os dispositivos acima. Para iniciarmos as nossas críticas, pedimos ao leitor que compare, com atenção, o artigo 10, da Lei nº 10.257/2001 (Estatuto da Cidade), com o § 4º em análise:

> Art. 10. As áreas urbanas com mais de duzentos e cinquenta metros quadrados, *ocupadas por população de baixa renda para sua moradia, por cinco anos,* ininterruptamente e sem oposição, onde não for possível identificar os terrenos ocupados por cada possuidor, são susceptíveis de serem usucapidas coletivamente, desde que os possuidores não sejam proprietários de outro imóvel urbano ou rural. (Estatuto da Cidade, Lei nº 10.257/01) (grifos nossos)

> § 4º O proprietário também pode ser privado da coisa se *o imóvel reivindicado* consistir em extensa área, *na posse ininterrupta e de boa-fé, por mais de cinco anos, de considerável número de pessoas, e estas nela houverem realizado, em conjunto ou separadamente, obras e serviços* considerados pelo juiz de interesse social e econômico relevante. (Código Civil, art. 1.228, § 4º) (grifos nossos)

Ao lermos os dispositivos acima perguntamos: qual deles se refere ao instituto da usucapião coletiva urbana?

Difícil pergunta, não é? Pois os dois dispositivos falam em aquisição da propriedade de extensa área pela posse ininterrupta, por mais de cinco anos, por população de baixa renda, que tenha ali estabelecido a sua moradia

Ou seja: o § 4º do artigo 1.228 do nosso Código Civil, em tudo e por tudo, se assemelha (em muito) com a modalidade da usucapião coletiva urbana, criada pela Lei 10.257/2001, em seu artigo 10.

Entretanto, leiamos detidamente o que dispõe o parágrafo seguinte (§ 5º do artigo 1.228 do Código Civil), parágrafo este, que complementa e instrumentaliza o § 4º sob comento:

> § 5º No caso do parágrafo antecedente, o juiz fixará a justa indenização devida ao proprietário; pago o preço, valerá a sentença como título para o registro do imóvel em nome dos possuidores.

Ora, se o § 5º complementa o § 4º, e este, ao que tudo indica, diz respeito a uma espécie de usucapião, como explicar, então, esta exigência de indenização? Não se exige indenização nos casos de aquisição da propriedade via usucapião. A palavra indenização nos reporta à ideia de que estaríamos tratando de um processo de "desapropriação privada". O que, definitivamente, é inconstitucional!

A expressão "imóvel reivindicado" estaria indicando que tais dispositivos somente poderiam ser utilizados em defesa, pelos possuidores de uma extensa área que fosse objeto de uma ação reivindicatória. Portanto, tais normas jamais poderiam constituir em fundamento jurídico para que o possuidores delas se servissem, como autores, de um pedido de aquisição da propriedade da coisa.

Entretanto, o artigo 13 da Lei nº 10.257/01, permite a alegação de usucapião em defesa, atendendo de forma muito melhor os possuidores desta área, já que, neste caso, não haverá a necessidade dos possuidores pagarem qualquer valor pela aquisição desta propriedade, como teremos oportunidade de comentar logo a frente.

Em terceiro lugar: o que significam, precisamente, as expressões "extensa área" e "considerável número de pessoas"? São expressões vazias. Não fornecem qualquer tipo de informação que possibilite uma aplicação eficaz.

Ainda sobre este parágrafo: o legislador exige que este "considerável número de pessoas" exerça posse há, no mínimo, cinco anos sobre esta extensa área, "com boa-fé". Ora, é impossível fazer prova de que uma população inteira de uma área invadida esteja ali de boa-fé! Então, se um só desses possuidores não estiver de boa-fé, todos perderiam esse direito?

E o que dizer, então, sobre a expressão final deste parágrafo: "considerados pelo juiz de interesse social e econômico relevante".

Vejamos. "Considerados pelo juiz" indica que tal julgamento é de cunho exclusivamente subjetivo. E o pior: julgamento subjetivo de um sujeito que não foi revestido de competência funcional para tal mister. Aí está mais uma inconstitucionalidade dos parágrafos em comento.

Quem revestiu o juiz do poder de considerar o que é ou o que não é interesse social e econômico relevante? Quem estabelece as competências funcionais dos poderes da República é a Constituição. E, definitivamente, nossa Constituição não revestiu o Poder Judiciário do poder de desapropriar propriedades particulares. Tal poder foi conferido somente ao Poder Executivo, mediante lei. Eis aí mais uma inconstitucionalidade que macula os parágrafos sob comento.

Convém relembrar que os artigos sob comento não estão a versar sobre desapropriação, já que trata-se de situação a ser aplicadas sobre áreas particulares em favor dos particulares que ali tenham feito a sua moradia.

Mas, não há dúvida que tal regra teve inspiração no instituto da desapropriação.

O Decreto-lei 3.365 de 21.06.1941, que regulamenta a desapropriação por utilidade pública e serve como regulamento para todas as outras leis de desapropriação criadas posteriormente a este, define que somente o Poder Executivo, pode declarar a utilidade pública para fins de desapropriação de uma área particular. *In verbis*:

> Art. 6° A declaração de utilidade pública far-se-á por decreto do Presidente da República, governador, interventor ou prefeito.

E ao Poder Judiciário é *expressamente vedada a análise do conteúdo da desapropriação*, ou seja: se é ou não é de utilidade pública. *In verbis*:

> Art. 9° Ao Poder Judiciário é vedado, no processo de desapropriação, decidir se se verificam ou não os casos de utilidade pública.

Dizer o que é e o que não é de interesse social e econômico para uma determinada área é dever do chefe do Poder Executivo local. Somente ele é quem terá condições de decidir se esta ou aquela situação atende aos interesses sociais e econômicos daquela região. Portanto, ao Poder Judiciário, não foi dada essa competência funcional. Lembrando que a criação de novas competências só pode se dar via Constituição da República.

Passando a nossa análise ao § 5° do artigo 1.228, preceitua esta norma que "o juiz fixará a justa indenização devida ao proprietário".

Vamos pensar: se esta área foi invadida, essa invasão acabou por desvalorizar a área. Logo, a *justa* indenização deverá (ou ao menos deveria) ser calculada sobre o valor da área antes de ocorrerem as primeiras ocupações, e jamais pelo valor da área no estado em que se encontra, pois, se fosse assim, tal área não teria valor algum. Que valor poderia ter uma extensa área ocupada por centenas ou milhares de pessoas (e esta é a dimensão do termo "considerável número de pessoas")? Justamente essa ocupação acabou por desvalorizar aquela propriedade. Se se calcular a indenização pelo valor da área no estado em que esta se encontra, o proprietário seria apenado duas vezes: uma por perder a sua terra para os invasores; outra por não ser devidamente indenizado.

Vale esclarecer aqui que as críticas lançadas no parágrafo acima, têm o cunho, simplesmente, de demonstrar a sua inaplicabilidade. Tal debate, jamais deverá ser entendido como críticas que, uma vez atendidas, pudessem viabilizar os propósitos do legislador quando da criação dessa norma. Não! Definitivamente, não!

Entendemos que tais dispositivos, além de inviáveis, são também inúteis e, pior de tudo: inconstitucionais, como cuidaremos de demonstrar até o final deste item.

Continuando nossa análise. A parte final do § 5º do artigo 1.228 assim dispõe: "pago o preço, valerá a sentença como título para o registro do imóvel em nome dos possuidores".

Pois bem. Pergunta-se: quem pagará esse preço?

Há quem responda: "Ora! Os ocupantes daquela área!"

Quanta inocência! Veja bem: os parágrafos em análise cuidam de situações de áreas extensas ocupadas por população de baixa renda. Em outros termos: favelas.

Sabemos bem que, as pessoas que vivem nestas condições, muitas vezes, valem-se de *gatos*, *gambiarras*, para puxarem água e luz para suas residências sem que tenham que pagar pelos respectivos serviços. Teriam, então, tais pessoas condições financeiras de pagar tal indenização? Claro que não.

E ainda que tivessem, por que lançariam mão, então, de tal instituto, se poderiam se valer das outras modalidades de usucapião (inclusive a coletiva, do artigo 10, da Lei 10.257/01 acima transcrito) onde não se paga qualquer tipo de indenização ao proprietário da área?

O nosso ordenamento possui, ao menos, cinco modalidades de usucapião, a saber: extraordinário, ordinário, constitucional urbano, constitucional rural e coletivo urbano. Elas podem ser utilizadas até mesmo em matéria de defesa, como já cuidamos de informar acima. Em nenhuma dessas modalidades os seus autores pagam qualquer tipo de indenização. Por que, então, alguém deixaria de se valer desses institutos, e se valeriam dos parágrafos em análise, onde, para se obter a propriedade, precisariam pagar indenização?

Há outros que respondem ainda: "Ora. Quem pagaria tal indenização seria o Estado!"

Entretanto, não existe a figura "Estado". O Estado é consituído por todos nós. E, definitivamente, não podemos conceber que o dinheiro público, dinheiro de todos nós, seja utilizado para comprar moradia para outros particulares, por mais altruísta que seja tal propósito.

Por fim, pontifica aquele parágrafo: "pago o preço, valerá a sentença como título para o registro do imóvel em nome dos possuidores".

Vamos imaginar, então, que quem tenha que pagar tal indenização sejam os possuidores daquela área. Imaginemos, então, que o valor de tal indenização seja dividido entre todos os possuidores ali residentes, cabendo a cada um o pagamento de uma dada importância. Mas, enquanto o valor não for *integralmente* pago, o juiz não prolatará aquela sentença.

Tal situação revela-se, como todo o resto, absurda! Imagine, então, que aquele que pagou imediatamente a importância que lhe competia pagar para ter a sua propriedade declarada, não poderia adquirir essa propriedade até que *todos* terminassem de pagar os seus respectivos valores.

Porém (por amor ao debate), e se um, ou alguns destes possuidores não pagassem?

Enfim: são tantas as perguntas sem respostas, frases vagas, incompetências funcionais, confusões conceituais, que os parágrafos 4° e 5° do artigo 1.228 do Código Civil mostram-se dois monstros jurídicos. Uma construção *franksteniana*, que tenta misturar o instituto da usucapião com o instituto da desapropriação, e termina por gerar uma aberração jurídica estéril.

Para aqueles que não concordam com a inconstitucionalidade por nós aqui defendida, há de concordarem que tais normas são, pelo menos, *absolutamente inúteis*!

7. EXTENSÃO DO DIREITO DE PROPRIEDADE

Estabelece o artigo 1.229 do Código Civil:

> Art. 1.229. A propriedade do solo abrange a do espaço aéreo e subsolo correspondentes, em altura e profundidade úteis ao seu exercício, não podendo o proprietário opor-se a atividades que sejam realizadas, por terceiros, a uma altura ou profundidade tais, que não tenha ele interesse legítimo em impedi-las.

À semelhança do Direito Romano, o nosso direito de propriedade abrange, além do solo, o subsolo e o espaço aéreo correspondentes, em altura e profundidade úteis ao seu exercício. Portanto, o proprietário do solo, o é do subsolo e do espaço aéreo correspondente, podendo usá-lo até onde tiver interesse. Além do próprio interesse do proprietário, existe mais um limite ao direito de propriedade: os regulamentos administrativos.

Nas áreas que possuírem Lei de Uso e Ocupação do Solo (ou de parcelamento do solo), o Poder Público também criará limites ao exercício do direito de propriedade.Dependendo da finalidade para qual cada área for destinada pelo Poder Público, é natural que o direito de construir, por exemplo, sofra limitações. Estas são limitações administrativas. Daí, pode o poder Público, por exemplo, limitar que construções em determinadas áreas não ultrapassem uma dada altura.

7 FORMAS DE AQUISIÇÃO DA PROPRIEDADE IMOBILIÁRIA

1. INTRODUÇÃO

O legislador do Código Civil de 1916, de maneira bastante didática, preferiu elencar primeiramente em um só artigo, todas as formas pelas quais se daria a aquisição da propriedade imobiliária para, só depois, em seções específicas, trabalhar em separado com cada uma delas. Assim, só pela leitura do artigo 530 daquele diploma civil, o leitor já saberia quais eram as formas de se adquirir a propriedade imobiliária. *In verbis*:

> Art. 530. Adquire-se a propriedade imóvel:
>
> I – Pela transcrição do título de transferência no Registro do Imóvel;
>
> II – pela acessão;
>
> III – pelo usucapião;
>
> IV – pelo direito hereditário.

O legislador atual, ao contrário, preferiu não proceder com tal descrição (perdendo em didática), e cuidou das formas de aquisição da propriedade imobiliária, em seu Capítulo II, do Título III (Da Propriedade), do livro Direito das Coisas.

Assim, o leitor do novo Código, diferentemente do que ocorria no Código de 1916, é obrigado a ler todo aquele capítulo para levantar, por si, quais as formas pelas quais se dá a aquisição da propriedade imobiliária.

Pela leitura daquele capítulo, observamos que o novo código só contempla como formas de aquisição da propriedade imobiliária a usucapião, o registro e as acessões.

Temos algumas críticas à forma como a matéria foi tratada pelo novo ordenamento.

Ao contrário da posse, cujas formas de aquisição obedecem ao princípio do *numerus apertus* (enumeração aberta), ou seja, não há como prever todas as formas de se adquirir a posse sobre algo[1], as formas de aquisição da propriedade seguem o princípio do *numerus clausus*, ou seja, são taxativamente enumeradas pela lei, não admitindo outras formas senão aquelas ali elencadas.

Vejam que o novo Código Civil não contempla o direito hereditário como forma de aquisição da propriedade imobiliária, ao contrário do que fazia, com acerto, o Código Civil de 1916.

Com efeito, não há dúvidas de que uma das formas de se adquirir a propriedade imobiliária seja pela via hereditária. Se é certo que o fato gerador de tal aquisição (morte do proprietário e transferência de seus direitos aos herdeiros) é objeto de estudo de outro livro do Código Civil, não menos certo é que, como ocorria no Código de 1916, tal forma de aquisição deveria ser, ao menos mencionada no livro dedicado ao estudo da propriedade, haja vista que temos aqui dois direitos diferentes: o direito sucessório (este sim, regulado pelo Livro V do novo Código Civil) e o direito de propriedade da herança.

Assim, repita-se, se adotamos o princípio do *numerus clausus* quanto às formas de aquisição da propriedade, a partir do momento em que o Código Civil não contempla a aquisição da propriedade imobiliária pela via hereditária, a rigor, a propriedade imobiliária no Brasil não comportaria tal forma de aquisição. E isso, é desnecessário dizer, não ocorre.

Outra crítica que já fazíamos quando ainda em vigor o Código Civil de 1916, é quanto ao fato da codificação civil brasileira tratar o registro (transcrição imobiliária) como *forma* de aquisição da propriedade imobiliária.

---

1 Afinal, uma vez que o nosso ordenamento elege como teoria possessória a Teoria de Jhering (Teoria Objetiva da Posse), todo aquele que manifestar a aparência de proprietário da coisa já será o seu possuidor, então não é possível que todas as formas de aquisição da posse sejam previamente estabelecidas pelo legislador.

Devemos entender por *forma*, o *meio*; o *caminho* pelo qual se adquire a propriedade. A via hereditária, por exemplo, é uma forma, um meio, um caminho pelo qual alguém adquire a propriedade de um imóvel. Do mesmo modo, a posse prolongada sobre um imóvel (desde que seja posse *ad usucapionem*) também leva à aquisição da propriedade desse imóvel. Portanto, a usucapião também é uma *forma* de se adquirir a propriedade sobre um bem imóvel.

Segundo o velho mandamento jurídico, "o acessório acompanha o principal" o proprietário de um imóvel adquire a propriedade de todas as construções ou acréscimos que sejam feitos neste imóvel (*superficie solo cedit*). Portanto, as acessões também são *formas* de se adquirir a propriedade imobiliária.

Entretanto, o registro (a transcrição imobiliária) definitivamente não pode ser compreendido como forma de aquisição da propriedade imobiliária. Afinal, pergunta-se: qual é a atitude desenvolvida pelo indivíduo que percorreria o registro para que este possa ser tido como uma forma de aquisição da propriedade imobiliária?

Pelo direito hereditário, chega-se à propriedade dos herdeiros pela morte do proprietário. Pela usucapião, chega-se à propriedade pelo exercício da posse *ad usucapionem* por tempo prolongado. Pelas acessões, chega-se à propriedade imobiliária pelas construções e outros acréscimos sobrevindos à coisa. E pelo registro? Qual o caminho a ser percorrido pelo indivíduo no registro para que este seja entendido como forma de aquisição da propriedade imobiliária?

Há quem diga que é o ato registral. Porém, o ato registral não é forma de aquisição da propriedade imobiliária. O ato registral (que é o registro em si mesmo) nada mais é que um procedimento administrativo (formalidade exigida por lei) para a aquisição de toda a propriedade imobiliária.

Tanto assim é que veja o que ocorre com as verdadeiras formas de aquisição da propriedade imobiliária. O herdeiro não se torna proprietário do imóvel de seu ascendente/descendente apenas com a morte deste. É necessário o *registro* do formal de partilha, extraído de um processo de inventário. Aquele que exerce a posse *ad usucapionem* sobre um determinado imóvel há mais de 15 anos não se torna automaticamente o seu proprietário. É necessário que ingresse em juízo pedindo a aquisição daquela propriedade via usucapião. Somente depois do *registro* da sentença desse processo é que se pode falar na aquisição de tal propriedade. Por fim, no caso das acessões. Veja que, mesmo quando alguém constrói em seu terreno vago, ao final de sua construção, este proprietário/construtor deve proceder ao *registro* (averbação), de tal construção, a fim de que conste o acréscimo sobrevindo em sua propriedade. Caso tal registro não seja realizado, o imóvel continuará constando como desprovido de qualquer acréscimo.

Portanto, note que o *registro* nada mais é que *um ato administrativo obrigatório à aquisição da propriedade imobiliária. Ato, este, que tem por finalidade, justamente, dar efeitos jurídicos aos fatos jurídicos (morte, posse* ad usucapionem *e construções) que alguém já exercia sobre a coisa.*

Melhor seria (e talvez tenha sido esta a vontade do legislador) que, ao invés de colocar o registro como forma de aquisição da propriedade imobiliária, tivesse previsto como uma de suas formas de aquisição a *alienação*. Esta sim, de fato, é uma forma de aquisição da propriedade imobiliária (compra e venda, doação, dação em pagamento, etc.) que também tem o *registro* como ato obrigatório para sua convalidação. Aliás, note-se que tal forma de aquisição da propriedade imobiliária nunca constou em nosso ordenamento civil. Nem no Código atual, nem no Código de 1916. E aí está a nossa terceira crítica quanto às formas de aquisição da propriedade imobiliária previstas em nosso ordenamento civil.

2. DA USUCAPIÃO

Etimologicamente, ensina-nos César Fiuza, a palavra usucapião significa "aquisição pelo tempo". Diz aquele autor: "Em latim, *usucapio* é palavra composta, em que *usu* significa literalmente 'pelo uso', e *capio* significa captura, tomada, ou, em tradução mais livre, aquisição" (FIUZA, 2004, p. 744).

Instituto criado pelos romanos (como de resto a maior parte do nosso direito civil, como já vimos), a usucapião consiste no fato de alguém, que exerça uma posse mansa, pacífica, ininterrupta e com ânimo de dono (elemento *animus domini* da Teoria Subjetiva de Savigny), ou seja, alguém que exerça a chamada posse *ad usucapionem*, se torne proprietário daquela coisa pelo seu uso.

Ainda segundo César Fiuza:

> Sua justificativa baseia-se em duas teorias predominantes. Para a primeira teoria, denominada subjetiva, encontra-se no intuito de eliminar

> a incerteza em relações jurídicas fundamentais e tão relevantes, como a propriedade. O domínio das coisas não pode ser incerto – *ne rerum domínio in incerto essent.* Para uma segunda teoria, chamada de objetiva, o usucapião só se legitima se o analisarmos sob a ótica da função social da propriedade: dono é quem explora o imóvel; é quem o torna útil à sociedade. Ainda na opinião de terceiro grupo, o usucapião seria espécie de pena para a negligência do verdadeiro dono, que abandona a coisa. (FIUZA, 2004, p. 744)

É muito comum o emprego da expressão *prescrição aquisitiva* como sinônimo de *usucapião.* Entretanto, tal uso é impróprio e demonstra enorme desconhecimento do Direito Romano, sendo condenado o seu uso por parte da melhor doutrina.

Tanto a usucapião quanto a prescrição, eram institutos largamente utilizados pelos romanos, cada um, entretanto, para uma finalidade. Eram, então, institutos muito diferentes. Senão vejamos.

Enquanto a usucapião se constituía em forma de aquisição da propriedade pelo uso prolongado, a prescrição se constituía em meio de defesa do réu na ação reivindicatória. Assim, se alguém que se encontrasse por muitos anos residindo em imóvel que não de sua propriedade, fosse acionado em uma ação reivindicatória manejada pelo real proprietário daquele imóvel, aquele possuidor poderia utilizar, como matéria de defesa, a alegação de prescrição do direito do proprietário em requerer aquela reivindicatória.

Veja, portanto, que não há nada de aquisitivo. Trata-se de uma alegação de prescrição comum, como qualquer outra, que no caso em questão, está implicando no fato de o proprietário perder o direito de reivindicar a sua propriedade.

Nesse caso, o juiz indeferiria o pedido do autor da reivindicatória, mas não concederia a propriedade ao réu. Para este se tornar proprietário daquele imóvel, deveria ajuizar a ação de usucapião.

Orlando Gomes arremata o assunto:

> A usucapião é um dos modos de aquisição da propriedade e de outros direitos reais. A palavra é do gênero feminino.
>
> Parte da doutrina a conceitua como espécie da prescrição. Ao lado da prescrição extintiva ou liberatória estaria a prescrição aquisitiva ou positiva. Seriam espécies do mesmo gênero.

> A essa maneira de ver conduz a existência de elementos comuns. Mas é incorreta. A tese da autonomia da usucapião é hoje defendida com sólidos fundamentos, estando consagrada nas legislações modernas.
>
> A confusão entre os dois institutos não se justifica, tais os traços que os separam. É verdade que se aproximam, mantendo ostensivos pontos de semelhança. Têm com efeito como condição o decurso de tempo, em ambos necessário à produção dos efeitos específicos. São, por conseguinte, manifestações da influência do tempo nas relações jurídicas. Objetivam dar firmeza a essas relações, eliminando a incerteza dos direitos. Interrompe-se ou suspende-se o seu curso pelas mesmas causas. Mas diferenças profundas afastam-nos. A prescrição é um modo de extinguir pretensões. A usucapião, um modo de adquirir a propriedade e outros direitos reais, conquanto acarrete, por via de consequência, a extinção do direito para o antigo titular. A prescrição opera com base na inércia do sujeito de direito durante certo lapso de tempo. A usucapião supõe a posse continuada. A prescrição extingue as pretensões reais e pessoais, tendo largo campo de aplicação, enquanto a usucapião restringe-se aos direitos reais, dos quais é modo de aquisição. Os direitos pessoais não se adquirem por usucapião. A prescrição é negativa; como ensina Lafayette, nasce da inércia, e tem por efeito dissolver a obrigação, paralisando, destarte, o direito correlato; não gera direitos. A usucapião é positiva, 'no seu modo de atuar predomina a força geradora; o proprietário perde o domínio porque o adquire o possuidor'.
>
> Diferenciando-se, pois, no fim, nos requisitos e nos efeitos, os dois institutos não devem ser englobados. Regular a usucapião no capítulo da prescrição como uma de suas formas é desconhecer sua própria natureza. A confusão é ainda mais grave se considerada do ponto de vista da sistematização das matérias do Código Civil. Admitindo-se uma parte geral em que se condensem as normas aplicáveis a todo o território do Direito Civil, a prescrição pode aí estar incluída, mas, de modo algum, a usucapião, que é instituto exclusivo do Direito das Coisas. A disciplina da prescrição cabe a rigor no Direito das Obrigações, porque é um dos modos de extinção destas, conquanto também atue sobre pretensões reais. A usucapião há de ser regulada imperiosamente entre as regras atinentes aos direitos reais, porque a sua função é unicamente possibilitar sua aquisição.
>
> Não há que falar, por conseguinte, em prescrição aquisitiva. (GOMES, 2007, p. 161).

Como bem informa Orlando Gomes, a palavra é feminina. Isso porque, em latim, o nome do instituto é *usucapio*. E nesta língua, toda palavra terminada no ditongo *io*, é do gênero feminino. Senão vejamos: *praescriptio* = (a) prescrição; *traditio* = (a) tradição; *mancipatio* = (a) emancipação; *usucapio* = (A) usucapião. Entretanto, em nossos dias, admite-se também a utilização do gênero masculino para o referido instituto.

O instituto da usucapião chegou até o direito brasileiro por meio das Ordenações do Reino. Legislação portuguesa aplicada ao Brasil que reinou soberana, desde o seu descobrimento até a primeira Constituição Brasileira Republicana (1824). Nas relações civis, as Ordenações do Reino vigoraram até a entrada em vigor do primeiro Código Civil brasileiro, em 1916.

3. EVOLUÇÃO HISTÓRICA DA USUCAPIÃO

A usucapião chegou ao ordenamento civil brasileiro, como já informamos, por meio das Ordenações do Reino, e em apenas duas formas: usucapião ordinária e usucapião extraordinária.

Para entendermos bem a razão dos nomes *ordinário* e *extraordinário* aplicados a tal instituto, se fazem necessários alguns comentários.

Por um longo período da história brasileira, que teve início com a chegada dos primeiros colonizadores em solo brasileiro e se estendeu por mais de quatro séculos, o Brasil teve suas terras ocupadas de maneira *originária*. Explicamos melhor: como se tratava de um continente virgem, ocupado por índios, onde, portanto, não havia terras tituladas, o fato mais comum (ordinário, portanto) era que cada família que chegasse ao território brasileiro, ocupasse a sua gleba de terra, demarcando-a, e chamando-a de sua, independentemente de qualquer tipo de registro, pois, como já dito, este ainda não existia naquele tempo.

Posteriormente, quando os ocupantes das terras foram convocados a regularizar suas posses, se utilizaram, justamente, do instrumento da usucapião ordinária, tendo em vista que era a modalidade mais comum de ocorrer naquele tempo. Essa modalidade, na época, consistia na posse *ad usucapionem*, mansa, pacífica e ininterrupta por certo lapso temporal, e não se exigia nem justo título e nem boa-fé.

Excepcionalmente (em caráter extraordinário, portanto) alguém adquiriria terras que já cabiam a outra pessoa. Nesse caso, a regularização da posse, exigia a demonstração de um justo título que justificasse tal atitude, bem como, a demonstração da ocorrência de boa-fé. Como já cuidamos de dizer, pelas peculiaridades da época, tal fato era mais raro de ocorrer; era, portanto, *extraordinária* a sua ocorrência, e a regularização dessa posse se dava, portanto, pela usucapião extraordinária.

Entretanto, com a crescente ocupação do território nacional e o aumento da população brasileira, aqueles fatos que anteriormente eram extraordinários, aos poucos, começaram a se tornar cada vez mais e mais comuns. E terras virgens, sem proprietários ou registros anteriores, passaram a ficar cada vez mais raras (extraordinárias). Assim, quando da entrada em vigor do Código Civil de 1916, houve uma verdadeira inversão nos nomes dos institutos. Aquela modalidade de usucapião que as Ordenações do Reino chamavam de ordinária foi rebatizada pelo Código Civil de 1916 como usucapião extraordinário. E aquela modalidade de usucapião que as Ordenações do Reino chamavam de extraordinária foi rebatizada pelo Código Civil de 1916 como usucapião ordinário.

Dessa forma, o Código Civil de 1916 manteve apenas as duas modalidades de usucapião já existentes nas Ordenações do Reino: a ordinária e a extraordinária. Tendo invertido, contudo, seus conceitos, requisitos e nomes.

Pelo Código Civil de 1916, a usucapião extraordinária exigia 20 anos de posse *ad usucapionem,* devendo esta ser mansa, pacífica e ininterrupta, independentemente de justo título e boa-fé, que em tal caso eram presumidos.

Já a usucapião ordinária exigia justo título, boa-fé e posse (*ad usucapionem*) mansa, pacífica e ininterrupta, por 15 anos entre ausentes e 10 entre presentes. Considerando-se como ausentes, para efeitos de usucapião, aqueles que não residissem na mesma circunscrição em que o imóvel fosse registrado.

A distinção entre ausentes e presentes, bem como o emprego de um lapso temporal maior para o caso de o proprietário do solo ser ausente, se justificava naquela época. Afinal, em um tempo em que as comunicações no imenso território eram muito precárias e o transporte também muito deficiente, era razoável que o legislador tratasse de maneira diferente o proprietário que morasse próximo à sua propriedade tomada por outrem, daquele outro proprietário que, talvez pela distância, nem soubesse de tal ocupação.

Tal justificativa já não tem mais cabimento em nossos dias. Afinal, as telecomunicações na atualidade nos permitem contato em tempo real com pessoas que estejam até mesmo fora da atmosfera terrestre, e os nossos sistemas de transporte são tão eficientes que podemos cruzar o mundo em menos de vinte e quatro horas. Assim, não fazia mais sentido a manutenção de tal distinção no novo Código Civil.

Posteriormente, a Constituição de 1934 criou a primeira modalidade de usucapião constitucional: a usucapião constitucional rural, ou pró-labore, que tinha por finalidade, fixar o homem no campo, conferindo a propriedade de áreas rurais a todo aquele que a utilizasse como seu sustento, por força de seu trabalho (daí o nome *pro-labore*) e tivesse nela a sua moradia.

Assim, por essa modalidade, adquiriria a propriedade do solo rural aquele que não sendo proprietário rural ou urbano, ocupasse, por dez anos contínuos, sem oposição nem reconhecimento de domínio alheio, um trecho de terra de até dez hectares, tornando-o produtivo com o seu trabalho e tendo nele a sua morada, adquiriria o domínio, mediante sentença declaratória devidamente transcrita (art. 125 da Constituição da República de 1934).

A Constituição de 1988, além de recepcionar com pequenas alterações a modalidade de usucapião acima mencionada, inseriu nova modalidade de usucapião constitucional: a usucapião constitucional urbana. Essa nova modalidade prevê a aquisição de áreas urbanas, não superiores a 250 metros^2, a pessoas que reúnam as seguintes condições: a) área urbana de até duzentos e cinquenta metros quadrados; b) posse *ad usucapionem* por cinco anos, ininterruptamente e sem oposição; c) utilizá-la para sua moradia ou de sua família; d) não ser proprietário de outro imóvel urbano ou rural.

E, por fim, a Lei 10.257 de 10 de julho de 2001, em seu artigo 10, criou a primeira modalidade de usucapião coletivo de nossa história: usucapião coletivo urbano. Essa outra modalidade visa a regularização fundiária urbana. Assim preceitua aquele artigo:

> Art. 10. As áreas urbanas com mais de duzentos e cinquenta metros quadrados, ocupadas por população de baixa renda para sua moradia, por cinco anos, ininterruptamente e sem oposição, onde não for possível identificar os terrenos ocupados por cada possuidor, são susceptíveis de serem usucapidas coletivamente, desde que os possuidores não sejam proprietários de outro imóvel urbano ou rural.

Portanto, quando da entrada em vigor do novo Código Civil (Lei 10.406) no ano de 2002, o nosso ordenamento estava assim composto: duas modalidades de usucapião previstas no Código Civil de 1916: ordinária e extraordinária; duas modalidades de usucapião constitucionais: urbana e rural; uma modalidade de usucapião coletivo, totalizando, então, cinco formas distintas de usucapião.

O Código de 2002 aglutinou as quatro primeiras formas mencionadas em seu corpo, com algumas alterações. Dentre elas, está a redução do prazo das modalidades ordinária e extraordinária em cinco anos. Ou seja: a usucapião extraordinária, que pelo Código Civil de 1916 se dava com 20 anos, independentemente de justo título e boa-fé, no Código Civil atual se perfaz com 15 anos. A usucapião ordinária, que pelo Código Civil de 1916 se dava com 15 anos entre ausentes e 10 anos entre presentes, teve o seu prazo fixado em 10 anos. Não se falando mais, assim, em usucapião ordinária com 15 anos.

O Código Civil atual ainda inovou ao criar *subespécies de usucapião extraordinária e ordinária*, como veremos.

Assim preceituam, respectivamente, os parágrafos únicos do artigo 1.238 e 1.242:

> Art. 1.238. (...)
>
> Parágrafo único. O prazo estabelecido neste artigo reduzir-se-á a dez anos se o possuidor houver estabelecido no imóvel a sua moradia habitual, ou nele realizado obras ou serviços de caráter produtivo.
>
> (...)
>
> Art. 1.242. (...)
>
> Parágrafo único. Será de cinco anos o prazo previsto neste artigo se o imóvel houver sido adquirido, onerosamente, com base no registro constante do respectivo cartório, cancelada posteriormente, desde que os possuidores nele tiverem estabelecido a sua moradia, ou realizado investimentos de interesse social e econômico.

Ao estabelecer situações novas, não previstas no Código Civil anterior, inclusive com prazos novos, o legislador do Código Civil de 2002 acabara por criar modalidades novas de usucapião. Modalidades estas, que conforme veremos mais adiante, não podem ser chamadas de *novas espécies*, mas sim de *subespécies*.

Por que defendemos que os parágrafos únicos dos artigos 1.238 e 1.242 se tratam, na verdade, de subespécies das respectivas modalidades de usucapião? Apenas porque tais situações, com tais prazos, não existiam no Código Civil de 1916. Tanto assim que esses dois parágrafos não estão sujeitos ao comando do artigo 2.028, das disposições finais e transitórias do Código Civil atual, que prevê que "serão os da lei anterior os prazos, *quando reduzidos por este código*, e se, na data de sua entrada em vigor, já houver transcorrido mais da metade do tempo estabelecido na lei revogada" (grifos nossos).

Ora, como tais prazos não existiam no Código Civil de 1916, estes parágrafos não estão sob o comando da norma do artigo 2.028. Portanto, se são prazos novos, com situações também até então não previstas no ordenamento jurídico brasileiro, tratam-se, na verdade de subespécies das modalidades extraordinária e ordinária. Algum leitor pode perguntar: por que, então, *subespécies* e não *espécies* novas? É simples: porque tais modificações foram acrescentadas como parágrafos aos *capita* que tratam, respectivamente, das modalidades extraordinária e ordinária de usucapião. Portanto, por se tratarem de parágrafos acrescidos aos *capita* daqueles artigos, não poderiam se tratar de espécies distintas e autônomas daquelas previstas nos respectivos *capita.*

Estamos bem acompanhados em nosso entendimento. O professor Gustavo Tepedino[2], em sua obra "Temas de Direito Civil" – tomo II, assim se posiciona sobre uma destas "novas modalidades de usucapião":

> Ao lado disso, temos uma nova modalidade de usucapião para superar certos problemas registrais. O codificador procura assegurar ao possuidor de boa-fé, que adquiriu o imóvel confiando nas informações equivocadas ou falsas fornecidas pelo Cartório do Registro de Imóveis, a aquisição da propriedade após o decurso de 5 anos. Essa nova modalidade resolve problemas gravíssimos em decorrência do sistema brasileiro atribuir ao registro uma presunção relativa – não absoluta – de veracidade. Uma vez demonstrada a falsidade do título registrado, o registro poderá ser impugnado. (TEPEDINO, 2006, p. 156)

Arrematando, então: a usucapião extraordinária foi prevista no artigo 1.238, com sua subespécie prevista no seu parágrafo único; a ordinária no artigo 1.242, com sua subespécie prevista no seu parágrafo único; as modalidades constitucionais nos artigos 1.239 (constitucional rural) e 1.240 (constitucional urbano). A usucapião coletiva urbana não foi objeto do Código Civil por duas razões básicas. Em primeiro lugar, porque é instrumento específico do direito administrativo. Constitui parte do Estatuto da Cidade. Portanto, essa modalidade fugiria dos fins de aplicação da norma

---

2 Curiosidade: uma das regiões que se beneficiaram com esta subespécie de usucapião ordinária, segundo o professor Gustavo Tepedino, seria o município do Rio de Janeiro, "onde, em torno da Barra da Tijuca, do Recreio dos Bandeirantes, moram dois milhões de pessoas sem segurança jurídica, sujeitas à futura decisão judicial em processo ainda em andamento, devido a problemas registrais que vêm desde as Capitanias Hereditárias" (TEPEDINO, 2006, p. 156).

civilista. Em segundo, porque o Código Civil de 2002 já estava pronto para sua promulgação quando a Lei 10.257 entrou em vigor.

A seguir falaremos mais detidamente sobre cada uma das modalidades de usucapião.

4. DA USUCAPIÃO EXTRAORDINÁRIA

A Usucapião Extraordinária é tratada em nosso Código Civil no artigo 1.238. Por essa modalidade, adquire a propriedade imobiliária, aquele que exercer a posse *ad usucapionem*, por quinze anos, sem interrupção, nem oposição, independentemente de título e boa-fé.

Trata-se, como já cuidamos de noticiar quando falávamos da evolução histórica do instituto no Brasil, de *forma extraordinária* de, nos dias de hoje alguém adquirir a propriedade. Por essa modalidade, qualquer pessoa que exercer posse *ad usucapionem* sobre um determinado imóvel, por 15 anos, ainda que não tenha boa-fé, e ainda que não tenha qualquer documento válido como justo título, poderá se tornar o proprietário de referido imóvel.

É de se notar, ainda, que nessa modalidade de usucapião, o possuidor não está condicionado a qualquer tipo de obrigação para adquirir tal propriedade. Esse possuidor, para a modalidade extraordinária de usucapião, pode exercer a posse como sua moradia habitual ou não; ter outro imóvel ou não; tirar dali o seu sustento ou não; não importando o tamanho da área usucapienda.

4.1 Da usucapião extraordinária para fins de moradia

"Caso o possuidor do imóvel usucapiendo o utilize como sua moradia habitual ou nele tenha realizado obras ou serviços de caráter produtivo, neste caso, o prazo é reduzido para dez anos" (parágrafo único do artigo 1.238). Como já cuidamos de demonstrar, trata-se, na verdade, de uma *subespécie da usucapião extrordinária* que, em sintonia com o texto constitucional, valoriza a função social da propriedade, destacando a importância do exercício da posse como instrumento de efetivação do princípio constitucional da dignidade da pessoa humana.

5. DA USUCAPIÃO ORDINÁRIA

A usucapião ordinária é tratada no nosso Código Civil no seu artigo 1.242. Chama-se ordinária pois exige os mesmos requisitos que *ordinariamente* são exigidos daquele que adquire uma propriedade imobiliária pelas vias da compra e venda, da doação, etc. Em outras palavras: aquele que requerer a propriedade imobiliária por essa via deverá fazer prova de que tenha *justo título* e *exerce tal posse de boa-fé*. Ou seja: tem todos os requisitos para ser proprietário da coisa. Apenas não o é por conta de algum fato que impedira que tal aquisição chegasse ao fim. Por exemplo: José celebra com Pedro, um contrato de compra e venda, mediante escritura pública. Como o valor do imposto a ser pago para a transmissão daquele imóvel estava além das condições financeiras de Pedro, este deixou para registrar o imóvel posteriormente. Ocorre que José veio a falecer e os herdeiros deste se recusaram a outorgar nova escritura a Pedro para que fosse o imóvel transcrito em seu nome. Não obstante, Pedro já exerce a posse sobre aquele imóvel há doze (12) anos. Dessa forma, Pedro poderá ajuizar ação de usucapião pedindo que o juiz o declare proprietário do imóvel, por ali se encontrar com justo título (escritura pública), boa-fé (afinal, pagou o preço pedido por José e para lá se mudou sem qualquer oposição de terceiros) e exerce a posse com ânimo de dono (*animus domini*) por mais de 10 anos. Essa sentença seria utilizada, no lugar daquela escritura negada pelos herdeiros de José, para transcrever a propriedade em nome de Pedro.

Note, então, que essa propriedade somente não havia sido transmitida ainda a Pedro por questões pessoais dele (dificuldade financeira) que, posteriormente, pela morte de José, sofreu complicações na medida em que o documento que Pedro tinha em suas mãos já não era mais capaz de transmitir aquela propriedade para si.

Portanto, nesse caso, o juiz nada mais faz que regularizar uma relação jurídica materialmente perfeita, mas formalmente defeituosa.

Dúvida frequente sobre a usucapião ordinária é quanto ao que seja *justo título*. Justo título é todo documento potencialmente hábil a transferir a propriedade, ou seja: todo aquele documento que, seguindo o procedimento natural de uma negociação culminaria em transferir a outrem a propriedade, mas não o faz por defeito (seja deste documento, seja por culpa de uma das partes), é justo título.

Sobre o conceito de justo título, o professor César Fiuza assim leciona:

> Justo título é toda causa que seria, em tese, hábil para transferir a propriedade, mas não o faz por defeito, que pode ser: a) não ser o transmitente dono; b) não ter poderes para alienar; c) outro vício que torne passível de anulação.

> Se documento, o justo título deve ser válido, ou seja, passado com as formalidades externas substanciais; certo e real, i.e., determinado e verdadeiro, não suposto, putativo. (FIUZA, 2004, p. 747)

5.1 Da usucapião ordinária para fins de moradia

Tal como ocorrera na usucapião extraordinária, o legislador do novo Código criou uma subespécie também para a modalidade de usucapião ordinária. Afinal, o parágrafo único do artigo 1.242 cria um novo lapso temporal e algumas exigências que não constam da modalidade ordinária de usucapião para que, caso atendidas, o prazo exigido diminua dos dez anos (previstos no *caput* daquele artigo) para 5 anos (prazo estabelecido pelo parágrafo único do artigo 1.242 do Código Civil). *In verbis*:

> (...)
>
> Parágrafo único. Será de cinco anos o prazo previsto neste artigo *se o imóvel houver sido adquirido, onerosamente, com base no registro constante do respectivo cartório, cancelada posteriormente, desde que os possuidores nele tiverem estabelecido a sua moradia, ou realizado investimentos de interesse social e econômico.* (grifos nossos)

6. DAS MODALIDADES CONSTITUCIONAIS DE USUCAPIÃO

O Código Civil de 2002 trouxe para o seu bojo as duas modalidades constitucionais de usucapião, a saber: usucapião constitucional urbano (artigo 183 da Constituição da República) e a usucapião constitucional rural (art. 191 da Constituição da República). No Código Civil, essas modalidades de usucapião foram tratadas nos artigos 1.240 e 1.239, respectivamente.

6.1 Da Usucapião Constitucional Rural (Usucapião pro labore)

A usucapião constitucional rural (ou usucapião *pro labore*), originariamente constante no artigo 191 da Constituição da República, passou a figurar no novo ordenamento civil, no artigo 1.239 do Código Civil. *In verbis*:

> Art. 1.239. Aquele que, não sendo proprietário de imóvel rural ou urbano, possua como sua, por cinco anos ininterruptos, sem oposição, área de terra em zona rural não superior a cinquenta hectares, tornando-a produtiva por seu trabalho ou de sua família, tendo nela sua moradia, adquirir-lhe-á a propriedade.

Como já cuidamos de informar acima, quando da criação dessa modalidade de usucapião pela Constituição de 1934, o constituinte buscava fixar o homem no campo, garantindo-lhe a aquisição da propriedade sobre as terras em que residisse e dela tirasse o seu sustento, desde que não fosse proprietário de outro imóvel, urbano ou rural.

Para se valer dessa modalidade de usucapião, aquele que possui a terra nessas condições, não precisa ter justo título, nem demonstrar boa-fé sobre o imóvel. Entretanto, como já dissemos no parágrafo anterior, está sujeito a várias limitações: a área usucapienda não pode exceder aos cinquenta hectares, deve ser utilizada como moradia e dela retirar o sustento da família. Por fim, quem quer que deseje pleitear tal modalidade de usucapião, somente poderá fazê-lo por uma vez. Nas modalidades ordinária e extraordinária não existem tais limitações.

6.2 Da Usucapião Constitucional Urbana

Já a usucapião constitucional urbana passou a integrar o texto constitucional de 1988. Por essa modalidade, visava o constituinte proporcionar maior comprometimento dos proprietários de áreas urbanas com o seu patrimônio, cobrando deste proprietário que desse ao seu patrimônio a efetiva utilização, atendendo assim à sua função social, sob pena de, não o fazendo, perder a sua titularidade em favor daquele que efetivamente o utilizasse como sua moradia e de sua família, por no mínimo cinco anos, não sendo proprietário de outro imóvel urbano ou rural, mesmo não possuindo justo título e independentemente de boa-fé. Note-se portanto, que nessa modalidade, como na modalidade constitucional rural, o público que o constituinte visou alcançar era um público muito específico: o público de baixa renda, que utilizasse imóvel alheio desocupado, fazendo-o para suprir as suas necessidades básicas: moradia e sustento.

Essa última modalidade (usucapião constitucional urbana) foi regulamentada, ainda, pelo artigo 9° da Lei 10.257/01 (Estatuto da Cidade). Neste ponto, vale chamar a atenção para uma pequena modificação textual havida entre o texto referente a tal instituto no Código Civil (art. 1.240) e na Constituição Federal (artigo 183), com relação ao texto constante no Estatuto da Cidade. Senão vejamos:

Código Civil:

> Art. 1.240. Aquele que possuir, como sua, *área urbana de até duzentos e cinquenta metros quadrados,* por cinco anos ininterruptamente e

> sem oposição, utilizando-a para sua moradia ou de sua família, adquirir-lhe-á o domínio, desde que não seja proprietário de outro imóvel urbano ou rural. (grifos nossos)

Constituição da República:

> Art. 183. Aquele que possuir, como sua, *área urbana de até duzentos e cinquenta metros quadrados*, por cinco anos ininterruptamente e sem oposição, utilizando-a para sua moradia ou de sua família, adquirir-lhe-á o domínio, desde que não seja proprietário de outro imóvel urbano ou rural. (grifos nossos)

Estatuto da Cidade (Lei 10.257/01):

> Art. 9° Aquele que possuir como sua *área ou edificação urbana de até duzentos e cinquenta metros quadrados,* por cinco anos, ininterruptamente e sem oposição, utilizando-a para sua moradia ou de sua família, adquirir-lhe-á o domínio, desde que não seja proprietário de outro imóvel urbano ou rural. (grifos nossos)

É de se notar que o Estatuto da Cidade menciona "área ou edificação urbana de até 250 metros quadrados", em substituição ao termo "área urbana de até 250 metros quadrados".

Com esta simples modificação pôs-se fim a uma antiga discussão: poderia um apartamento ser objeto de usucapião constitucional urbana?

Antes da entrada em vigor do Estatuto da Cidade, parte da doutrina defendia que tal aquisição não seria possível, já que tanto a Constituição da República, quanto o Código Civil falavam em *área urbana*, não podendo assim admitir que um apartamento pudesse ser objeto de tal usucapião, já que não se tratava de área. Entendiam esses autores que o termo *área* se referisse a área sem construção.

Outros autores, entretanto, entendiam que tal expressão não deveria ser entendida assim tão restritivamente. Afinal de contas, se fosse vontade da lei dar sentido tão restrito ao termo *área*, então, não faria o menor sentido exigir daquele que pretendesse usucapir a mesma, que tivesse ali a sua moradia. Afinal, quem em sã consciência, viveria com sua família em uma *área urbana* sem qualquer tipo de construção, como defendia aquela parte da doutrina?

O Estatuto da Cidade pôs fim à discussão: pode ser objeto de usucapião constitucional urbana, tanto áreas quanto edificações urbanas de até 250 metros quadrados.

Para aqueles que se apegam tanto à letra da lei, a redação pode trazer um espanto: teórica e juridicamente, seria perfeitamente possível, então, que alguém adquirisse por usucapião constitucional urbana um apartamento de até 250 metros quadrados.

7. A USUCAPIÃO POR ABANDONO DE LAR CONJUGAL[3]

Em 17 de junho de 2011, foi publicada a Lei 12.424, dispondo sobre o Programa Minha Casa Minha Vida (PMCMV) e sobre a regularização fundiária de assentamentos localizados em áreas urbanas, norma que entrou em vigor na data de sua publicação.

A supracitada Lei foi responsável pela criação de mais um tipo de usucapião, qual seja, a decorrente do abandono de lar conjugal. Dispõe o artigo 9° da novel legislação:

> Art. 9º A Lei nº 10.406, de 10 de janeiro de 2002, passa a vigorar acrescida do seguinte art. 1.240-A:
>
> Art. 1240-A- Aquele que exercer, por 2 (dois) anos ininterruptamente e sem oposição, posse direta, com exclusividade, sobre imóvel urbano de até 250m² (duzentos e cinquenta metros quadrados) cuja propriedade dividida com ex-cônjuge ou ex-companheiro que abandonou o lar, utilizando-o para sua moradia ou de sua família, adquirir-lhe-á o domínio integral, desde que não seja proprietário de outro imóvel urbano ou rural.
>
> § 1º O direito previsto no caput não será reconhecido ao mesmo possuidor mais de uma vez.
>
> § 2º (VETADO)[4]." (NR) (BRASIL, 2011)

A nova modalidade de usucapião já recebeu várias dominações: usucapião pró-família, usucapião familiar, usucapião por abandono do lar conjugal, dentre outras nomenclaturas.

---

3 O presente tópico foi desenvolvido pelas alunas da graduação da PUCMINAS em São Gabriel, Lylian Gabrielli Lopes Santos e Paula Cristina Ribeiro, em trabalho de pesquisa desenvolvido no PICV (Programa de Iniciação Científica Voluntário) e pela graduada e pesquisadora da PUCMINAS, Isabela Maria Marques Thebaldi. Às minhas estimadíssimas alunas, a minha homenagem e os meus sinceros agradecimentos.

4 Importante esclarecer que o § 2o que dispunha sobre as taxas e custas decorrentes do registro do imóvel e foi vetado, por violar o pacto federativo ao interferir na competência tributária dos Estados, extrapolando o disposto no § 2° do art. 236 da Constituição.

A nova legislação trouxe consigo diversos questionamentos, ainda incipientes, mas que já indagam se a nova modalidade de usucapião não contraria o ordenamento jurídico brasileiro.

> Boas intenções nem sempre geram boas leis. Não se pode dizer outra coisa a respeito da recente Lei 12.424/2011 que, a despeito de regular o Porgrama Minha Casa, Minha Vida com nítido caráter protetivo, provocou enorme retrocesso. (DIAS, 2011)

Apesar de ser recente, inúmeras são as críticas elaboradas a este novo instituto, pois apresentou texto impreciso e repleto de incongruências com o ordenamento jurídico brasileiro. Não se pode fechar os olhos para a forma como será feita a sua aplicação no judiciário, pois, milhares de brasileiros vivem atualmente em situação semelhante a elencada pelo art. 1.240-A do Código Civil.

O Enunciado 499 das Jornadas de Direito Civil dispõe que *"O abandono do lar deve ser interpretado de maneira cautelosa, mediante a verificação de que o afastamento do lar conjugal representa descumprimento simultâneo de outros deveres conjugais, tais como assistência material e sustento do lar (...)"*.

Quando o legislador utiliza das expressões ex-cônjuge ou ex-companheiro, deve-se levar em consideração com tais expressões a situação fática de separação do casal, e não a situação legalmente declarada com o divórcio. Infere-se, assim, que não é necessário a sentença de divórcio para que se pleiteie a usucapião familiar.

Portanto, é imprescindível procurar entender a necessidade da criação do instituto da usucapião familiar pelo legislador brasileiro, bem como os consequentes efeitos jurídicos de tal instituto para a sociedade e, especialmente, para o ordenamento jurídico.

7.1 Incongruências da nova modalidade

Na usucapião Familiar, o direito à aquisição da propriedade possui prazo de 2 (dois) anos, este contado a partir do efetivo abandono do lar pelo ex-cônjuge ou ex-companheiro. Ocorre que nesta modalidade de Usucapião há uma excepcionalidade, qual seja, ao contrário do que acontece nas demais, em que o usucapiende não guarda qualquer relação com o imóvel, nesta, o ex-cônjuge ou o ex-companheiro obrigatoriamente deve ser proprietário da metade do imóvel, adquirindo a outra metade que cabia ao ex-cônjuge ou ex-companheiro que abandonou o lar conjugal.

Carlos Roberto Gonçalves explica:

> Trata-se, como mencionado, de nova modalidade de usucapião especial urbana, instituída a favor de pessoas de baixa renda, que não tem imóvel próprio, seja urbano ou rural. A lei em apreço disciplina o novo instituto nos mesmos moldes previstos no art.183 da Constituição Federal. Tanto no caso da usucapião especial urbana, como no da usucapião familiar, e necessário que o usucapiende não seja proprietário de outro imóvel urbano ou rural e exerça posse mansa, pacífica e ininterrupta sobre imóvel urbano de até 250 metros quadrados, para fins de sua moradia ou de sua família, não sendo permitida a concessão da medida mais de uma vez em favor da mesma pessoa.[5]

Infere-se da citação acima transcrita que o seu autor, ao que parece, equivoca-se ao afirmar que trata-se de instituto para indivíduos de baixa renda que não tem imóvel próprio. Este equívoco se deve ao fato de que o ex-cônjuge ou ex-companheiro deve ser, necessariamente, dono de metade do imóvel para que preenchidos os demais requisitos possa demandar a declaração da aquisição dos outros cinquenta por cento, assim como prevê o enunciado 500 da Jornada de Direito Civil.

A norma do art.1240-A do CC/02 leva a entender que a usucapião familiar possui presunção absoluta. Porém, a presunção é relativa. Entretanto, em tal modalidade não há lugar para aferição de culpa, bastando para tal, a demonstração do abandono do ex-cônjuge ou ex-companheiro do lar conjugal por 2 anos consecutivos, ininterruptos, exercendo a posse de forma mansa, pacífica e com o *animus domini.*

> Transcurso do prazo de 2 (dois) anos a partir do abandono do lar – este é o prazo mais breve de usucapião do direito pátrio, superando mesmo o prazo de 3 (três) anos para a usucapião de bens móveis. Não negamos que a separação de fato ainda é um instrumento idôneo para a cessação de efeitos jurídicos do casamento. O término da coabitação em razão dos interesses pessoais dos consortes desencadeia efeitos jurídicos relevantes como o rompimento do regime de bens, do direito à herança e da obrigatoriedade do cumprimento dos deveres recíprocos. Todavia, o art. 1240-A do Código Civil se apoia no subjetivismo da identificação de um culpado para criar uma nova pena civil: a do perdimento

---

5 GONÇALVES, Carlos Roberto. Direito Civil Brasileiro. Vol. 5. 7ª ed. Ed. Saraiva. Pg. 273.

da compropriedade sobre o imóvel do casal como consequência do ato ilícito do abandono injustificado do lar.[6]

Ao declarar a usucapião a um dos ex-cônjuges ou ex-companheiros que se afastou do lar pelo prazo estabelecido, seja qual for o motivo, a nova lei implica na violação a valor constitucional assegurado no art. 226, §5º da Constituição da República Federativa do Brasil de 1988, no que tange aos direitos e deveres paritários entre os cônjuges. É importante ressaltar que o motivo pelo qual se deu o afastamento só poderá ser alegado no momento da defesa do cônjuge prejudicado, uma vez que tal alegação não é questão prejudicial ao ajuizamento da ação.

Sobre o princípio da igualdade, Fábio Konder Comparato diz que é “a igualdade de condições sociais como uma forma de ser alcançada não só por meio de leis, mas também pela aplicação de políticas ou programas de ação estatal”.[7]

Ao infringir os direitos paritários dos cônjuges, neste caso no que refere à perda da propriedade que era de ambos, paralelamente fere o princípio da liberdade consubstanciado pela Constituição no qual o direito de ir e vir não pode ser limitado, sob pena de perda do direito de propriedade constitucionalmente previsto.

Tal instituto, ao que parece, fere alguns outros direitos fundamentais também consubstanciados no indigitado art.5º da CF/88 que, dentre outros, garante o direito de propriedade assim como assegura que a mesma atenderá à sua função social.

Quando se pleiteia a outra metade daquilo que é de propriedade do ex-cônjuge ou ex-companheiro, a teleologia da usucapião se vê alterada, uma vez que todas as modalidades de usucapião até então existentes no ordenamento jurídico se dão para cumprir a função social da propriedade. Preceitua o art.5º, inciso XXIII da CF/88 que “a propriedade atenderá a sua função social”.

Entretanto, o mesmo não se dá na usucapião familiar, pois, nesta a razão de ser não é a de dar à propriedade sua função social e sim, amparar o ex-cônjuge ou ex-companheiro que se encontra em situação de suposta vulnerabilidade.

---

6 FARIAS, Cristiano Chaves de; ROSENVALD, Nelson. Curso de Direito Civil – Reais. Vol.5. 8ª Ed. Ed. Jus Podivm. Pg.465-466.

7 COMPARATO, Fábio Konder. Direito Público: estudos e pareceres. Ed. Saraiva. Pg. 59.

Cabe mencionar que a usucapião familiar não pode ser declarada independente do regime de bens adotado na constância do casamento. Isto porque, é condição necessária o domínio da metade do imóvel e não apenas residir tendo aparência como se dono fosse. Assim, por exemplo, se casados sob o regime de separação total de bens, não haverá requisito para a declaração da usucapião familiar, visto que tais bens não se comunicam, portanto, o referido imóvel não é de propriedade condominial de ambos.

No caso da União estável, impera o regime da comunhão dos bens adquiridos onerosamente na constância da mesma. Neste caso, o raciocínio se mostra o mesmo já que, para a declaração da usucapião familiar, a propriedade deverá ser de ambos.

Ao que parece o art.1240-A inserido pela lei 12.424/2011 aplica uma sanção ao cônjuge que deixa o lar sem analisar o motivo pelo qual se deu o abandono estabelecendo um prazo tão exíguo, gerando insegurança jurídica.

Existem ainda outros pontos no supracitado artigo que causam estranheza e aumentam ainda mais a insegurança jurídica, como será exposto a seguir:

7.1.1 Exclusão do Imóvel rural

O artigo 1.240-A determina que terá direito a usucapião por abandono de lar conjugal aquele que viver em imóvel urbano com metragem de até 250m².

Necessário questionar os motivos para a exclusão do imóvel rural como objeto da Usucapião por abandono de lar conjugal. Silva (2011) destaca que a localização do domicílio de uma pessoa não é critério justificativo para um tratamento diferenciado. Afinal, o fato utilizado pela lei como critério discriminatório deve guardar uma justificativa racional e jurídica ao mesmo tempo.

> **Neste sentido, os efeitos do abandono são os mesmos independentes da localização do imóvel em que ficou residindo o abandonado**. Quiçá não seja mais gravoso na zona rural onde as relações sociais mais próximas favorecem que a pecha de abandonado passe a integrar de forma pejorativa a identidade social do que permaneceu no imóvel. Além disso, no Brasil os índices de baixa escolaridade e alta pobreza são os mais acentuados na Zona Rural gerando entraves ao acesso à Justiça e a efetivação dos Direitos. (SILVA, 2011) (grifo nosso)

Como bem elucidado por Silva (2011), estão localizadas nas áreas rurais as maiores dificuldades para a sobrevivência, tendo em vista a escassez dos recursos disponíveis em áreas urbanos e o próprio trabalho braçal que na maioria das vezes é o sustento da família. É nesse cenário que o abandono do lar pelo cônjuge torna-se mais gravoso.

O legislador ao conferir um tratamento diferenciado àqueles que vivem na zona rural, o fez de uma forma discriminatória e certamente prejudicial aos que se encontram na situação prevista pelo artigo 1.240-A do Código Civil.

7.1.2 Separado de fato parece gozar de mais direito do que aquele que vive em família

Outro ponto, que também reproduz um tratamento discriminatório, está relacionado ao reduzido prazo de dois anos. Questiona-se o motivo do separado de fato ter mais vantagem do que aquele que ainda vive com a sua família, pois, para a usucapião em face de terceiros prossegue o prazo de cinco anos.

> O que dizer do prazo previsto para esta modalidade de aquisição da propriedade? O requisito tempo para outra modalidade de usucapião que tem a mesma base (moradia urbana) que a ora tratada é de cinco anos, definindo na Constituição Federal. Cabe questionar o porquê de tão exíguo prazo para situação que envolve, além dos requisitos objetivos, sentimentos e afetos, o que dificulta ainda mais a tomada de decisões rápidas e pragmáticas. (FIGUEIREDO, 2011, p.11)

Salienta-se que é comum nas separações que as pessoas protelem a formalização do rompimento, postergando para um momento posterior a partilha de bens, a fixação de alimentos, a guarda dos filhos menores. O momento de cuidar das questões práticas e objetivas é sempre muito difícil levando em consideração a grande carga emocional, o que explica o adiamento da solução dos problemas de família.

Surge então a dúvida, estaria o legislador determinando um prazo máximo para que o ex-companheiro ou ex-cônjuge, supere o seu antigo relacionamento e tome providências patrimoniais sob pena de perder a sua propriedade? Qual a intenção do legislador em prever um prazo tão inferior àquele fixado para os separados de fato? Por qual motivo aquele que exerce a posse em família deverá esperar mais que o dobro do tempo do que os separados de fato para pleitear a usucapião?

7.1.3 A Posse e os atos de mera tolerância

Por fim, cabe ainda mais uma crítica à forma de aquisição da propriedade preconizada pelo artigo 1.240-A do Código Civil.

Maria Berenice Dias (2011) destaca que o fato de um dos cônjuges sair de casa, muitas vezes pode ser apenas um ato de mera tolerância, um ato em prol da família que pode não ter outro lugar para morar, senão aquele onde estão.

> Quem lida com as questões emergentes do fim dos vínculos afetivos sabe que, havendo disputa sobre o imóvel residencial, a solução é um afastar-se, lá permanecendo o outro, geralmente aquele que fica com os filhos em sua companhia. Essa, muitas vezes, é a única saída até porque, vender o bem e repartir o dinheiro nem sempre permite a aquisição de dois imóveis. Ao menos assim os filhos não ficam sem teto. (DIAS, 2011)

Nesse cenário exemplificado por Maria Berenice Dias (2011) o cônjuge apenas permitiria, toleraria a presença de sua família no imóvel, simplesmente por entender ser a melhor opção para aqueles que ficaram. Como exposto pela jurista, por inúmeras vezes o imóvel, se vendido, pode não ser suficiente para a compra de outros dois.

Nota-se que o artigo 1.240-A do Código Civil estabelece como critério que o cônjuge ou companheiro exerça a posse direta por dois anos. Como observa Souza (2009) por força do artigo 1.208[8] do Código Civil, os atos de mera permissão ou tolerância não induzem a posse.

> Então, se tenho um imóvel e por benevolência, permito ou tolero que alguém o use como sua residência por algum tempo, esse que recebeu minha benevolência não é possuidor, mas mero detentor do imóvel, já que ali se encontra porque eu assim permiti ou tolerei. (SOUZA, 2009, p. 26)

Diante de tais considerações, Simão indaga se:

> Seria justa esta usucapião se o cônjuge ou o companheiro abandona o imóvel e não a família? Um bom argumento ao cônjuge ou companheiro que não mais utiliza o bem é que se não abandonou a família,

---

8 Art. 1.208. Não induzem posse os atos de mera permissão ou tolerância assim como não autorizam a sua aquisição os atos violentos, ou clandestinos, senão depois de cessar a violência ou a clandestinidade. (BRASIL, 2002).

> apenas tolerou a presença do outro no imóvel (mormente se o que permaneceu tiver a guarda dos filhos), e os atos de mera tolerância não significam posse o que impediria a verificação desta usucapião familiar. (SIMÃO, 2011, p.6)

Assim, insurge a contradição: se a permanência no imóvel for um ato de mera tolerância do cônjuge que abandonou o lar, não será verificada a posse, o que impossibilitaria a prática da usucapião por abandono do lar conjugal.

Como exposto, a propriedade é constitucionalmente protegida e deve atender a sua função social. A usucapião, atualmente, é instrumento eficaz para constituir a propriedade para aquele que efetivamente confere utilidade ao bem, assim questiona-se aqui os moldes adotados pelo legislador ao instituir essa nova modalidade, que *a priori*, parece estar cercada de incongruências com o ordenamento jurídico brasileiro.

Tratando-se de um tema extremamente ligado a instituição familiar, onde as partes já vivenciam situações desgastante pela própria natureza da relação, não se deve deixar que existam normas com a aplicação tão incerta que apenas ocasionam a insegurança jurídica.

E ainda, a usucapião familiar como forma de aquisição da propriedade reformula toda a *gênesis* do instituto, pois nesta nada há que se falar do cumprimento da função social

Nesse contexto, afere-se a necessidade de mudança de pensamento do nosso legislativo que, com o intuito de conceder proteção ao que julga vulnerável, acaba por ferir tantos outros direitos constitucionalmente protegidos, deixando o ordenamento jurídico à míngua de complementações juridicamente inseguranças.

No intuito de facilitar ao leitor a visualização das diversas modalidades de usucapião existentes em nosso ordenamento, com suas características, apresentamos o seguinte quadro sinóptico:

Modalidades	Tempo	Boa-Fé	Justo Título	Restrições
Usucapião Extraordinário (art. 1.238 do CC)	15 anos, podendo chegar a 10 anos	**NÃO EXIGE**	**NÃO EXIGE**	**SEM RESTRIÇÕES**
Usucapião Ordinário (art. 1.242 do CC)	10 anos, podendo chegar a 5 anos	**EXIGE**	**EXIGE**	**SEM RESTRIÇÕES**

Usucapião Const. Rural (arts. 191 da CR e 1.239 do CC)	5 anos	**NÃO EXIGE**	**NÃO EXIGE**	1. Área rural de até 50 ha; 2. Não ter outro imóvel, urbano ou rural; 3. Utilizar como sua moradia e tirar dali o seu sustento.
Usucapião Const. Urbano (arts. 183 da CR, 1.240 do CC e 9° do EC)	5 anos	**NÃO EXIGE**	**NÃO EXIGE**	1. Área urbana de até 250m²; 2. Não ter outro imóvel urbano ou rural; 3. Utilizar como sua moradia.
Usucapião Conjugal (ou familiar) – Art. 1.240.a do Código Civil	2 anos	**NÃO EXIGE**	**NÃO EXIGE**	1. Já ser proprietário de metade do imóvel que dividia com ex-marido ou ex-companheiro, que tenha abandonado o lar; 2. Exercer posse direta com exclusividade sobre o referido imóvel; 3. O referido imóvel deve ser de até 250m2.; 4. Não ter outro imóvel urbano ou rural; 5. Utilizá-lo como moradia da família
Usucapião Coletivo Urbano (Art. 10 do EC)	5 anos	**NÃO EXIGE**	**NÃO EXIGE**	1. Área urbana superior a 250 m²; 2. Ocupada por população de baixa renda; 3. Utilização como sua moradia; 4. Impossibilidade de se identificar os terrenos ocupados por cada possuidor; 5. Possuidores não serem donos de outro imóvel urbano ou rural.

8. DA ACESSÃO

Outra forma de aquisição da propriedade imobiliária é a *acessão*. Acessão é sinônimo de acréscimo. Portanto, a aquisição da propriedade por acessão se dá quando alguém que já é proprietário de um terreno, vê o seu imóvel aumentar de tamanho por conta de acréscimos ocorridos naturalmente sobre o mesmo ou feito pelas mãos do homem.

A acessão pode se dar por cinco maneiras distintas: formação de ilhas, abandono de álveo (ou abandono de leito), aluvião, avulsão e realização de construções e plantações.

A seguir, cuidaremos de cada uma destas formas mais detidamente.

8.1 Disposição geral quanto à aquisição da propriedade por acessão

Desde já é conveniente chamar a atenção do leitor para o seguinte fato: *as acessões que se dão por formação de ilhas, abandono de álveo e aluvião têm em comum o fato de que, todas estas, são formas de acessão presentes somente em ambientes de rios.* Isso mesmo. Perceberemos pelos nossos estudos nas próximas linhas, que todas essas modalidades de acessão se dão por meio de acréscimos que ocorrem em rios: ou em suas margens (aluvião) ou no seu leito (formação de ilhas e abandono de álveo). Daí porque, para a solução de situações que envolvam essas formas de acessão, é necessário que se faça um procedimento que será comum para todas elas. Imaginemos um rio. Deveremos, inicialmente, traçar uma linha dividindo o leito (álveo) desse rio ao meio. Feito isso, deveremos pegar as linhas divisórias das propriedades que se encontram às margens do rio, e esticarmos imaginariamente essas linhas divisórias até aquela linha imaginária que dividiu o leito do rio ao meio. Ilustramos para melhor visualização:

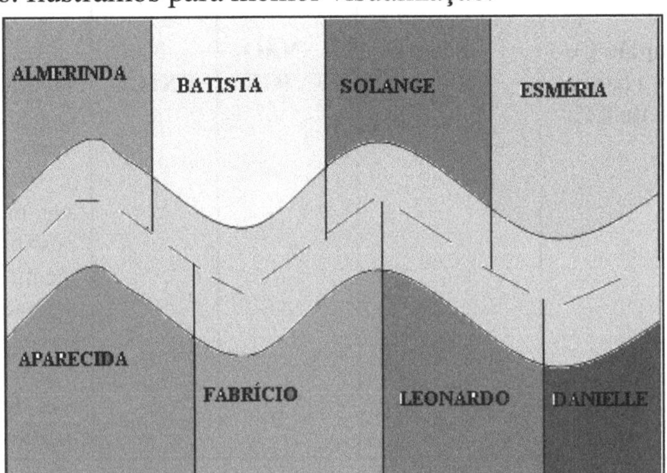

Feito isto, aí sim, devemos observar os demais procedimentos próprios de cada uma daquelas formas de acessão: formação de ilhas, abandono de álveo, aluvião.

8.2 Da formação de ilhas

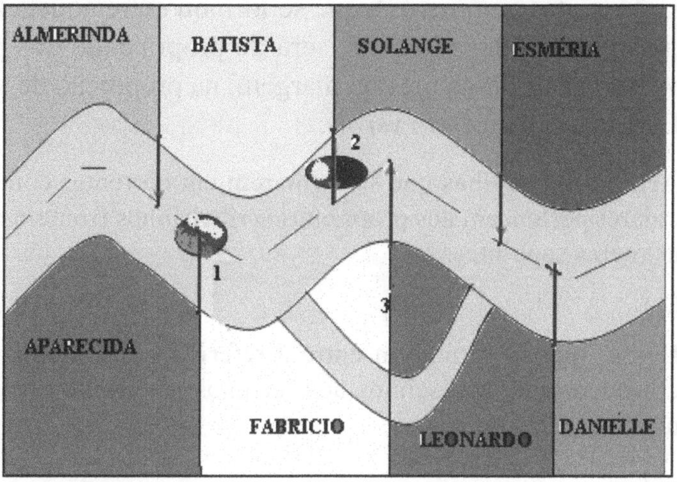

Tendo em vista o desenho de 7.2, podemos então explicar melhor as disposições relativas à aquisição da propriedade por formação de ilhas (artigo 1.249 do Código Civil). Vamos chamar as ilhas que se formaram no rio de Ilha da Fantasia número 1, Ilha da Fantasia número 2 e Ilha da Fantasia número 3. Almerinda, Batista, Solange e Esméria são os proprietários ribeirinhos fronteiros da margem superior. Por outro lado, Aparecida, Fabrício, Leonardo e Danielle são os proprietários ribeirinhos fronteiros da margem inferior. A porção da propriedade de cada um que faz frente com o rio, chama-se *testada* (palavra derivada de *testa*).

Percebam que a Ilha de Fantasia número 1 surgiu no meio exato do rio, bem onde aquela linha divisória imaginária divide o rio em dois. Neste caso, esta ilha pertencerá aos proprietários de ambas as margens, na proporção de suas respectivas testadas. Assim, a Ilha da Fantasia número 1, de nosso exemplo, seria um condomínio entre Aparecida, Fabrício e Batista. *In verbis:*

> Art. 1.249. As ilhas que se formarem em correntes comuns ou particulares pertencem aos proprietários ribeirinhos fronteiros, observadas as regras seguintes:

> I – as que se formarem no meio do rio consideram-se acréscimos sobrevindos aos terrenos ribeirinhos fronteiros de ambas as margens, na proporção de suas testadas, até a linha que dividir o álveo em duas partes iguais;
>
> (...)

Já a Ilha da Fantasia número 2, que se formou entre aquela linha divisória imaginária e uma das margens, será de propriedade dos proprietários ribeirinhos fronteiros dessa mesma margem, na proporção de suas testadas (*in casu*, Batista e Solange). *In verbis:*

> Art. 1.249. As ilhas que se formarem em correntes comuns ou particulares pertencem aos proprietários ribeirinhos fronteiros, observadas as regras seguintes:
>
> (...)
>
> II – as que se formarem entre a referida linha e uma das margens consideram-se acréscimos aos terrenos ribeirinhos fronteiros desse mesmo lado;
>
> (...)

E, por fim, a nossa Ilha da Fantasia número 3, que se formou à custa de um braço de rio que se abriu entre as propriedades de Fabrício e Leonardo, continuará sendo de propriedade desses dois, que suportaram a passagem de tal braço de rio sobre suas propriedades. *In verbis:*

> Art. 1.249. As ilhas que se formarem em correntes comuns ou particulares pertencem aos proprietários ribeirinhos fronteiros, observadas as regras seguintes:
>
> (...)
>
> III – as que se formarem pelo desdobramento de um novo braço do rio continuam a pertencer aos proprietários dos terrenos à custa dos quais se constituíram.

8.3 Do abandono de álveo (abandono de leito)

Diz-se *leito abandonado* quando o rio que passava por determinado curso se seca ou muda de trajeto. Assim, o antigo curso do rio, agora seco, passa a ser de propriedade dos proprietários ribeirinhos de ambas as margens, na proporção de suas testadas, conforme preceitua o artigo 1.252 do Código Civil:

> Art. 1.252. O álveo abandonado de corrente pertence aos proprietários ribeirinhos das duas margens, sem que tenham indenização os donos dos terrenos por onde as águas abrirem novo curso, entendendo-se que os prédios marginais se estendem até o meio do álveo.

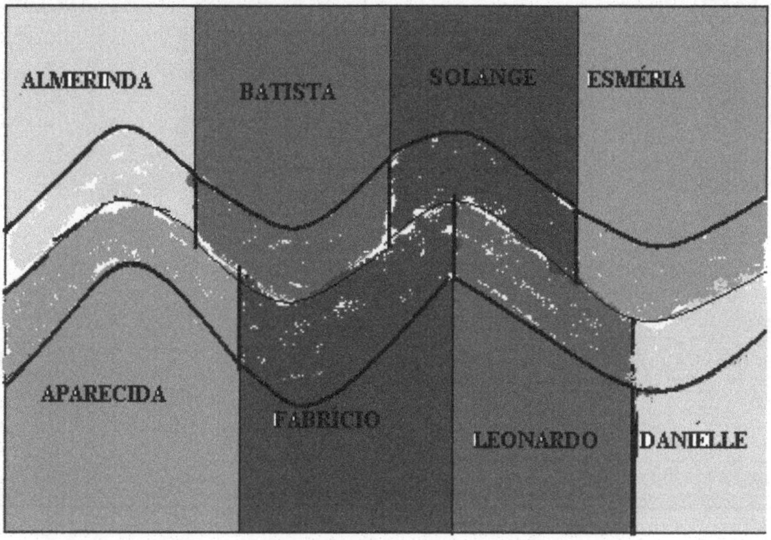

Portanto, pela ilustração, percebe-se que o leito abandonado passa a ser de propriedade de cada um dos proprietários ribeirinhos de ambas as margens, na proporção de suas respectivas testadas. Trata-se de norma muito semelhante à aquisição da propriedade por formação de ilhas.

8.4 Da aluvião

Outra forma de aquisição da propriedade por acessão é a *aluvião*. Entende-se por aluvião a aquisição da propriedade que se dá de maneira natural, ao longo das margens do rio, pelo acúmulo sucessivo, paulatino e imperceptível de sedimentos que, com o passar dos tempos, vão se juntando, sedimentando e formando um aumento das terras das propriedades ribeirinhas. Assim dispõe o artigo 1.250 do Código Civil:

> Art. 1.250. Os acréscimos formados, sucessiva e imperceptivelmente, por depósitos e aterros naturais ao longo das margens das correntes, ou pelo desvio das águas destas, pertencem aos donos dos terrenos marginais, sem indenização.
>
> Parágrafo único. O terreno aluvial, que se formar em frente de prédios de proprietários diferentes, dividir-se-á entre eles, na proporção da testada de cada um sobre a antiga margem.

Ilustramos novamente para melhor compreensão:

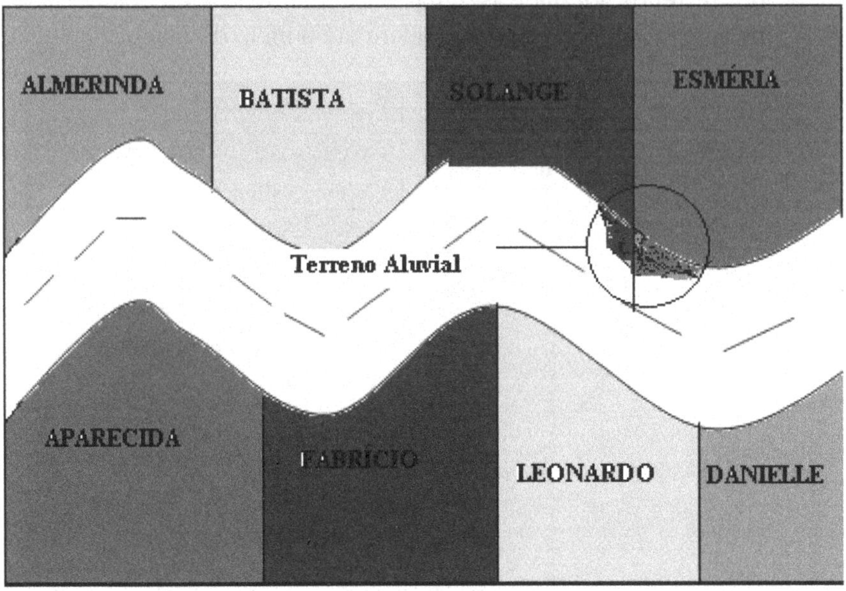

No caso da ilustração anterior, o acúmulo sucessivo e imperceptível de depósitos e aterros naturais ocorreu entre as propriedades de Solange e Esméria. A este novo pedaço de terra que se formou entre as propriedades de ambos, dá-se o nome de *terreno aluvial*. Esse *terreno aluvial* pertence a Solange e Esméria, na proporção de suas respectivas testadas.

8.5 Da avulsão

Diferentemente das formas de acessão estudadas até aqui, a avulsão pode ocorrer em quaisquer outras áreas, e não apenas em ambientes fluviais.

A *avulsão* se dá quando, por força natural violenta, uma porção de terra se destaca de um prédio e vem se juntar a outro. Nesse caso o seu dono adquirirá a propriedade da porção de terra acrescida ao seu terreno, mediante pagamento de indenização àquele que perdera referida porção.

Se no prazo de um ano, ninguém reclamar por essa porção de terra, o dono do imóvel acrescido estará isento da obrigação de indenizar.

Por outro lado, havendo recusa do proprietário do imóvel que sofreu o acréscimo em indenizar o proprietário do imóvel que perdeu aquela porção de terra, então aquele primeiro será obrigado a permitir a entrada deste, afim de que se remova a parte acrescida. *In verbis:*

> Art. 1.251. Quando, por força natural violenta, uma porção de terra se destacar de um prédio e se juntar a outro, o dono deste adquirirá a propriedade do acréscimo, se indenizar o dono do primeiro ou, sem indenização, se, em um ano, ninguém houver reclamado.
>
> Parágrafo único. Recusando-se ao pagamento de indenização, o dono do prédio a que se juntou a porção de terra deverá aquiescer a que se remova a parte acrescida.

Embora possa parecer pitoresca tal situação, essa disposição soluciona uma gama muito grande de conflitos.

Imaginemos, por exemplo, uma cidade em que chovera muito nos últimos dias. Com as chuvas torrenciais que caíram naqueles dias, uma grande parte do imóvel superior deslizou sobre o imóvel inferior, formando uma imensa cratera naquele primeiro, o que consistiu na perda de uma área significativa. Terminadas as chuvas, o proprietário do terreno superior encontrava-se com um imóvel solapado pelas chuvas, com grande desvalorização da área, já que formou-se uma grande cratera, devido ao deslizamento da terra que lá havia. Por outro lado, o imóvel inferior recebeu toda aquela terra descida do imóvel vizinho.

Neste caso, portanto, o dono do imóvel que recebeu a terra em virtude da chuva, poderá adquirir a propriedade daquela, mediante pagamento que indenize cabalmente o antigo proprietário da terra pela sua perda. Caso não queira prestar tal indenização, será obrigado a permitir que o antigo dono daquela terra, entre em seu terreno e retire dali o que lhe cabe.

Entretanto, passado um ano sem que ninguém procure por aquela terra, o dono do prédio receptor estará isento de prestar tal indenização.

8.6 Das construções e plantações

Por fim, a última das formas de aquisição da propriedade imobiliária por acessão da qual nos resta tratar, é a que se dá por construções e plantações.

Por força do princípio *superficies solo cedit*, toda construção ou plantação existente em um terreno presume-se feita pelo proprietário e à sua custa, até que se prove o contrário (artigo 1.253 do Código Civil). Portanto, estamos diante de uma presunção relativa, já que comporta prova em contrário.

Sendo assim, situações existem em que, não necessariamente, o dono do terreno é dono dos materiais ou plantas ali empregadas e vice-versa.

Portanto, começaremos nossos estudos com três situações distintas, em que o dono do terreno não é o mesmo dos materiais e plantas que ali se encontram. Assim:

Primeira situação: aquele que semeia, planta ou edifica em terreno próprio com sementes, plantas ou materiais alheios (art. 1.254 do Código Civil). Nesse caso, o proprietário de um terreno que constrói no mesmo, utilizando-se de materiais, plantas ou sementes alheias, adquire a propriedade do que construiu ou do que plantou, mas fica obrigado a pagar ao proprietário daqueles materiais, plantas ou sementes o seu valor, além de responder por perdas e danos, se agiu de má-fé.

Segunda situação: aquele que semeia, planta ou edifica em terreno alheio, com sementes, plantas ou materiais próprios perde, em proveito do proprietário da área, tudo o que semeou, plantou ou edificou; se procedeu de boa-fé, entretanto, terá direito a indenização. *Mutatis mutandis*, se procedeu de má-fé, perde tudo o que semeou, plantou ou edificou, sem direito a indenização.

Nessa situação, entretanto, há que se chamar a atenção para outra circunstância: e se por um acaso, alguém que, de boa-fé, construísse, plantasse ou semeasse em imóvel alheio acreditando estar edificando em imóvel próprio (seria o caso, por exemplo, de pessoas que são levadas a erro por medições topográficas erradas), e se esta obra viesse a valer consideravelmente mais que o valor do terreno? O que seria mais lógico? O proprietário do terreno pagar ao construtor pelas suas construções (que, repita-se, valem mais que o próprio terreno) ou, ao contrário, o construtor pagar o valor do terreno ao seu proprietário? Certamente, a segunda alternativa é a mais acertada. E foi essa a orientação seguida pelo nosso Código Civil no parágrafo único do artigo 1.255, *in verbis*:

> Art. 1.255. Aquele que semeia, planta ou edifica em terreno alheio perde, em proveito do proprietário, as sementes, plantas e construções; se procedeu de boa-fé, terá direito a indenização.
>
> Parágrafo único. Se a construção ou a plantação exceder consideravelmente o valor do terreno, aquele que, de boa-fé, plantou ou edificou, adquirirá a propriedade do solo, mediante pagamento da indenização fixada judicialmente, se não houver acordo.

Terceira situação: havendo má-fé de ambos os lados. Mas como seria possível haver má-fé de ambos os lados? É fácil perceber a má-fé de quem constrói em imóvel sabendo que não lhe pertence. Mas como poderia o dono de um imóvel, sobre o qual alguém realiza, de má-fé, uma construção ou plantação, também esteja agindo de má-fé?

Trata-se, *in casu*, de uma presunção legal. O Código Civil, em seu artigo 1.256, parte de uma presunção de que, o proprietário de um imóvel que presencia a construção em seu terreno levada a cabo por terceiro, e nada faz para impedi-lo no prosseguimento desta obra, estaria agindo de má-fé. Assim, há a chamada *má-fé recíproca*. E a solução seria muito parecida com a remuneração por uma prestação de serviço: o construtor de má-fé perde, em proveito do proprietário do terreno, tudo o que nele plantou, semeou ou construiu. E o dono do terreno, que também estava de má-fé, pagaria ao construtor de má-fé tudo o que foi realizado em seu terreno.

Note que o legislador, em todas as três situações acima expostas, preocupa-se em proteger aquele que age de boa-fé.

As situações antes delineadas tratam de construções e plantações feitas totalmente em terreno alheio, ou, ao contrário, de alguém que edifica em seu terreno utilizando-se de materiais alheios. Essas situações, entretanto, não oferecem resposta a eventos mais comuns como, por exemplo, edificações feitas em seu próprio terreno, mas que, eventualmente, invadem parcialmente o imóvel de seu vizinho.

Para situações como esta última, quatro pontos devem ser analisados: 1) se a área invadida do imóvel vizinho equivale a menos que 5% (cinco por cento) de sua área total; 2) se a parte da construção realizada em imóvel alheio se dera de boa-fé; 3) se o valor da construção ali levantada excede consideravelmente o valor da área invadida; e, por fim, 4) se essa construção pode ser desfeita sem ameaça à parte da construção que se encontra regular.

Feitas essas análises e concluindo-se pela ocorrência simultânea das quatro condições, o construtor adquire a propriedade da área invadida, pagando ao proprietário do imóvel invadido, valor que corresponda à indenização da área perdida e indenização pela desvalorização da área remanescente. É o que dispõe o artigo 1.258 do Código Civil, *in verbis*:

> Art. 1.258. Se a construção, feita parcialmente em solo próprio, invade solo alheio em proporção não superior à vigésima parte deste, adquire o construtor de boa-fé a propriedade da parte do solo invadido, se o valor da construção exceder o dessa parte, e responde por indenização

que represente, também, o valor da área perdida e a desvalorização da área remanescente.

Entretanto, se o construtor obrou de má-fé, mas ainda assim: 1) a área invadida do imóvel vizinho equivaler a menos que 5% (cinco por cento) da área total deste terreno; 2) o valor da construção ali levantada exceder consideravelmente o valor da área invadida; e, por fim, 3) se esta construção não puder ser desfeita sem ameaça à parte da construção que se encontra regular; este construtor (embora tenha agido de má-fé, repita-se), também adquirirá a propriedade do solo invadido. Entretanto, deverá, neste caso, pagar o décuplo (dez vezes mais) do valor do que pagaria se estivesse de boa-fé. É o que dispõe o parágrafo único do artigo 1.258:

> Parágrafo único. Pagando em décuplo as perdas e danos previstos neste artigo, o construtor de má-fé adquire a propriedade da parte do solo que invadiu, se em proporção à vigésima parte deste e o valor da construção exceder consideravelmente o dessa parte e não se puder demolir a porção invasora sem grave prejuízo para a construção.

Por outro lado, se a invasão tiver ocorrido em área superior a cinco por cento (5%) do imóvel vizinho, e se esta obra tiver sido erguida de boa-fé, a regra continua sendo a mesma que vigorou para o possuidor de boa-fé no artigo 1.258: adquire a propriedade da área invadida, mas fica obrigado a pagar indenização que represente indenização pela área invadida mais indenização pela desvalorização da área remanescente.

Mas, se o construtor, de má-fé, invade e constrói em área alheia em porção superior a cinco por cento (5%) desta área, ele fica obrigado a demolir tudo o que construiu, e ainda pagará perdas e danos que, nesse caso, serão apuradas em dobro. É o que dispõe o artigo 1.259 do Código Civil:

> Art. 1.259. Se o construtor estiver de boa-fé, e a invasão do solo alheio exceder a vigésima parte deste, adquire a propriedade da parte do solo invadido, e responde por perdas e danos que abranjam o valor que a invasão acrescer à construção, mais o da área perdida e o da desvalorização da área remanescente; se de má-fé, é obrigado a demolir o que nele construiu, pagando as perdas e danos apurados, que serão devidos em dobro.

8 DAS FORMAS DE AQUISIÇÃO DA PROPRIEDADE MÓVEL

1. INTRODUÇÃO

Uma vez estudadas as formas de aquisição da propriedade imobiliária, passemos então ao estudo das formas de aquisição da propriedade mobiliária.

A propriedade mobiliária pode ser adquirida pelos seguintes meios:

1. Usucapião;
2. Ocupação;
3. Achado do tesouro;
4. Tradição;
5. Especificação
6. Confusão, comissão e adjunção

Além dessas seis formas de aquisição da propriedade mobiliária arroladas no Código Civil, entendemos que o instituto da *descoberta,* tratado no Código Civil entre os artigos 1.233 a 1237 (instituto este que restara completamente deslocado dentro do Código Civil), também deve ser entendido como mais uma forma de aquisição da propriedade mobiliária, como cuidaremos de demonstrar mais a frente.

Comecemos, portanto, explanando sobre a usucapião de bens móveis e semoventes.

2. DA USUCAPIÃO DE BENS MÓVEIS

Da mesma forma como ocorre com os bens imóveis, uma das formas de se adquirir a propriedade de um bem móvel é pelo *usus*. Na dicção dos artigos 1.260 e 1.261,

> aquele que possuir coisa móvel como sua, contínua e incontestadamente durante três anos, com justo título e boa-fé, adquirir-lhe-á a propriedade. Se a posse da coisa móvel se prolongar por cinco anos, produzirá usucapião, independentemente de título ou boa-fé.

Entretanto, há de se chamar a atenção para um ponto: conforme regra do artigo 1.227, a propriedade dos bens imóveis só se dá com a transcrição. Sendo assim a usucapião de bens imóveis, em muitas situações, é o único meio que tem o possuidor da coisa de obter o título que será levado a registro no cartório de imóveis, a fim de se tornar proprietário da coisa já possuída.

Já com os bens móveis, não funciona assim. A propriedade dos bens móveis independe de registro, pois a mesma se dá com a mera tradição da coisa (art. 1.226). Então, para que serviria o instituto da usucapião de bens móveis, se não é necessário qualquer título para registro de tal propriedade?

A utilidade da usucapião sobre bens móveis reside no fato de a mesma se constituir em matéria de defesa a ser alegada por aquele que, tendo recebido a coisa em tradição esteja sendo demandado pelo antigo proprietário da coisa, em ação de natureza petitória, visando à retomada daquela.

Por exemplo: imaginemos que dois amigos (Abel e Bernardo) resolveram dividir um apartamento em uma determinada cidade, onde ambos trabalham durante o dia e estudam à noite. Cada um entrou com uma parte dos móveis, para a constituição dessa moradia. Algum tempo depois, Abel resolve mudar-se para outra cidade, deixando para trás todos os bens que havia comprado para guarnecer aquele imóvel, sem esclarecer a Bernardo a que título as suas coisas estavam lhe sendo entregues.

Sete anos depois Abel volta e vai até aquele velho apartamento que tinha com Bernardo exigindo deste que lhe entregasse os móveis que, no passado, foram por ele adquiridos.

Bernardo, nesse momento, recusa-se e entregá-los dizendo que, desde quando Abel deixara aquele apartamento, nada dizendo sobre em que condições os móveis estavam ficando, ele (Bernardo) tem cuidado daqueles bens como seus, inclusive fazendo as manutenções necessárias.

Abel, então, ingressa em juízo pedindo a busca e apreensão de referidos bens. Bernardo, em defesa, alega que referidos bens já são de sua propriedade, já que exerce a posse sobre eles, com *animus domini* há 7 anos.

Assim, temos que a usucapião de bens imóveis visa *constituir a propriedade do bem imóvel em favor daquele que sobre estes bens exerce a posse* ad usucapionem, enquanto que a usucapião de bens móveis visa *manter a propriedade do bem móvel nas mãos de quem já é seu proprietário, e está sendo demandado em uma ação do juízo petitório.*

Outra situação seria aquela em que a usucapião de bens móveis é utilizada para resolver problemas administrativos. Imaginemos, por exemplo, o caso de um automóvel. A despeito de a propriedade de bens móveis se dar com a mera tradição da coisa, inegável que a ausência ou o defeito no registro administrativo de um automóvel poderá trazer entraves ao seu proprietário bem como sanções administrativas. Nesse caso, não logrando êxito na regularização daquele documento por outras vias, pode o proprietário do dito automóvel obter a declaração da propriedade do mesmo, via usucapião.

3. DA OCUPAÇÃO

A ocupação consiste no fato de alguém apossar-se de algo que ainda não tenha dono (*res nullius*). Portanto, qualquer pessoa se torna proprietário daquela coisa que não tenha dono, tão logo dela se aposse.

Nas palavras de Fiuza, "coisas sem dono são todos os bens que nunca tiveram dono, ou a cuja propriedade o dono renunciou" (FIUZA, 2004, p. 766). Aos primeiros dá-se o nome de *res nullius*, e aos segundos *res derelicta*.

Essa aquisição somente não será válida caso a coisa assenhoreada não possa ser adquirida por questões legais ou mesmo materiais (ex.: drogas, produto de furto, animais silvestres, o ar, as águas, etc.). Assim disciplina o artigo 1.263 do Código Civil:

> Art. 1.263. Quem se assenhorear de coisa sem dono para logo lhe adquire a propriedade, não sendo essa ocupação defesa por lei.

4. DO ACHADO DO TESOURO

Outra forma de aquisição da propriedade de bens móveis é o *achamento*[1] de tesouros. Com efeito, quem quer que "ache depósito antigo de

---

1 Em que pese a estranheza que a utilização deste substantivo possa causar, preferimos a sua utilização a descobrimento, a fim de não confundirmos o leitor com uma outra forma de aquisição da propriedade móvel chamada "descoberta" (art. 1.233).

coisas preciosas, oculto e de cujo dono não haja memória", tão logo lhe adquire a propriedade.

Contudo, a forma de ocorrência do achamento, deve ser bem analisada, pois poderá implicar em diversos efeitos distintos, a saber: a) se o terreno em que se achou o tesouro for de terceira pessoa, e aquele que ache a coisa esteja nesse terreno com a permissão de seu proprietário, então, o tesouro achado (desde que casualmente) deverá ser repartido entre ambos; b) por outro lado, se o tesouro foi achado por alguém que estivesse transitando pelo terreno alheio sem a permissão do proprietário deste, o tesouro será, apenas, do dono do terreno. Esta mesma regra se aplica para quando o tesouro tiver sido encontrado por alguém que estivesse pesquisando o terreno em busca de referido tesouro, em nome do proprietário do imóvel onde foi encontrada a coisa; e c) por fim: encontrando-se a coisa em bem enfitêutico, o tesouro será dividido entre o enfiteuta e o senhorio direto.

5. DA DESCOBERTA

Outra forma de aquisição da propriedade móvel é a *descoberta*. Interessante notar a sua localização topográfica no Código Civil.

A descoberta se confunde com a própria Seção II, do Capítulo I (Da Propriedade em Geral), pois esta seção foi exclusivamente destinada ao seu estudo, sem qualquer razão lógica para tanto.

Foi inserida logo após os limites do direito de propriedade, e imediatamente antes de se iniciar o tratamento das formas de aquisição da propriedade imóvel. Em termos populares, tal instituto encontra-se no limbo: não é uma coisa, nem outra. Encontra-se solto; vagando perdido no Código, pois, definitivamente, trata-se de mais um dos modos de se adquirir a propriedade mobiliária, como veremos a seguir. Portanto, a descoberta deveria ter sido organizada, pela comissão organizadora do Código, juntamente com as demais formas de aquisição da propriedade mobiliária.

Afinal, o que é a descoberta?

Todo aquele que ache coisa alheia perdida, há de restituí-la ao seu dono. Não o conhecendo, ou não sabendo quem o seja, deve envidar todos os esforços para encontrá-lo. Se não conseguir encontrá-lo, deve entregar a coisa descoberta à autoridade competente.

Quem é a autoridade competente? A delegacia de polícia mais próxima. Ali, o descobridor entregará a coisa ao delegado, que deverá lavrar o competente auto de depósito, cuja contra-fé será entregue ao descobridor. "A autoridade competente dará conhecimento da descoberta através da imprensa e outros meios de informação, somente expedindo editais se o seu valor os comportar" (art. 1.236).

Encontrando quem seja o proprietário da coisa descoberta, o descobridor terá direito a uma recompensa "nunca inferior a cinco por cento do valor da coisa" (art. 1.234).

Caso contrário,

> decorridos sessenta dias da divulgação da notícia pela imprensa, ou do edital, não se apresentando quem comprove a propriedade sobre a coisa, será esta vendida em hasta pública e, deduzidas do preço as despesas, mais a recompensa do descobridor, pertencerá o remanescente ao Município em cuja circunscrição se deparou o objeto perdido.

Sendo de diminuto valor, poderá o Município abandonar a coisa em favor de quem a achou (artigo 1.237 e seu parágrafo único).

O descobridor responderá por todos os prejuízos que sua inércia dolosa causar ao proprietário da coisa.

Portanto, vimos que o destino final da coisa achada, cujo proprietário não reapareça, é a aquisição da sua propriedade pelo seu descobridor.

Abaixo, a tabela ajudará o leitor a perceber as diferenças que há entre *ocupação, achado do tesouro* e *descoberta.*

	OCUPAÇÃO	ACHADO DO TESOURO	DESCOBERTA
Natureza do bem	Qualquer coisa móvel sem dono (*res nullius*), cujo assenhoreamento não seja defeso em lei.	Coisa móvel preciosa, de cujo proprietário já não se tenha mais memória. Trata-se de *res derelicta*, por abandono.	Coisa móvel perdida (*res derelicta*).

Circunstâncias do fato	Simples apoderamento da coisa.	Localizada em depósito antigo. Ou seja: foi colocada ali, por alguém, há muitos anos, não sendo mais possível saber quem seria o seu proprietário	Coisa achada, com claros indícios de que fora ali esquecida por alguém muito recentemente.
Como se adquire a propriedade	Pelo simples assenhoreamento da coisa, desde que a propriedade desta não seja defesa em lei.	Deve-se observar em que condições se dera tal achamento: arts. 1.264 a 1.266	Adquirirá a propriedade se o proprietário da coisa descoberta não for encontrado e o município, estado ou União não adjudicarem o bem.

6. DA TRADIÇÃO

A tradição é a forma mais comum de aquisição da propriedade móvel. Podemos conceituar a tradição como sendo a entrega de coisa móvel, feita pelo seu proprietário a terceira pessoa.

Entendida aqui a expressão "entrega da coisa", como sendo a desistência, por parte do proprietário, em manter consigo os elementos objetivo e subjetivo, que estudamos na Teoria da Posse de Savigny. Ou seja: a entrega efetiva da coisa (*corpus*) e do *animus domini*. A esse fato damos o nome de tradição.

Entretanto, a tradição pode se dar de diversas formas:

a) *Tradição direta* – quando o proprietário entrega a coisa diretamente a terceiro com a intenção de não mais tê-la de volta;

b) *Tradição pelo constituto possessório* – o proprietário abre mão do *animus domini*, embora continue com o poder físico sobre a coisa. Imagine, por exemplo, um taxista que, sendo dono de um táxi, o vende a terceiro, mas continua utilizando-o. Agora não mais como seu proprietário, mas sim como permissionário. Ou, ainda que não esteja ligado à coisa, passe para terceiro o direito de reinvindicá-la (transferência apenas do *animus domini*, já que não estava com o *corpus*).

c) *Tradição feita por quem não seja dono* – a tradição, feita por quem não seja dono, não aliena a propriedade (artigo 1.268). Essa regra, entretanto, comporta uma exceção: se as circunstâncias em que ocorreu essa entrega fizerem presumir que a coisa está sendo alienada pelo legítimo proprietário, então, aquele que adquiriu a coisa de boa-fé adquirirá a sua propriedade. *In verbis*:

> Art. 1.268. Feita por quem não seja proprietário, a tradição não aliena a propriedade, exceto se a coisa, oferecida ao público, em leilão ou estabelecimento comercial, for transferida em circunstâncias tais que, ao adquirente de boa-fé, como a qualquer pessoa, o alienante se afigurar dono.

A tradição feita ao terceiro de boa-fé, por quem não era dono no momento da entrega da coisa, pode se convalescer, tão logo aquele alienante adquira a propriedade da coisa.

Não se adquire a propriedade por tradição quando esta for justificada por um negócio jurídico nulo.

7. DA ESPECIFICAÇÃO

Outra forma de aquisição da propriedade móvel se dá pela especificação. Dá-se o nome de especificação ao processo de transformação de uma matéria-prima alheia (mesmo que seja apenas em parte) em espécie nova. Por exemplo: transformação de um bloco de granito em uma escultura.

Daí temos várias situações:

a) *A matéria prima pertence, parcialmente, a outra pessoa que não seja o especificador*[2]. Nesse caso, o especificador se tornará proprietário da espécie nova, se não for possível reduzir a coisa à forma anterior, e pagará o especificador perdas e danos.

b) *Se toda matéria prima for alheia*. Se toda a matéria prima for alheia, e não for mais possível reduzir a coisa à forma anterior, o especificador de

---

[2] Dá-se o nome de especificador àquele que transforma a matéria prima em espécie nova.

boa-fé adquirirá a espécie nova, indenizando o proprietário da matéria-prima. Sendo praticável a redução, ou sendo esta impraticável, e tendo agido o especificador de má-fé, a espécie nova será do dono da matéria prima, sem direito a qualquer indenização.

8. DA CONFUSÃO, DA COMISTÃO (OU COMISSÃO) E DA ADJUNÇÃO

Essas três formas de aquisição da propriedade móvel pressupõem a existência de diferentes pessoas, proprietárias de coisas diferentes e que venham a passar por um processo químico ou mecânico de mistura.

Assim, confusão é a fusão, por um processo químico ou mecânico, de coisas diversas, formando uma só substância líquida ou sólida (pouco importa) homogênea. Na confusão, torna-se impossível a separação das substâncias originais.

Já a comistão (ou comissão) é a fusão, por um processo químico ou mecânico, de coisas diversas, em uma só substância líquida ou sólida (pouco importa) homogênea. Nesse processo, entretanto, é possível a separação das substâncias originais que deram origem a esta substância nova.

O professor César Fiuza é quem explica com clareza solar a forma de se resolver questões envolvendo cada uma destas situações:

> Tanto num quanto noutro caso, se as espécies fundidas pertenciam à mesma pessoa, não haverá problema algum. A substância nova lhe pertencerá. Mas, se ao revés, pertenciam a donos diferentes, a substância nova será dividida entre eles, proporcionalmente ao valor de cada uma das espécies confundidas ou misturadas.
>
> Sendo vários os donos, e a confusão ou comistão for fruto de má-fé de um deles, os outros poderão ficar com a substância nova, pagando a porção que não for sua, ou renunciar a ela, recebendo indenização integral. (FIUZA, 2004, p. 770)

Já a adjunção é a acessão de uma coisa à outra, onde uma das partes exerce claramente o papel de acessório da outra. Nesse caso, o dono do principal adquire a propriedade do acessório, pagando ao proprietário deste a devida indenização. Se obrou de má-fé, pagará, ainda, perdas e danos.

Podemos citar, como exemplo, alguém que estando com uma bicicleta pronta, falta colocar apenas a corrente em seus pedais. Essa corrente, por um processo de adjunção, é incorporada à bicicleta.

Assim, o dono da corrente recebe indenização do dono da bicicleta, tornando-se este o proprietário do todo.Quando as coisas adjuntadas pertencerem a várias pessoas, e não se puder mais reduzir a coisa nova às coisas originais que a compuseram, aquele que se beneficiar em maior parte é considerado o proprietário da coisa, devendo indenizar os proprietários das coisas que incorporaram o todo.

9 DA PERDA DA PROPRIEDADE

1. INTRODUÇÃO

Assim como se dá com as formas de aquisição da propriedade, o Código Civil também enumera as formas de extinção da propriedade, no seu artigo 1.275. São elas:

> Art. 1.275. Além das causas consideradas neste Código, perde-se a propriedade:
>
> I - por alienação;
>
> II - pela renúncia;
>
> III - por abandono;
>
> IV - por perecimento da coisa;
>
> V - por desapropriação.
>
> Parágrafo único. Nos casos dos incisos I e II, os efeitos da perda da propriedade imóvel serão subordinados ao registro do título transmissivo ou do ato renunciativo no Registro de Imóveis.

2. PERDA DA PROPRIEDADE POR ALIENAÇÃO

As formas de perda da propriedade enumeradas no artigo 1.275 do Código Civil, são aplicáveis tanto para bens móveis quanto para bens imóveis.

Aqui, o legislador não cometeu a falha que apontamos no capítulo 07, quando criticamos o fato de o mesmo não ter colocado como uma das formas de aquisição da propriedade imobiliária a alienação. Confirma-se, assim, o erro ali apontado. Ora. A alienação tanto leva à extinção da propriedade (por quem aliena) como à sua aquisição (por quem a adquire). Logo, reiteramos o nosso posicionamento (agora confirmado pela inclusão da alienação como forma de extinção da propriedade), de que o legislador cometera erro ao não incluir a alienação também como forma de aquisição da propriedade imobiliária.

A alienar é transferir a titularidade. Portanto, alienar uma propriedade significa passar a titularidade de proprietário de um bem para outra pessoa. Portanto todas as vezes que um proprietário passa a sua condição de proprietário para outra pessoa, ele está alienando. Esta alienação poderá se dar de maneira gratuita ou onerosa. Exemplo de alienação gratuita: doação. Exemplo de alienação onerosa: compra e venda.

Portanto, a alienação pode ocorrer por várias formas.

3. PERDA DA PROPRIEDADE PELA RENÚNCIA

Outra forma de se perder a propriedade é pela renúncia. A renúncia está mais ligada à idéia de direitos. Portanto, a renúncia (em regra) é a forma de extinção da propriedade de um direito. Ex.: um herdeiro renuncia ao seu direito de receber o seu quinhão hereditário.

4. PERDA DA PROPRIEDADE PELO ABANDONO

Terceira forma de perda da propriedade é o abandono. Entende-se por abandono o fato de alguém não desejar mais manter a coisa consigo. Algo semelhante à renúncia. Entretanto, o abandono está ligado à idéia de bens corpóreos.

Exemplo de abandono é do sujeito que, por não se interessar ser dono de um cãozinho, o abandona em uma rodovia. Ou daquele proprietário de um eletrodoméstico que, ao apresentar um defeito, o abandona na oficina.

Tanto no abandono, quanto na renúncia, em tais situações ocorre a perda do *animus domini* (disposição de proprietário) e do *corpus* (poder físico sobre a coisa).

No que se refere ao abandono de imóveis, entretanto, a norma do artigo 1.276 do Código Civil merece especial atenção:

> Art. 1.276. O imóvel urbano que o proprietário abandonar, com a intenção de não mais o conservar em seu patrimônio, e que se não encontrar na posse de outrem, poderá ser arrecadado, como bem vago, e passar, três anos depois, à propriedade do Município ou à do Distrito Federal, se se achar nas respectivas circunscrições.

> § 1º O imóvel situado na zona rural, abandonado nas mesmas circunstâncias, poderá ser arrecadado, como bem vago, e passar, três anos depois, à propriedade da União, onde quer que ele se localize.
>
> § 2º Presumir-se-á de modo absoluto a intenção a que se refere este artigo, quando, cessados os atos de posse, deixar o proprietário de satisfazer os ônus fiscais.

Portanto, o imóvel urbano ou rural, que esteja abandonado por seu proprietário, bem como completamente desocupado (vale dizer: sem que esteja sendo possuído por ninguém), poderá ser arrecadado pelo ente federativo da circunscrição em que se encontrar (Município, Estado, União ou Distrito Federal).

Esta presunção, que é relativa, é elevada ao status de presunção absoluta se os impostos do imóvel em questão se encontrarem em aberto por mais de três (03) anos.

Portanto, o imovél (urbano ou rural) que se encontre nesta situação, pode ser objeto do instrumento administrativo conhecido como *arrecadação de bem vago.*

Note que para que se tenha configurado o imóvel como abandonado para tal fim, são necessários três requisites: a) o proprietário tenha abandonado a coisa. Vale dizer: o proprietário deixou a coisa, sem qualquer intenção de voltar a tê-la. Não podemos entender por abandonado um imóvel que, por exemplo, encontra-se vazio, mas suas janelas e portas foram lacradas com argamassa e tijolos e o seu portão trancado com cadeado. b) não se encontrar na posse de qualquer pessoa. Com efeito, se sobre o imóvel em questão estiver sendo exercida posse, o mesmo não se encontra abandonado para os efeitos do artigo 1.276. O proprietário pode ter abandonado a coisa, mas a coisa não está abandonada. Outra pessoa exerce posse (cuidados) sobre aquele imóvel. c) Que os ônus fiscais (impostos) estejam em aberto por, no mínimo, três anos.

Somente a presença destes três requisitos, ao mesmo tempo, abrirá a possibilidade para que o ente federativo correspondente possa ter o imóvel como abandonado e realizar a sua competente arrecadação.

5. PERDA DA PROPRIEDADE PELO PERECIMENTO DA COISA

Outra forma de perda da propriedade (perda, neste caso, que independe da vontade do proprietário) se dá pelo perecimento da coisa. Por simples impossibilidade material, não há como alguém ser proprietário de algo que deixou de existir. Como dizer, por exemplo, que sou dono de um cavalo de raça que já morreu?

6. PERDA DA PROPRIEDADE PELA DESAPROPRIAÇÃO

A última das formas de extinção da propriedade (que como a forma anteriormente estudada, não está ligada à vontade do proprietário) diz respeito à desapropriação. Sobre esta figura nos ensina Caio Mário:

> *Importa ela numa transferência da propriedade, com a peculiaridade entretanto, de se não originar em ato espontâneo do dominus, nem na declaração dupla de vontade, do alienante e do adquirente. Ao revés, a desapropriação ou expropriação realiza mutação dominial compulsória e, segundo o conceito vulgarizado pode definir-se assim: ato pelo qual a autoridade publica competente, nos casos previstos pela ordem jurídica, determina a transferência da propriedade privada, no interesse da coletividade.* (PEREIRA, 2014, pag. 203).

Por se tratar a desapropriação de instrumento de direito público, não nos deteremos sobre a mesma.

10 DOS DIREITOS DE VIZINHANÇA

1. INTRODUÇÃO

Já vimos em vários momentos desta obra que o direito de propriedade se constitui não só em um direito, mas também em dever. É nas palavras de Roxana Cardoso, um "direito/dever". Ou ainda: um direito constitucional regulamentado pelo direito civil.

A propriedade não traz, portanto, apenas direitos para os seus titulares. Como já se fazia constar do artigo 153 da Constituição de Weimar: "a propriedade obriga". E obriga por várias razões. Obriga pelo caráter social que a mesma deve desempenhar, não se constituindo em benefício exclusivo de seu titular, mas ao revés disto, constituindo-se em instrumento hábil de promoção da justiça social, na medida em que essa propriedade abriga a família de seu titular; oferece empregos a pessoas distintas da família de seu titular, etc.

Obriga pelo fato de exigir do seu titular o compromisso de dar à sua propriedade a devida funcionalidade, constituindo, assim, em meio de produção que se volta em favor de toda a coletividade.

E obriga por muitas outras formas. Dentre elas, o direito de propriedade obriga que o seu titular dê a ela um uso racional. Essa é a pedra angular dos direitos de vizinhança: o uso racional da propriedade. Aquele que não usa racionalmente a sua propriedade, dá a ela um uso anormal. E é esse tipo de uso que o Código visa a coibir por meio das normas dos direitos de vizinhança.

Uma advertência aqui se faz necessária: embora o capítulo relativo aos direitos de vizinhança se encontre topograficamente colocado no título da propriedade, os direitos de vizinhança são aplicados também aos casos de posse. Afinal, como costumamos dizer em sala de aula, não apenas os proprietários que têm vizinhos. Os possuidores também os têm. Assim, direitos de vizinhança é disciplina que se aplica tanto à propriedade quanto à posse. Aliás, o próprio artigo 1.277, que abre aquele capítulo, expressamente diz que

> o proprietário ou o possuidor de um prédio tem o direito de fazer cessar as interferências prejudiciais à segurança, ao sossego e à saúde dos que o habitam, provocadas pela utilização de propriedade vizinha.

O "uso anormal da propriedade" se trata de conceito aberto, comportando sempre a confrontação da norma com o caso concreto.

E mesmo as normas elencadas no Código Civil devem ser analisadas em conjunto com os regulamentos administrativos e leis que promovem o zoneamento das áreas urbanas:

> Proíbem-se as interferências considerando-se a natureza da utilização, a localização do prédio, atendidas as normas que distribuem as edificações em zonas, e os limites ordinários de tolerância dos moradores da vizinhança.

Ou seja: o que constitui uso anormal da propriedade em uma parte da cidade, pode não consistir em outra. Imaginemos, por exemplo, a poluição sonora.

Todos sabemos que centros urbanos com mais de cem mil habitantes exigem Plano Diretor. Essa norma divide a cidade em zonas: residencial, industrial, de uso especial, etc. Sendo assim, cada zona terá uma vocação: residencial, industrial, etc.

Assim, a lei de uso e ocupação do município pode determinar que o máximo de decibéis admitidos na zona residencial após as 22 h. seja de 35 decibéis. Entretanto, em se tratando de zonas industriais, por exemplo, não se aplicaria tal regra.

2. DAS ÁRVORES LIMÍTROFES

Os artigos 1.282 a 1.284 tratam das árvores limítrofes. Aquelas que se encontram ou nas linhas divisórias de dois prédios ou numa localização tal que seus galhos e raízes ultrapassam a linha divisória.

No caso de se tratarem de árvores que se encontrem na linha divisória dos dois terrenos, teremos o condomínio necessário recaindo sobre dita árvore. Nesse caso, a mesma pertence aos proprietários de ambos os imóveis:

> Art. 1.282. A árvore, cujo tronco estiver na linha divisória, presume-se pertencer em comum aos donos dos prédios confinantes.

Entretanto, tratando-se de árvores que se encontrem dentro de uma propriedade e lance seus galhos sobre o imóvel vizinho, então, o proprietário deste poderá cortar os galhos que invadirem o espaço aéreo de sua propriedade. *In verbis:*

> Art. 1.283. As raízes e os ramos de árvore, que ultrapassarem a estrema do prédio, poderão ser cortados, até o plano vertical divisório, pelo proprietário do terreno invadido.

Afinal, como já cuidamos de estudar sobre a extensão do direito de propriedade, a propriedade do solo abrange também a propriedade de todo o subsolo e espaço aéreo correspondentes.

Embora o código não diga expressamente, a jurisprudência tem entendido que tal poda somente poderá ocorrer quando tais galhas, ou os frutos que nela se encontrarem, estejam ameaçando a propriedade vizinha. Por exemplo: galhas de um pé de manga, de abacate, de jaca, que estejam carregadas de frutos, e que se encontrem na iminência de cair sobre o imóvel vizinho, quebrando-lhe telhas, caixa d'água e, eventualmente, podendo machucar pessoas.

Os frutos da árvore vizinha, ainda que pendentes para o outro lado, não podem ser colhidos pelo proprietário do terreno sobre o qual se deitam tais galhas. O fruto somente poderá ser apanhado por este proprietário quando naturalmente cair da árvore vizinha: "os frutos caídos de árvore do terreno vizinho pertencem ao dono do solo onde caíram, se este for de propriedade particular" (art. 1.284). Repita-se: este tem sido o entendimento jurisprudencial, muito embora dele discordemos, pelas seguintes razões.

Ora. Se o meu direito de propriedade se estende a todo espaço aéreo e subsolo correspondentes (art. 1.229 do C.C.), tudo aquilo que estiver em meu espaço aéreo é de minha propriedade (analogia ao princípio *superfície solo cedit*). Portanto, se existem galhas que invadem o meu espaço aéreo, e nestas galhas existem frutos, sobre tais frutos deve-se entender que recaia mesmo um condomínio: tanto é proprietário destes frutos o dono do imóvel em que se encontra plantada a árvore onde está pendente tal fruto, quanto é proprietário o do dono espaço aéreo invadido.

Ao contrário daqueles que entendem que o art. 1.284 diz expressamente que o fruto só pode ser adquirido pelo vizinho depois que ele cair em seu terreno, *data vênia*, não comungamos deste entendimento.

Ao contrário, nos parece de clareza solar, um outro raciocínio, principalmente se o leitor prestar atenção na parte final daquele mesmo dispositivo:

> Art. 1.284. Os frutos caídos de árvore do terreno vizinho pertencem ao dono do solo onde caíram, *se este for de propriedade particular.* (grifos nossos).

Portanto, em nosso modesto entendimento, a norma aqui estampada em momento algum diz que os frutos pendentes em espaço aéreo de proprietário distinto do imóvel onde a árvore se encontra plantada apenas passariam a ser de sua propriedade depois que tal fruto caísse em seu solo. Não foi isto que a norma disse. Atente-se para a sua parte final: *se este* (solo) *for de propriedade particular.* Esta ênfase dada pela norma, em nosso entender, quis destacar exatamente que, enquanto o fruto estiver pendente sobre terreno alheio a propriedade pode ser pleiteada por ambos os proprietários (da árvore e do espaço aéreo invadido). Entretanto, uma vez que este fruto caia em solo alheio, sendo este de propriedade particular, tal fruto será exclusivamente do dono deste solo, não cabendo mais qualquer direito sobre tal fruto, o dono da árvore que o gerou.

Se assim não fosse, ou seja, se o dono do espaço aéreo invadido só adquirisse a propriedade de um fruto nascido em árvore de terreno vizinho depois que aquele caísse em seu solo, não haveria a menor razão para a lei permitir o corte das galhas que, de igual forma, invadem o seu espaço aéreo. Ao se admitir tal interpretação, poderíamos facilmente cair na situação absurda de um proprietário cortar as galhas que invadem seu imóvel apenas e tão somente para levar junto os frutos que ali se encontram pendentes. Definitivamente, não faz o menor sentido.

3. DA PASSAGEM FORÇADA

Por vezes, em razão de obra que se faça em determinado terreno, ou mesmo por conta de loteamentos clandestinos ou ocupação desordenada de áreas, pode ocorrer que um imóvel fique sem acesso à via pública, nascente ou porto, não podendo, portanto, as pessoas que nele residem chegar a lugar algum sem que necessite da boa vontade de seus vizinhos em permitir que atravessem os seus imóveis. Estamos, portanto, diante de um *imóvel encravado.*

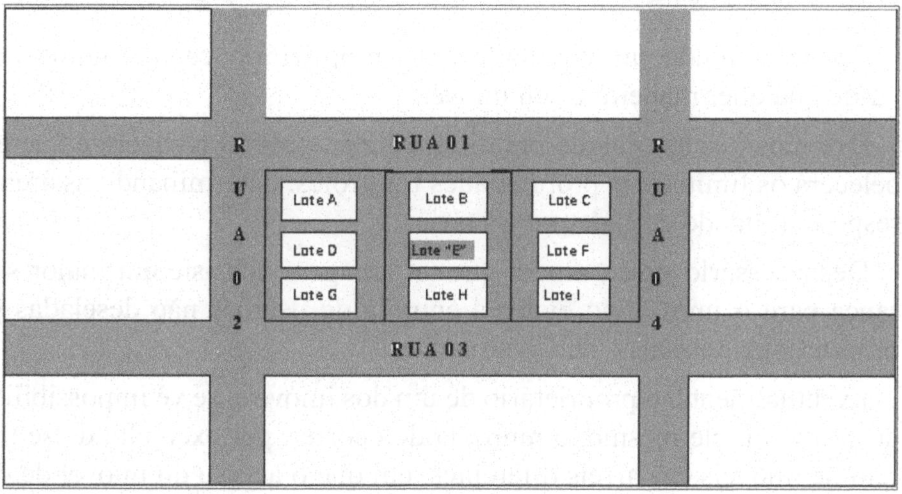

* O Lote "E", na ilustração acima, é o prédio encravado.

No caso da passagem forçada, tem o proprietário ou possuidor deste prédio encravado o direito de pedir que o juiz constitua uma passagem por um dos imóveis vizinhos ao seu.

O juiz, valendo-se de perícias, ao concluir qual dos imóveis vizinhos poderia ceder esta passagem de forma menos gravosa, constituiria, então, sobre este imóvel a passagem forçada do imóvel encravado. O dono do imóvel obrigado a ceder tal passagem, naturalmente, será indenizado pelo dono do imóvel encravado. Não apenas pela área sobre a qual for construída tal passagem, mas também pela desvalorização sofrida pelo terreno em virtude da construção daquela obra.

4. DA PASSAGEM DE CABOS E TUBULAÇÕES

Fato semelhante ocorre quando o proprietário de um imóvel necessita passar cabos, tubulações e outros dutos subterrâneos de serviço de utilidade pública, sob imóveis vizinhos, mas os proprietários destes se recusam a conceder tal permissão.

Assim, tal como ocorre na passagem forçada, o proprietário daquele prédio pode pedir que o juiz condene um dos prédios vizinhos (aquele que puder ceder tal passagem de forma menos gravosa) a cedê-la. Esse proprietário também será devidamente indenizado. Receberá não só pela área perdida, como também pela desvalorização que possa causar ao imóvel.

5. DOS LIMITES ENTRE PRÉDIOS E DO DIREITO DE TAPAGEM

Constitui, ainda, um direito/dever do proprietário, cercar, murar ou valar de qualquer maneira o seu imóvel.

Dizemos que se trata de um direito/dever, pois tal tapagem é que estabelecerá os limites das propriedades limítrofes, determinando as áreas de responsabilidade de cada proprietário.

Desnecessário dizer, ainda, que tal tapagem consiste em maior segurança para o imóvel, ao evitar a entrada de pessoas não desejadas pelo proprietário, animais e outras situações.

Eventualmente, o proprietário de um dos imóveis, se vê impossibilitado de construir, ele mesmo, o muro. Pode ocorrer, por exemplo, de se tratarem de imóveis em níveis diferentes, em que o acesso do imóvel de cima para tal construção, é infinitamente mais fácil do que o acesso ao mesmo muro pela propriedade inferior. Vide ilustração abaixo:

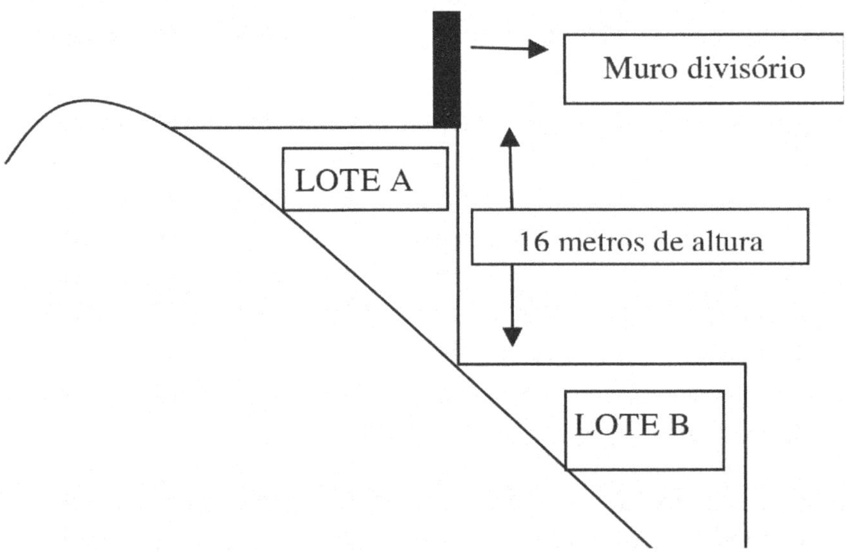

Pela ilustração anterior, temos que os "lotes A e B" encontram-se em um desnível de 16 metros de altura. Imaginemos, pois, que não exista muro divisório entre as duas propriedades e que, frequentemente, crianças e animais passam muito próximos àquele enorme barranco, trazendo enorme risco de morte para estes. Ainda: os moradores locais, que se encontram no mesmo nível do lote "A", frequentemente jogam lixo naquele barranco, sujando o lote "B".

É certo que o proprietário do lote "B" tem o direito de, ele mesmo, construir o muro divisório representado na ilustração. Entretanto, tal construção se faz extremamente onerosa para tal proprietário, tendo em vista o severo desnível que há entre os dois imóveis. Nesse caso, o proprietário do lote "B" pode pedir ao juiz que condene o proprietário do lote "A" a que construa o muro divisório, cujo valor será dividido entre ambos. *In verbis:*

> Art. 1.297. O proprietário tem direito a cercar, murar, valar ou tapar de qualquer modo o seu prédio, urbano ou rural, e pode constranger o seu confinante a proceder com ele à demarcação entre os dois prédios, a aviventar rumos apagados e a renovar marcos destruídos ou arruinados, repartindo-se proporcionalmente entre os interessados as respectivas despesas.

O meio processual de que o proprietário se valerá para colocar em movimento este seu direito subjetivo é a chamada *ação demarcatória*, exposta nos artigos 574 e seguintes do Novo Código de Processo Civil.

O muro divisório em questão, por se tratar de um condomínio necessário dos proprietários dos lotes "A" e "B", deve ser por ambos mantido.

Porventura, desejando qualquer um dos proprietários altear o referido muro (torná-lo mais alto), este proprietário poderá fazê-lo. Inclusive com a demolição do muro velho e a construção de um novo para suportar tal alteamento.

Entretanto, tal obra correrá por sua conta, sem que o outro proprietário tenha que dividir o valor do alteamento, a menos que se beneficie, também dessa construção.

O proprietário que altear o muro fica responsável, ainda, pela conservação deste, inclusive pelo lado de seu vizinho:

> Art. 1.307. Qualquer dos confinantes pode altear a parede divisória, se necessário reconstruindo-a, para suportar o alteamento; arcará com todas as despesas, inclusive de conservação, ou com metade, se o vizinho adquirir meação também na parte aumentada

Na construção do muro divisório há de observar o seguinte:

> O confinante, que primeiro construir, pode assentar a parede divisória até meia espessura no terreno contíguo, sem perder por isso o direito a haver meio valor dela se o vizinho a travejar, caso em que o primeiro fixará a largura e a profundidade do alicerce (art. 1.305).

Mas, "se a parede divisória pertencer a um dos vizinhos, e não tiver capacidade para ser travejada pelo outro, não poderá este fazer-lhe alicerce ao pé sem prestar caução àquele, pelo risco a que expõe a construção anterior".

O artigo 1.306 preceitua que

> o condômino da parede-meia pode utilizá-la até ao meio da espessura, não pondo em risco a segurança ou a separação dos dois prédios, e avisando previamente o outro condômino das obras que ali tenciona fazer; não pode sem consentimento do outro, fazer, na parede-meia, armários, ou obras semelhantes, correspondendo a outras, da mesma natureza, já feitas do lado oposto.

6. DO DIREITO DE CONSTRUIR

Um dos direitos intrínsecos ao direito de propriedade é o direito de construir. Todo proprietário tem o direito de levantar em seu terreno as obras que lhe aprouver, salvo, os regulamentos administrativos e as normas do direito de vizinhança (art. 1.299 do Código Civil).

Portanto, essa construção não poderá de modo algum embaraçar o bom uso da propriedade vizinha. Seja com construções que interfiram na privacidade do imóvel vizinho, seja com construções que, de qualquer modo, constitua alguma espécie de incômodo.

Daí porque o Código Civil estabelece algumas normas limitadoras ao direito de construir do proprietário. Normas essas, que não excluem as normas advindas de regulamentos administrativos, como a lei de uso e ocupação do solo urbano. Senão vejamos:

Com o intuito de preservar a privacidade da propriedade vizinha, o Código Civil estabelece a distância mínima em que pode ser construída janela, terraço ou varanda. Assim é que dispõe o artigo 1.301:

> Art. 1.301. É defeso abrir janelas, ou fazer eirado, terraço ou varanda, *a menos de metro e meio do terreno vizinho.*
>
> § 1º As janelas cuja visão não incida sobre a linha divisória, bem como as perpendiculares, *não poderão ser abertas a menos de setenta e cinco centímetros.* (grifos nossos)

Por vezes, entretanto, em função das necessidades de uma obra, ocorre de um determinado cômodo ficar no limite entre dois prédios. Como não pode ser construída janela na linha divisória, este cômodo, então, ficaria sem circulação de ar e iluminação natural.

Para situações como essa, o legislador prevê uma regra excepcional: permite a construção dos chamados *"óculos para luz"*, expressão do Código Civil de 1916, que consiste em pequenas aberturas, não superiores a vinte centímetros de comprimento, por dez centímetros de largura, colocadas a, no mínimo, dois metros de cada piso. *In verbis*:

> Art. 1.301. (...)
>
> (...)
>
> § 2º As disposições deste artigo não abrangem as aberturas para luz ou ventilação, não maiores de dez centímetros de largura sobre vinte de comprimento e construídas a mais de dois metros de altura de cada piso

Àquele proprietário, entretanto, cujo vizinho esteja desrespeitando as normas acima, cabe pedir judicialmente o desfazimento de tal obra, por meio da *ação demolitória* ou mesmo por meio de uma *ordinária cominatória*. Para tanto, deverá fazê-lo no lapso de um ano e um dia a contar do término da obra. Caso contrário, haverá verdadeira preclusão de seu direito e, a partir daí, este proprietário, inicialmente ofendido no seu direito, é que passará a ter a obrigação de não construir a menos de metro e meio daquela obra *inicialmente* irregular. Trata-se de uma verdadeira *servidão legal de janela*. Tal regra não ocorre, apenas, contra os chamados *óculos para luz* (acima referidos por nós), que podem sofrer a construção, rente a eles, de um contramuro pelo vizinho, ainda que lhes vede completamente a claridade:

> Art. 1.302. O proprietário pode, no lapso de ano e dia após a conclusão da obra, exigir que se desfaça janela, sacada, terraço ou goteira sobre o seu prédio; escoado o prazo, não poderá, por sua vez, edificar sem atender ao disposto no artigo antecedente, nem impedir, ou dificultar, o escoamento das águas da goteira, com prejuízo para o prédio vizinho.
>
> Parágrafo único. Em se tratando de vãos, ou aberturas para luz, seja qual for a quantidade, altura e disposição, o vizinho poderá, a todo tempo, levantar a sua edificação, ou contramuro, ainda que lhes vede a claridade.

Em se tratando de imóveis rurais, a distância mínima para qualquer tipo de construção é de três metros do terreno vizinho.

É ainda no sentido de evitar que qualquer construção levantada em uma propriedade venha a embaraçar o bom uso da propriedade vizinha, que Código Civil estabeleceu também, a proibição de construções de chaminés, fogões, fornos ou quaisquer aparelhos ou depósitos suscetíveis de produzir infiltrações ou interferências prejudiciais ao vizinho, rente às paredes divisórias. Bem como, são proibidas construções capazes de poluir, ou inutilizar, para uso ordinário, a água do poço, ou nascente alheia, a elas preexistentes.

Da mesma forma, não é permitido fazer escavações ou quaisquer obras que tirem ao poço ou à nascente de outrem a água indispensável às suas necessidades normais, bem como, a execução de qualquer obra ou serviço suscetível de provocar desmoronamento ou deslocação de terra, ou que comprometa a segurança do prédio vizinho, senão após haverem sido feitas as obras acautelatórias. Caso contrário, o proprietário do prédio vizinho terá direito a ressarcimento pelos prejuízos que sofrer, não obstante haverem sido realizadas as obras acautelatórias. E, por fim, dispõe o artigo 1.312, *in verbis*:

> Art. 1.312. Todo aquele que violar as proibições estabelecidas nesta Seção é obrigado a demolir as construções feitas, respondendo por perdas e danos.

11 DO CONDOMÍNIO EM GERAL

1. CONCEITO

A palavra condomínio já carrega em si mesma o seu significado: co-domínio, ou ainda, co-propriedade. Portanto, condomínio consiste no direito de propriedade que é exercido por mais de uma pessoa sobre uma mesma coisa.

Desse modo, o condomínio está para a propriedade, assim como a composse está para a posse. Afinal,

– condomínio (*co-propriedade*) = mais de um direito de propriedade recaindo sobre o mesmo bem;

– composse (*co-posse*) = mais de um direito de posse recaindo sobre o mesmo bem.

2. ESPÉCIES

Existem três modalidades de condomínio, a saber: *Voluntário* (disposto entre os artigos 1.314 e 1.326); *Necessário* (disposto entre os artigos 1.327 e 1330); *Condomínio Edilício* ou *em Edificações* (disposto entre os artigos 1.331 a 1.358).

O condomínio receberá diversas classificações, dependendo dos critérios a serem observados. Quanto à sua origem, o condomínio se classifica em *convencional,* quando se origina da vontade dos condôminos, ou *eventual*, quando resultante da vontade de terceiros; e *necessário* quando imposto pela lei (caso de paredes divisórias).

Quanto à sua forma, o condomínio pode ser classificado em *pro divisio* – se a coisa sobre a qual recai o condomínio pode ser dividida, ou *pro indiviso* – se a coisa sobre a qual recai o condomínio não pode ser dividida.

Quanto ao objeto, os condomínios podem ser classificados em *universais*, que são aqueles que abrangem todos os bens, como na comunhão hereditária; e *singulares*, que são aqueles que incidem sobre coisa determinada.

3. DOS DIREITOS DOS CONDÔMINOS

Os direitos dos condôminos podem sofrer pequenas alterações, conforme a modalidade de condomínio de que estejamos tratando. Mas, como regra geral, podemos dizer que são direitos básicos dos condôminos: a) usar da coisa conforme sua destinação, e exercer sobre a coisa todos os direitos compatíveis com a indivisão. O modo como é tradicionalmente utilizada a coisa não poderá ser alterado sem o consenso dos outros; b) reivindicá-la de terceiro. Aplica-se à hipótese o art. 1.827, que autoriza o herdeiro a demandar os bens da herança, mesmo em poder de terceiros; c) defender sua posse face a outrem; d) alhear a respectiva parte indivisa; e) pedir a extinção do condomínio.

4. DOS DEVERES DOS CONDÔMINOS

Tal como ocorre nos direitos dos condôminos, no que se refere aos seus deveres, esses também podem sofrer pequenas alterações, conforme a modalidade de condomínio de que estejamos tratando. Mas, como regra geral, podemos dizer que são deveres de qualquer condômino: o dever de concorrer para as despesas de conservação ou divisão da coisa, na proporção de sua parte, bem como a responsabilidade pelas dívidas contraídas em proveito da comunhão.

5. DO CONDOMÍNIO VOLUNTÁRIO. CONCEITO

Dá-se o nome de *voluntário* ao condomínio que se mantém por desejo das partes. Essa vontade em se preservar a condição de condomínio, pode ser tanto originária (ligada à origem), quanto incidental.

Temos o condomínio voluntário originário, quando duas ou mais pessoas já compram algo em regime de condomínio. Ex.: João e Maria compram um apartamento para morar.

Por outro lado, o condomínio voluntário incidental, ou superveniente, se dá quando algum fato ocorre, e coloca duas ou mais pessoas na condição de condôminas. Note que, nesse caso, estas pessoas não desejaram o condomínio em sua origem. Mas uma situação alheia à vontade destas provocou tal situação jurídica. Daí, diz-se condomínio voluntário, porque estes condôminos permanecerão neste estado de comunhão *enquanto assim o desejarem.* Como exemplo, podemos citar o caso de dois irmãos que se tornaram condôminos voluntários de um imóvel em razão da morte de seus pais. Perceba que, embora esses filhos jamais tenham desejado se tornarem condôminos daquele imóvel de maneira originária, a morte de seus pais os colocou na condição de condôminos. E eles somente continuarão nessa condição, enquanto assim o desejarem. Daí porque se trata de condomínio voluntário.

6. DA ADMINISTRAÇÃO DO CONDOMÍNIO VOLUNTÁRIO

Qualquer um dos condôminos pode usar a coisa isoladamente, se assim concordarem os demais condôminos. Não havendo tal consenso, a propriedade condominial deverá ser administrada, alugada ou vendida.

É importante lembrar as palavras de Caio Mário, em seu livro "Instituições": a situação condominial é por si só conflituosa. Afinal, estamos cuidando de situação em que várias pessoas têm o mesmo direito sobre uma única coisa. Assim, todos os esforços devem ser envidados no sentido de se buscar o fim da situação condominial. Obviamente, o autor falava, neste pensamento, sobre o condomínio eventual, ou voluntário. Tal raciocínio não se aplica ao condomínio legal (já que é a própria lei que o impõe), nem ao condomínio edilício (já que neste, foram as próprias partes que o desejaram constituir).

Basta a vontade de um dos condôminos para que ocorra a venda de todo o bem que se encontrar sob condomínio voluntário. Caso decidam os condôminos pela conservação da coisa em sua propriedade, mas não concordem que qualquer deles permaneça na condição de administrador da coisa, então, a maioria deliberará sobre a locação da coisa, ou a sua administração por terceiro, que deverá ser escolhido por maioria dos condôminos. Essa é a regra insculpida no artigo 1.323 do Código Civil.

Regulam a administração do condomínio voluntário as normas dos artigos 1.323 a 1.326 do Código Civil.

7. DA EXTINÇÃO DO CONDOMÍNIO VOLUNTÁRIO

A extinção do condomínio voluntário se dará com a divisão amigável da coisa (tratando-se de bens divisíveis), ou com a venda da coisa comum (tratando-se de bens indivisíveis).

Tanto em um caso como no outro, exige-se a capacidade civil dos condôminos. Caso contrário, tal divisão se dará por via judicial, devendo a parte que couber ao incapaz, ser preservada sob a responsabilidade de seu responsável legal.

8. DO CONDOMÍNIO NECESSÁRIO

Dentre todas as modalidades de condomínio, esta é, seguramente, a mais comum. Afinal, este condomínio se verifica em relação às paredes e muros divisórios. Portanto, todas as obras que dividem nossas propriedades das propriedades de nossos vizinhos, são obras condominiais, ou seja: não é de propriedade exclusiva nem minha, nem de meu vizinho. Trata-se de nossa copropriedade.

Das três, é a modalidade mais simples de condomínio. Não há a figura de qualquer espécie de administrador, procurador, ou algo parecido. E as obrigações entre os condôminos se encontram limitadas ao fato de que aos dois recai a obrigação de zelar pela conservação da obra condominial.

9. DO CONDOMÍNIO EDILÍCIO. CONCEITO E CARACTERÍSTICA

Dá-se o nome de *Condomínio Edilício, Condomínio Especial, Condomínio em Edificações*, ou ainda, *Condomínio Horizontal* a uma modalidade atípica de condomínio. Nessa modalidade, o direito do proprietário cinge-se em duas partes: uma parte exclusiva, sobre a qual o proprietário não concorre com terceiros; e uma parte comum, em que o proprietário concorre com outros proprietários de imóvel idêntico ao seu que, em conjunto com outras partes, também idênticas, compõem um corpo maior: a edificação.

Tal modalidade de condomínio foi criada em 1964, pelo saudoso professor e civilista maior, Professor Caio Mário da Silva Pereira, através da Lei 4.591.

É a modalidade de condomínio regida pela lei acima especificada e, subsidiariamente, pelo Código Civil, nos seus artigos 1.331 a 1.358.

10. DA NATUREZA JURÍDICA

Em que pese o condomínio edilício não ser dotado de personalidade jurídica, está legitimado a atuar em juízo, ativa e passivamente, representado pelo síndico (NCPC, art. 75, XI), tal como ocorre em situações como a do espólio e da massa falida.

11. DO ATO DE INSTITUIÇÃO DO CONDOMÍNIO

O condomínio edilício se constitui mediante registro próprio, no cartório de imóveis, podendo a sua causa ser tanto *inter vivos* como *causa mortis*.

Devem constar do ato de institucionalização do condomínio, além do disposto em lei especial: a individualização de cada unidade, a determinação da fração ideal de cada unidade, bem como a finalidade daquele condomínio: se residencial ou comercial.

12. DA CONVENÇÃO DE CONDOMÍNIO. OBJETIVO E CONTEÚDO

A Convenção de Condomínio é a lei maior do mesmo. Constitui-se pela manifestação da vontade dos condôminos. Na convenção, além de constar a identificação de cada uma das unidades autônomas, disporá também de outras questões de suma importância para existência do condomínio: quóruns de deliberação para as decisões tomadas em assembleia (quando a lei assim o permitir); duração do mandato do síndico e do conselho consultivo; quem pode ser ou não síndico; rateio das despesas; utilização das áreas comuns, dentre outras.

A Convenção de Condomínio é realizada de forma escrita, pois necessita ser registrada no cartório de imóveis. Tal registro tem a função de dar publicidade a todos sobre as normas que vigoram naquele condomínio, a fim de que, o eventual interessado ali ingressando, tenha pleno conhecimento das normas às quais deve se sujeitar.

Assim se, por exemplo, a Convenção proíbe animais domésticos nas instalações do condomínio, alguém que não concorde em abandonar o seu bichano, saberá que naquele condomínio, então, ele não poderá morar.

Em virtude da publicidade que marca a Convenção de Condomínio, esta exerce efeito *erga omnes*, ou seja: atinge não só aos condôminos, mas a todos que de alguma forma vierem a estabelecer relações com o condomínio.

13. DAS MODIFICAÇÕES DA CONVENÇÃO

Para qualquer alteração posterior à Convenção exige-se o quórum de 2/3 das frações ideais, também deliberada em assembleia. Já mudanças da destinação do edifício ou da unidade imobiliária, exigem a unanimidade de votos.

Quem está sujeito às normas estipuladas na Convenção? Qualquer indivíduo que penetre na esfera jurídica do condomínio está sujeito à convenção condominial. Afinal, a mesma possui efeito *erga omnes.*

A Convenção de Condomínio deve conter: a) a discriminação das partes de propriedade exclusiva, e as de condomínio, com especificações das diferentes áreas e seus respectivos destinos; b) o modo de usar as coisas e serviços comuns; c) os encargos, formas e proporções das contribuições dos condôminos para as despesas de custeio e para as extraordinárias; d) o modo de se escolher o síndico e o Conselho Consultivo, dispondo sobre as respectivas atribuições e remunerações; e) o modo e o prazo de convocação das assembleias gerais dos condôminos; f) o *quorum* para os diversos tipos de votações; g) a forma de contribuição para constituição de fundo de reserva; h) a forma e o *quorum* para as alterações da Convenção e para a aprovação do regimento interno.

14. DO REGIMENTO INTERNO

Não seria errôneo dizer que o regimento interno complementa a convenção. A sua existência, apesar de não ser obrigatória, é extremamente útil para dirimir pequenas situações do cotidiano de um condomínio. Portanto, o conteúdo do regimento interno são regras minuciosas sobre o uso das coisas comuns. Regras como: horário de fechamento da portaria do prédio, quem pode usar as áreas de lazer, normas que disponham sobre a utilização de equipamentos do condomínio, permissão ou não de animais domésticos na edificação, etc.

Enquanto a convenção trata da constituição do condomínio, bem como regras estruturais deste, o regimento interno cuida de hábitos rotineiros da vida em condomínio, visando zelar pela convivência harmônica entre os condôminos.

Como o regimento não é obrigatório, a sua finalidade é apenas gerar obrigações para os condôminos. Daí porque podemos dizer que, enquanto a convenção possui efeito *erga omnes* (efeito este gerado pelo seu registro), o regimento interno possui efeito *intuito personae*, não obrigando a outras pessoas que não participem do condomínio.

15. DA ESTRUTURA INTERNA DO CONDOMÍNIO

Como já dito alhures, o condomínio em edificações cinge-se em duas partes: áreas comuns e áreas exclusivas.

As áreas comuns são insusceptíveis de divisão e de alienação, separadas da respectiva unidade. Cada condômino pode usá-las de maneira a não causar incômodo aos demais condôminos ou moradores, nem obstáculo ou embaraço ao bom uso das mesmas partes por todos. Constituem áreas comuns: a portaria do prédio, a fachada, os corredores de acesso, a área de lazer, o salão de festas do prédio.

Já as áreas exclusivas são aquelas em que, nas palavras de Caio Mário, o direito de propriedade de cada condômino não concorre com outras propriedades. Constituem áreas exclusivas: o apartamento em si mesmo considerado, as vagas de garagem, as áreas de acesso restrito apenas ao proprietário da coisa.

16. DA ADMINISTRAÇÃO DO CONDOMÍNIO EDILÍCIO

A administração do condomínio edilício se dá, *conjuntamente*, pelos seguintes órgãos: síndico, conselho consultivo e assembleias gerais (dividindo-se estas em ordinárias e extraordinárias).

17. DOS ÓRGÃOS ESSENCIAIS E AUXILIARES AO CONDOMÍNIO EDILÍCIO

A administração do condomínio edilício é atribuída ao síndico pelo art. 1.347/CC. Este deverá prestar contas anualmente ao restante dos condôminos. As suas contas serão submetidas à análise do Conselho Consultivo, caso este órgão exista no condomínio. No caso de sua inexistência, as contas, como de resto todos os seus demais atos, serão supervisionados pela Assembleia Geral.

18. DO SÍNDICO E SUAS RESPONSABILIDADES

É o síndico o maior responsável pela administração do condomínio. Figurativamente, poderíamos compará-lo ao chefe do Poder Executivo. A sua administração se dá por eleição direta dos condôminos numa assembleia geral dos condôminos. Da mesma forma, o síndico pode ser destituído pelo voto da maioria absoluta da Assembleia Geral especialmente convocada para esse fim. Poderá ser destituído o síndico que não prestar contas, praticar irregularidades, ou não administrar convenientemente o condomínio (art. 1.349/CC).

O Código Civil não estipula quórum mínimo para eleição do síndico, podendo ser ou não condômino, pessoa física ou jurídica estranha ao condomínio (art. 1.347/CC).

A duração de seu mandato deve ser fixada pela convenção, mas não devendo exceder o limite de dois anos estipulado pelo art. 1.347, *caput*, do Código Civil.

O Código Civil silencia sobre ser ou não remunerada a função do síndico, de sorte que a convenção tem a faculdade de qualificar a função do síndico como ato de mera colaboração e, consequentemente, estabelecer o critério da gratuidade, ou optar pela remuneração. Quando se trata de condômino que gratuitamente aceita o cargo, é usual isentá-lo da cota correspondente à sua unidade nas despesas ordinárias, cabendo-lhe, porém, pagar normalmente a cota que lhe for atribuída nas despesas extraordinárias.

19. DA RESPONSABILIDADE CIVIL DO SÍNDICO

A responsabilidade civil do sindico ocorre quando as atribuições do cargo não são cumpridas adequadamente, ocasionando prejuízos aos condôminos ou a terceiros.

Já a responsabilidade criminal do síndico poderá ocorrer não apenas em caso de sua omissão, mas por qualquer prática que possa ser entendida como criminosa ou como sendo uma contravenção.

São atribuições legais do síndico (art. 1.348 do Código Civil):

> I – convocar a assembleia dos condôminos; II – representar, ativa e passivamente, o condomínio, praticando, em juízo ou fora dele, os atos necessários à defesa dos interesses comuns; III – dar imediato conhecimento à assembleia da existência de procedimento judicial ou administrativo, de interesse do condomínio; IV – cumprir e fazer cumprir a convenção, o regimento interno e as determinações da assembleia; V – diligenciar a conservação e a guarda das partes comuns e zelar pela prestação dos serviços que interessem aos possuidores; VI – elaborar o orçamento da receita e da despesa relativa a cada ano; VII – cobrar dos condôminos as suas contribuições, bem como impor e cobrar as multas devidas; VIII – prestar contas à assembleia, anualmente e quando exigidas; IX – realizar o seguro da edificação.

O sindico deve cumprir fielmente as obrigações trabalhistas dos empregados do condomínio e zelar pela boa administração do condomínio, aqui incluída a recuperação de seus créditos, acionando os inadimplentes direta e judicialmente. A negligência nesses procedimentos, devidamente comprovada, pode gerar a obrigação de reparar o dano.

20. DA ASSEMBLEIA GERAL

A Assembleia Geral é o órgão supremo do condomínio, visto que é por meio dela que se manifesta a vontade da coletividade dos condôminos sobre todos os interesses comuns. Por óbvio, as deliberações da assembleia têm de ajustar-se às normas internas e à lei comum, sob pena de serem nulas.

21. DA ASSEMBLEIA GERAL ORDINÁRIA

A Lei 4.591/64 dispõe em seu artigo 24, *caput*:

> haverá, anualmente, uma assembleia geral ordinária dos condôminos, convocada pelo síndico na forma prevista na Convenção, à qual compete, além das demais matérias inscritas na ordem do dia, aprovar, por maioria dos presentes, as verbas para as despesas de condomínio, compreendendo as de conservação da edificação ou conjunto de edificações, manutenção de seus serviços e correlatas.

Já o art. 1.350 do Código Civil, além da exigência antes informada, acrescenta a prestação de contas e eventualmente a eleição de novo síndico e alteração do regimento interno.

A sua convocação, diante da inércia do síndico, poderá ser suprida por 1/4 (um quarto) dos condôminos (art. 1.350, § 3º, CC) diante da importância dos assuntos a ser tratados na assembleia, tais como: orçamento das despesas normais como também autorização de outras eventuais; eleição de síndico; utilização das coisas comuns, etc.

Deve, portanto, haver a convocação de todos os condôminos para que seja possível ocorrer deliberações na assembleia (art. 1.354, CC). Nem a lei condominial, nem o Código Civil, delimitam a forma como deve se dar a convocação para as assembleias, deixando a cargo da convenção a determinação destas regras; há liberdade para que a Convenção determine tais condições.

No entanto, não basta a convocação conforme a Convenção. Deve-se também, por meio da ordem do dia, informar a todos os condôminos os temas que serão objetos de discussão, sob pena de anulabilidade de qualquer decisão que recaia sobre algo não salientado na convocação e que imponha qualquer tipo de obrigação a quem seja.

O condômino poderá se fazer representado mediante procuração, nas assembleias, desde que seja especificado qual tipo de assembleia e quais poderes tem o procurador para participar e deliberar. Não são aceitas procurações genéricas.

Tratando-se de locatário, o mesmo tem o direito de voto, mediante procuração outorgada pelo condômino.

Nélson Rosenvald e Cristiano Chaves manifestam o entendimento de que, pelos quóruns permitidos pela Lei brasileira, pode ocorrer o abuso por parte de uma minoria qualificada (maioria dos presentes). Nesses casos, sugerem os referidos autores, que a esse abuso seja aplicável a teoria das nulidades, "cabendo ao juiz invalidar atos que estejam na Convenção condominial, mas que prejudiquem o objeto social do condomínio e àqueles que não têm maior parte das frações ideais" (ROSENVALD; FARIAS, 2007, p. 241).

22. DA ASSEMBLEIA GERAL EXTRAORDINÁRIA. FUNÇÃO E FORMAS DE CONVOCAÇÃO

A assembleia geral extraordinária terá cabimento para tratar de assuntos de interesse do condomínio que não estejam previstos na assembleia geral ordinária, ou a qualquer momento em que situações imprevistas ocorram no condomínio e exijam deliberação dos condôminos.

Assim como ocorre com a assembleia geral ordinária, sua realização exige a convocação de todos os condôminos, devendo estar devidamente regulamentada na convenção.

Nas Assembleias Extraordinárias não há direito de participação dos locatários. As deliberações tomadas em assembleias extraordinárias, que impliquem em obras que venham a valorizar o imóvel, são de interesse exclusivo do condômino. Portanto, em tais assembleias, o inquilino somente terá direito a voto mediante procuração. O rateio das despesas com obras será pago exclusivamente pelos proprietários.

23. DAS DESPESAS DE CONDOMÍNIO

Nas palavras do professor Reinaldo de Souza Couto Filho,

> as despesas do condomínio representam obrigações acessórias mistas, pois se vinculam ao direito real, objetivando uma prestação devida pelo seu titular. O seu caráter é híbrido, vez que tem como objeto uma prestação específica, mas está incorporado a um direito real, do qual se origina. Assim, representam obrigações *propter rem.* (COUTO FILHO, 2005, p. 115)

Despesas de condomínio são disciplinadas nos arts. 1.315 a 1.320, 1.336, inciso I, 1.340 e 1.341 do CC/02 e no art. 12 da Lei 4.591/64.

A cota-parte corresponde à fração ideal do proprietário da unidade nas áreas comuns da edificação, tais como: *playground*, portaria e salão de festas. O condômino responderá como regra, pela proporção, mas essa pode ser alterada na Convenção de Condomínio. Em se tratando de condomínio edilício, existe uma parte que não pode ser modificada, é a que diz respeito às despesas de impostos. A Lei 4.591/64 no art. 11 determina que os proprietários de apartamentos paguem diretamente quaisquer impostos ou taxas incidentes sobre os mesmos, por meio de lançamento, como se tratasse de prédios isolados.

Dentre as despesas condominiais, merece destaque a de seguro da edificação. Esse gasto constitui-se em uma despesa ordinária e é obrigatória de acordo com o art. 1.346 do CC/02 e art. 13, parágrafo único da Lei 4.591/64. "O seguro deve abranger todo o edifício visando garantir eventual sinistro que cause incêndio ou destruição do todo ou parte do prédio" (MACIEL, 2008, p. 56).

Um problema corriqueiro dos condomínios é o inadimplemento. O não pagamento tempestivo das contribuições sujeita o moroso a juros de mora e a multa estipulada na Convenção (que não pode ser superior a 2%). Neste ponto cabe uma observação sobre uma confusão atinente a relação condomínio-condômino.

O professor Reinaldo de Souza Couto Filho esclarece-nos que alguns autores entendem que o parágrafo 1º, do artigo 52, do Código de Defesa do Consumidor, revogou a disposição referente à multa descrita acima, vez que o parágrafo do CDC determina a impossibilidade da aplicação de multas superiores a 2% do valor do débito.

Entretanto, esclarece aquele autor, que "as disposições legais do CDC não podem ser aplicadas às relações originais entre o condomínio e o condômino, pois não há relação de consumo entre os citados atores" (COUTO FILHO, 2005, p. 75).

É bem verdade que a multa por atraso de pagamento da taxa de condomínio, assim como estipulado no CDC, está limitada a 2%. Mas essa limitação se deve por conta do próprio Código Civil que, em seu artigo 1.336, § 1º diz expressamente que "o condômino que não pagar a sua contribuição ficará sujeito aos juros moratórios convencionados ou, não sendo previstos, os de um por cento ao mês e multa de até dois por cento sobre o débito".

Portanto, para o síndico que entende ser o valor desta multa irrisório e, portanto, estimulador à prática do atraso de pagamento contumaz, cumpre-nos lembrar que não existe limites para a cobrança de juros moratórios. Assim, mediante deliberação da assembleia geral, pode-se convencionar, por exemplo, que os juros moratórios sejam de 20% do valor devido.

Voltando ao inadimplemento, o condomínio poderá fazer cobrança por via extrajudicial ou judicial. Cabe ao síndico arrecadar as contribuições devidas e cobrar as atrasadas. É ele quem representa o condomínio na ação de cobrança. Os condôminos que cumprem suas obrigações têm o direito de acesso à lista dos devedores, vez que eles acabam pagando pelos inadimplentes.

Por fim, cumpre-nos lembrar que o inadimplemento do condômino pode levar o seu apartamento à penhora, de acordo com o artigo 3º, IV da Lei 8.009 de 1990, a despeito de se tratar de bem de família.

Por fazerem parte dos direitos reais, as despesas de condomínio têm efeito de sequela, onerando a própria coisa.

24. DA EXTINÇÃO DO CONDOMÍNIO EDILÍCIO

O condomínio edilício se extingue: a) pela destruição do imóvel por qualquer motivo, como, incêndio (CC/02, art. 1.357, 1ª parte); b) pela demolição voluntária do prédio, por razões urbanísticas ou arquitetônicas, ou por condenação do edifício pela autoridade pública, por motivo de insegurança ou insalubridade (Lei 6.709/79, art. 1º) ou por ameaça de ruína (CC/02, art. 1.357, 2ª parte); c) pela desapropriação do edifício, caso em que a indenização será repartida na proporção do valor das unidades imobiliárias (CC/02, art. 1.358); e d) confusão, se todas as unidades autônomas forem adquiridas por uma pessoa só.

O novo Código Civil aponta como causas principais de extinção do condomínio a desapropriação do edifício, o perecimento do objeto e a alienação de todas as unidades a um só titular.

25. DA DESTRUIÇÃO OU PERECIMENTO DA COISA

A primeira parte do *caput* do art. 1.357 do Código Civil cuida da primeira causa de extinção do condomínio, que é, em síntese, a destruição do prédio, por exemplo, na hipótese de incêndio ou de o prédio vir a ruir.

Portanto, extingue-se o condomínio se a construção ruir parcial ou totalmente, ou se de qualquer outra forma for destruída.

A segunda causa de extinção do condomínio é a demolição voluntária do prédio, que pode ocorrer se houver a possibilidade do mesmo vir a ruir, hipótese esta contemplada pela segunda parte do *caput* do art. 1.357, ou: quando por razões urbanísticas ou arquitetônicas, for aconselhável a demolição do prédio; por condenação do edifício pela autoridade pública; por motivo de insegurança ou insalubridade.

Em face, portanto, das causas de extinção do condomínio previstas no artigo 1.357, *caput*, caberá à assembleia decidir sobre a reconstrução (§ 1° do art. 1.357) ou venda do imóvel (§ 2° do mesmo artigo).

No caso de reconstrução, poderá o condômino exonerar-se do pagamento vendendo seus direitos a outros condôminos; em caso de venda, o condômino terá direito de preferência em relação ao estranho.

O quórum exigido para a tomada desta decisão por parte dos condôminos (reconstrução ou venda de todo o prédio) é de metade mais um.

Sendo decidido pela reconstrução, o condômino poderá eximir-se do pagamento das despesas respectivas alienando seus direitos aos outros condôminos, mediante avaliação judicial.

26. DA DESAPROPRIAÇÃO E DA CONFUSÃO

Por fim, constitui ainda hipótese de extinção do condomínio, a desapropriação do prédio, prevista no artigo 1.358 do Código Civil de 2002.

Havendo desapropriação, a indenização será repartida entre os condôminos na proporção do valor das unidades imobiliárias respectivas. A citação da ação de desapropriação deverá ser feita pessoalmente a cada condômino; sendo ele casado, deverá também ser citado o cônjuge; se menor ou incapaz, o tutor ou curador; se falido o síndico; e se pessoa jurídica, o seu representante legal. Isso porque se trata de ação que versa sobre direito real.

Os requisitos constitucionais exigidos pela desapropriação são aqueles mesmos previstos no artigo 5°, XXIV da Constituição da República, a saber: ocorrência de necessidade ou utilidade pública ou de interesse social no bem a ser desapropriado, e pagamento de justa e prévia indenização em dinheiro.

Podemos ainda considerar causa de extinção do condomínio a confusão, que ocorre quando todas as unidades autônomas forem adquiridas por uma só pessoa.

27. DA MULTIPROPRIEDADE EM CONDOMÍNIO (*TIME SHARING*)[1]

27.1 INTRODUÇÃO

Em 20 de dezembro de 2018, por meio da publicação da Lei n° 13.777, a Parte Especial do Código Civil vigente sofreu importante acréscimo, tendo sido incorporado ao seu Livro III, que trata do Direito das Coisas, o disciplinamento da multipropriedade imobiliária. Assim, o Capítulo VII-A, do Título III – Da Propriedade, foi denominado Do Condomínio em Multipropriedade, formado pelos artigos 1.358-B ao 1.358-U do Código Civil.

Além da considerável alteração do Código Civil, a Lei nº 13.777/2018 também cuidou de modificar dispositivos da Lei n° 6.015/1973, que disciplina os registros públicos.

Gustavo Tepedino[2], em 1993, em obra dedicada ao tema, definiu genericamente a multipropriedade – aí se incluindo a de bens imóveis e móveis –, como sendo a "relação jurídica de aproveitamento econômico de uma coisa móvel ou imóvel, repartida em unidades fixas de tempo, de modo que diversos titulares possam, cada qual a seu turno, utilizar-se da coisa com exclusividade e de maneira perpétua".

É deveras sabido que o instituto da multipropriedade imobiliária não é invenção brasileira[3], estando presente no direito estrangeiro, especialmente na França, Itália, Áustria, Inglaterra, Estados Unidos da América, Portugal e Espanha.

Neste ponto, vale discorrer um pouco mais, ainda que de forma breve, sobre alguns aspectos do instituto no direito português, que o disciplina como direito real de habitação periódica, e no direito espanhol, que o denomina regime de aproveitamento por turno.

---

1 Este capítulo foi desenvolvido pela mestranda Lívia Guimarães Gonçalves, como parte integrante de sua disciplina *Tutela e Hermenêutica dos Direitos Reais*, no seu curso de Mestrado pela PUC Minas. À Lívia, os meus efusivos parabéns pelo primoroso texto.

2 TEPEDINO, Gustavo. *Multipropriedade Imobiliária*. São Paulo: Saraiva, 1993. p.73.

3 MELO, Marcelo Augusto Santana de. Multipropriedade imobiliária. *Revista de Direito Imobiliário*, Rio de Janeiro. vol. 70, 2011. p. 37.

Em Portugal, o direito real de habitação periódica, surgido em razão da demanda turística, foi inicialmente disciplinado pelo Decreto-Lei nº 355/1981, tendo sido posteriormente objeto do Decreto-Lei nº 275/1993, já alterado duas vezes por meio dos Decretos-Lei nº 180/1999 e nº 22/2002.

Da exposição de motivos do Decreto-Lei 275/1993[4], extrai-se que o direito real de habitação periódica "tem vindo a revelar-se um instrumento jurídico adequado à dinamização do mercado de unidades de alojamento para férias por curtos períodos de tempo". Nos termos dos artigos 1º e 2º do referido Decreto-Lei, a definição do instituto é a seguinte:

> "**Artigo 1.º**
>
> Direito real de habitação periódica
>
> Sobre as unidades de alojamento integradas em hotéis-apartamentos, aldeamentos turísticos e apartamentos turísticos podem constituir-se direitos reais de habitação periódica limitados a um período certo de tempo de cada ano."
>
> "**Artigo 2.º**
>
> Outros direitos reais
>
> 1 - O proprietário das unidades de alojamento sujeitas ao regime de direitos reais de habitação periódica não pode constituir outros direitos reais sobre as mesmas.
>
> 2 - O disposto no número anterior não impede que, quando necessário, a constituição do direito real de habitação periódica seja precedida da sujeição do edifício, grupo de edifícios ou conjunto imobiliário ao regime da propriedade horizontal."

Naquele ordenamento jurídico, o direito real de habitação periódica, que se releva originalmente perpétuo, mas passível de limitação por vontade das partes, constitui-se por escritura pública, que deve ser levada a registro. A administração pode se concentrar nas mãos de pessoa física ou jurídica, inclusive de sociedade especializada, sujeitas, em qualquer hipótese, à severa punição pecuniária em caso de descumprimento de suas obrigações legais. Além disso, caso o direito em questão seja detido por pessoa física que venha a falecer, transmitir-se-á aos seus herdeiros.

---

4 Disponível em: http://www.pgdlisboa.pt/leis/lei_mostra_articulado.php?nid=648&-tabela=leis. Acesso em: 07 jan. 2019.

Na Espanha, por sua vez, a multipropriedade imobiliária, ou regime de aproveitamento por turno, está disciplinada pela Lei nº 42/1988, tendo surgido para otimizar a exploração de imóveis voltados ao turismo.

Para o legislador espanhol, o instituto revela-se como um direito de propriedade limitado a um período determinado de tempo ao ano, sujeitando-se à disciplina de um contrato, por meio do qual as partes podem dispor, inclusive, se o direito de aproveitamento por turno será (ou não) transmitido aos herdeiros em caso de falecimento. Além disso, naquele ordenamento, há a necessidade de se contratar seguro obrigatório para o imóvel, além de ter previsto o legislador o controle de abusos que possam ser praticados por notários e registradores.

Mas, na realidade, o que seria a multipropriedade imobiliária para o direito brasileiro? A resposta para esta pergunta está logo no princípio da Lei nº 13.777/2018, tendo disposto o legislador na redação do artigo 1.358-C do Código Civil, que:

> "Multipropriedade é o regime de condomínio em que cada um dos proprietários de um mesmo imóvel é titular de uma fração de tempo, à qual corresponde a faculdade de uso e gozo, com exclusividade, da totalidade do imóvel, a ser exercida pelos proprietários de forma alternada."

Em outras palavras, no Brasil, a multipropriedade imobiliária, mais conhecida pelas expressões "*time sharing*"[5] ou "*condomínio de tempo*", é uma forma de condomínio em razão de tempo, que confere mais uso e flexibilidade ao coproprietário de bens imóveis, especialmente em regiões em que o mercado imobiliário é aquecido pelo turismo.

Como se vê, o legislador previu um parcelamento temporal do direito de propriedade, fragmentando o imóvel em frações de tempo para que mais pessoas possam dele se beneficiar e com os seus custos arcar. Trata-se de ficção jurídica, com contornos reais, é verdade, que pulverizou o exercício do direito de propriedade.

O instituto já vinha sendo praticado em alguns empreendimentos de veraneio e hotelaria no Brasil, lastreando-se apenas em mecanismos contratuais ou societários que, por óbvio, não garantiam aos signatários a segurança esperada. Tais mecanismos alternativos eram utilizados pelos interessados, uma vez que qualquer disposição nos negócios imobiliários

---

[5] Traduzida como "compartilhamento de tempo".

que, levados a registro, continham traços da multipropriedade, revelava-se impeditivo imediatamente suscitado por Ofícios Registradores de Imóveis.

Vez ou outra, conflitos envolvendo a multipropriedade chegavam ao Judiciário, tendo o Superior Tribunal de Justiça (STJ) proferido acórdão de grande relevo em meados do ano de 2016, reconhecendo-a enquanto direito real. Trata-se do acórdão do Recurso Especial nº 1.546.165/SP, de Relatoria do Ministro João Otávio de Noronha[6], julgado em abril daquele ano e que culminou no Informativo nº 0589/STJ de 15/9/2016, trouxe consigo importante reflexão sobre o tema. Confira-se:

> "(...) extremamente acobertada por princípios que encerram os direitos reais, a multipropriedade imobiliária, nada obstante ter feição obrigacional aferida por muitos, detém forte liame com o instituto da propriedade, se não for a sua própria expressão, como já vem proclamando a doutrina contemporânea (...)."

Conforme será visto a seguir, ao reconhecer a multipropriedade enquanto direito real, o STJ desconsiderou o disposto no artigo 1.225 do Código Civil que confere taxatividade aos direitos reais.

É notória, pois, a importância da Lei nº 13.777/2018, para superar o cenário de incertezas, conferindo maior segurança jurídica às práticas existentes e, notadamente, ao mercado imobiliário em potencial.

27.2 NATUREZA JURÍDICA DA MULTIPROPRIEDADE IMOBILIÁRIA

Para que se possa seguir rumo à análise dos dispositivos da Lei nº 13.777/2018, faz-se indispensável examinar a natureza jurídica da multipropriedade imobiliária, que entendemos ser de direito real.

Inicialmente, visando aprofundar a reflexão sobre a temática, vale retomar o já mencionado julgamento do Recurso Especial nº 1.546.165/SP. O acórdão de Relatoria do Ministro João Otávio de Noronha trouxe à baila, naquele ano de 2016, relevante debate sobre a natureza jurídica da multipropriedade imobiliária.

E, ao desconsiderar a tipicidade dos direitos reais, para incluir a multipropriedade imobiliária como um deles, o acórdão em referência tornou ainda mais urgente a promulgação de lei específica que disciplinasse a matéria.

---

6 STJ, 3ª T., REsp 1546165/SP, Rel. Ministro Ricardo Villas Bôas Cueva, julg. 26.4.2016.

A grande dificuldade dos Ministros julgadores do recurso em questão estava em se atribuir (ou não) à multipropriedade imobiliária a natureza jurídica de direito real, num cenário em que ela não estava assim tipificada pelo legislador pátrio. Não havia, naquele momento, qualquer dispositivo no Código Civil que dela tratasse, vinculando-a ao rol taxativo do art. 1.225 do mesmo Código, que elenca os direitos reais.

Em razão do Princípio da Tipicidade dos direitos reais adotado no Brasil, caso se admitisse a livre criação de outros direitos desta natureza por convenção entre as partes, tal fato resultaria em um ambiente de insegurança jurídica aos negócios imobiliários. Não é por outra razão que a Lei de Registros Públicos (Lei nº 6.015/1973), em seu artigo 168, apresenta disposição expressa no sentido de que as transcrições, averbações e anotações realizadas pelos Ofícios Registradores de Imóveis guardarão correspondência com os direitos reais previstos em lei.

Conforme ensina Bruno Dantas, em suas reflexões sobre a tipicidade dos direitos reais:

> "A utilização do tipo para disciplinar os direitos reais, ao dar maior concreção às situações descritas, acaba por conferir maior estabilidade e segurança jurídica ao sistema. Para se concluir isso, basta dar uma olhada superficial sobre o objeto das lides que se travam perante o Poder Judiciário. Um volume enorme de ações discute interpretação e alcance de cláusulas contratuais, ao passo que raras discutem o conteúdo, mesmo de direitos reais".[7]

Pois bem. Voltando ao julgamento do STJ em referência, o voto condutor do acórdão esclareceu que "na espécie, o reconhecimento de que a natureza jurídica da multipropriedade imobiliária bem mais se compatibiliza com a de um direito real". E assim continuou a discorrer:

> "Isso porque, extremamente acobertada por princípios que encerram os direitos reais, a multipropriedade imobiliária, nada obstante ter feição obrigacional aferida por muitos, detém forte liame com o instituto da propriedade, se não for a sua própria expressão, como já vem proclamando a doutrina contemporânea, inclusive num contexto de não se reprimir a autonomia da vontade nem a liberdade contratual

---

7 DANTAS, Bruno. Tipicidade dos Direitos Reais. *Revista Jurídica da Presidência*, Brasília, vol. 20, 2018, p. 439.

> diante da preponderância da tipicidade dos direitos reais e do sistema de *numerus clausus*.
>
> (...)
>
> Considerando o que acima expendido, com a devida vênia do Ministro relator, concluo o seguinte:
>
> a) a multipropriedade imobiliária, mesmo não efetivamente codificada, possui natureza jurídica de direito real, harmonizando-se, portanto, com os institutos constantes do rol previsto no art. 1.225 do Código Civil; e b) o multiproprietário, no caso de penhora do imóvel objeto de compartilhamento espaço-temporal (time-sharing), tem, nos embargos de terceiro, o instrumento judicial protetivo de sua fração ideal do bem objeto de constrição de que é cotitular para uso exclusivo e perpétuo durante certo período do ano."

Não compartilhamos da mesma reflexão do Ministro Relator do acórdão, pois entendemos como mais adequado ao sistema normativo vigente naquele ano de 2016 o posicionamento do Ministro Ricardo Villas Bôas Cueva, cujo voto restou vencido em defesa da tipicidade dos direitos reais. Confira-se:

> "Os traços acima apresentados não esgotam o amplo cenário de diferenças entre a multipropriedade e as espécies de direitos reais, mas, de pronto, permitem afirmar que o regime de time-sharing não se amolda, na integralidade, à categoria de direitos reais, especialmente pelo fato de que o ordenamento jurídico brasileiro adota o princípio de que os direitos reais são numerus clausus. Desse modo, no Brasil, não se admite a criação de um direito real propriamente dito, devendo-se seguir os tipos reais previstos na legislação específica, especialmente os do Código Civil."

Feitas estas considerações, vale observar que a multipropriedade imobiliária foi inserida pelo legislador na parte especial do Código Civil, no Livro destinado ao Direito das Coisas, por meio do Capítulo VII-A, do Título III – Da Propriedade, que, por sua vez, está elencada no artigo 1.225, I, do Código como sendo um direito real.

Não se entende, vale dizer, que o legislador criou um novo direito real, pois caso o tivesse feito, teria inserido mais um inciso no mencionado artigo 1.225 do Código Civil. Trata-se, como se vê, de uma nova formatação do direito de propriedade, fracionada, dessa vez, sob a perspectiva temporal.

27.3. REGRAMENTO DA MULTIPROPRIEDADE

Nos novos artigos 1.358-B a 1358-U do Código Civil foram estabelecidas diversas regras atinentes à multipropriedade, que tratam de disposições gerais, sobre a forma de sua instituição, os direitos e obrigações do multiproprietário, os mecanismos de transferência da multipropriedade, a sua administração, além das disposições específicas relativamente às unidades autônomas quando se trata de condomínios edilícios.

Após conceituar a multipropriedade, o legislador cuidou de observar que, ainda que o multiproprietário seja titular de todas as frações de tempo do imóvel, não haverá extinção automática da multipropriedade. Exige assim, a lei, que a extinção da multipropriedade se dê pela formalidade do seu cancelamento não se satisfazendo, pois, com a mera presunção de extinção pela reunião da multipropriedade nas mãos de uma mesma pessoa.

Tal disposição segue exatamente na mesma direção do que o Código Civil faz quando trata das formas de extinção de outros direitos reais, a saber: a) nas servidões. O artigo 1.387 dispõe neste sentido que "a servidão só se extingue, com respeito a terceiros, quando cancelada"; b) neste mesmo sentido, a extinção do usufruto exige o seu cancelamento no cartório de imóveis para sua extinção (art. 1.410 do Código Civil); c) na extinção do penhor, cujos efeitos só ocorrem depois de averbado o cancelamento de seu registro (art. 1.437 do Código Civil); e d) a extinção da hipoteca que, da mesma forma, se dá com a averbação do cancelamento de seu registro junto do Registro de Imóveis (artigo 1.500 do Código Civil).

Portanto, a exigência de que haja o cancelamento do registro da multipropriedade no Cartório de Imóveis é a regra geral aplicável aos direitos reais: que só se extinguem perante terceiros após o seu cancelamento. O que reforça o caráter real do novel instituto em nosso ordenamento.

O imóvel em multipropriedade não se sujeita à ação de divisão ou de extinção de condomínio, bem como que estão acoplados ao imóvel as instalações, equipamentos e mobiliário destinados ao seu uso e gozo, não podendo os multiproprietários deles se apropriar ou desfazer por vontade unilateral.

E não podia mesmo ser diferente. Ora, como já cuidamos de manifestar acima, não se trata a multipropriedade de uma nova forma de direito real, mas somente uma forma de dividir a propriedade de maneira compartilhada no tempo. Frise-se: no tempo! Não no espaço. Portanto, a multipropriedade não cria novas propriedades nem divide a propriedade existente em frações espaciais sobre as quais recairiam direitos, mas tão somente possibilita que uma propriedade tenha o seu uso compartilhado no tempo por mais de uma pessoa.

Logo, se a multipropriedade não cria novos títulos de propriedade, não se poderia admitir sua sujeição às ações de divisão ou extinção de condomínio. Referidas ações, frise-se, têm por fim dividir ou mesmo extinguir a relação de condomínio existente em um dada propriedade no espaço (material; concreta), e não no tempo (imaterial; abstrata; ficcional, portanto).

Cada fração de tempo é também indivisível, sendo que o período – que não será inferior a sete dias, seguidos ou intercalados –, poderá ser: *(i) fixo* e determinado, no mesmo período de cada ano; *(ii) flutuante*, caso em que a determinação do período será realizada de forma periódica, mediante procedimento objetivo que respeite, em relação a todos os multiproprietários, o princípio da isonomia, devendo, além disso, ser previamente divulgado; *(iii) misto*, mediante combinação dos sistemas fixo e flutuante.

Dois pontos interessantes a serem destacados nesta disposição (artigo 1.358-E do Código Civil). Primeiro: uma vez que o referido artigo impõe que cada multipropriedade não pode ser constituída com tempo inferior a sete dias (uma semana), e sendo o ano constituído por cinquenta e duas semanas, de maneira indireta a Lei nº 13.777 impõe um número máximo de multiproprietários que cada propriedade comportaria: cinquenta e dois multiproprietários em condomínio.

Segundo: é de se destacar a grande facilitação apresentada pelo legislador no tocante à utilização do novo instituto como instrumento hábil a fomentar a transação imobiliária, sobretudo com finalidades turísticas. Seja este turismo de negócio ou de lazer.

Imagine-se um investidor que construa um hotel e coloque à venda cada uma das suítes daquele hotel, ao invés de explorar a atividade hoteleira. Este hotel terá tantos proprietários quantas sejam as suas suítes. E cada proprietário destas suítes poderá, ainda, pulverizar o uso de sua propriedade para mais cinquenta e duas pessoas (no máximo, repita-se).

Pois bem. Sob o ângulo de quem possui o capital e deseja novas oportunidades de investimento é notória a capacidade que o instituto da multipropriedade em condomínio possui em alavancar novos negócios imobiliários e aquecer este setor.

E também do ponto de vista do consumidor de produtos e serviços é louvável o papel que a multipropriedade imobiliária desempenha. Destacamos, aqui, três pontos: a) seja como forma de acesso ao uso contínuo e ilimitado de um determinado bem imóvel que, pelas vias até então hoje existentes, muitos não conseguiriam atingir: o uso e gozo pleno sobre um imóvel na qualidade de seu titular; b) seja pelo fato de que o direito da multipropriedade possa ser transmitido via hereditária aos herdeiros do multiproprietário; e, por fim, c) de que a multipropriedade possa ser prestada em garantia real, inserindo o multiproprietário no mercado de crédito. Mercado este, ao qual não teria acesso por não ter patrimônio para oferecer em garantia.

A multipropriedade será registrada no Ofício de Registro de Imóveis competente, na forma da Lei de Registros Públicos, podendo ser instituída por ato entre vivos ou testamento, do qual deverá constar expressamente a duração dos períodos correspondentes a cada fração de tempo.

Neste ponto, é importante destacar que, em caso de testamento, não será necessário que o testador disponha sobre questões peculiares à instituição do condomínio em si, bastando que indique apenas e tão somente as unidades periódicas que caberão a cada um dos legatários em relação a um imóvel determinado. Recebido o bem, cuidarão os herdeiros, por maioria, de deliberar sobre as minúcias do ato de instituição.

Com a instituição da multipropriedade, por óbvio, surge a figura de um condomínio. Ainda que não existam outros multiproprietários, a relação que surge entre o proprietário do imóvel e o multiproprietário já é uma relação condominial. Portanto, a fim de que tal situação jurídica seja devidamente regulamentada, a Lei nº 13.777 exige a instituição de uma convenção de condomínio, obrigando que esta convenção possua as seguintes cláusulas: *(i)* os poderes e deveres dos multiproprietários, especialmente em relação às instalações e mobiliário, bem como quanto aos reparos, manutenção, limpeza e pagamento de despesas condominiais; *(ii)* o número máximo de pessoas que poderão ocupar o imóvel por cada fração de tempo; *(iii)* as regras de acesso do administrador ao imóvel; *(iv)* a criação de fundo de reserva para despesas extraordinárias; *(v)* o que se fará em caso de perda ou destruição parcial do imóvel, inclusive para efeitos de custo com o seguro e de participação na respectiva indenização; *(vi)* as multas com as quais arcará o multiproprietário que descumprir os seus deveres.

Além disso, segundo o legislador, o instrumento de instituição da multipropriedade ou a convenção de condomínio poderá estabelecer o limite máximo de frações de tempo que poderão ser detidas pelo mesmo multiproprietário.

Dentre os direitos do multiproprietário, além de usar e gozar do imóvel, de suas instalações, equipamentos e mobiliário naquele período por ele adquirido, inclusive locar e ceder, está previsto o direito de alienar ou onerar sua fração de tempo, o que deverá ser previamente informado ao administrador, não dependendo, entretanto, de anuência ou cientificação dos demais multiproprietários. Estabeleceu o legislador, neste ponto, que não haverá direito de preferência na alienação de fração de tempo, salvo se prévia e formalmente estabelecido em sentido contrário.

Vale destacar que, embora o legislador trate de suposta alienação de frações de tempo, tem-se, na realidade, alienação do direito real de propriedade que um sujeito, aqui denominado multiproprietário, tem sobre uma unidade.

Neste ponto, há uma observação técnica que não se pode deixar de fazer. O que é passível de alienação é o direito real de propriedade do multiproprietário, e não simplesmente a fração de tempo por ele detida.

E, seguindo nos direitos do multiproprietário: ele poderá participar e votar, desde que esteja quite com as obrigações condominiais, em assembleia geral do condomínio em multipropriedade, de forma correspondente à sua fração de tempo, além de também poder votar em assembleia geral do condomínio edilício, sendo que "o voto do multiproprietário corresponderá à quota de sua fração de tempo em relação à quota de poder político atribuído à unidade autônoma na respectiva convenção de condomínio edilício" (artigo 1.358-I, IV, *b*).

Quanto às obrigações do multiproprietário, ficou disciplinado que, além do que venha constar dos instrumentos de instituição e convenção de condomínio em multipropriedade, devem honrar a contribuição condominial, responder por danos que tenha causado ao imóvel e a seus móveis e equipamentos, comunicar ao administrador quaisquer avarias, manter o imóvel limpo, não podendo apropriar-se ou desfazer de qualquer bem móvel que o guarneça, usar o imóvel na fração de tempo que lhe corresponda e de acordo com a destinação que lhe cabe, além de permitir a realização de obras e reparos urgentes. O descumprimento de qualquer dever implica o pagamento de multa e a perda temporária de utilização do imóvel.

A administração da multipropriedade será exercida por um administrador, definido na instituição do condomínio em multipropriedade ou eleito em assembleia geral dos condôminos, a quem caberá: *(i)* coordenar a utilização do imóvel; *(ii)* definir, nos sistemas flutuante ou misto, o período de uso de cada um dos multiproprietários; *(iii)* manter e conservar o imóvel, trocando ou substituindo equipamentos ou mobiliário quando se fizer necessário; *(iv)* elaborar orçamento anual; e *(v)* cobrar as quotas de cada um dos coproprietários, efetuando o pagamento das despesas comuns.

Cuidando do regramento do condomínio edilício em regime de multipropriedade, dispôs o legislador que a convenção de condomínio edilício deverá especificar: *(i)* quais as unidades estão sujeitas ao regime da multipropriedade; *(ii)* as frações de tempo de cada uma destas unidades; *(iii)* como se dará o rateio das contribuições condominiais, que, na ausência de previsão em sentido diverso, serão proporcionais à fração de tempo; *(iv)* quais as despesas ordinárias de rateio obrigatório; e *(v)* quais são os órgãos de administração da multipropriedade.

Nos condomínios edilícios em que todas as unidades se submetam ao regime de multipropriedade, deverá haver um administrador profissional, a quem caberá administrar também unidades autônomas dos condomínios em multipropriedade.

Também foi previsto, para caso de inadimplemento das despesas ordinárias e extraordinárias por parte do proprietário em multipropriedade, que caberá a adjudicação em favor do condomínio edilício da fração correspondente. E, no caso de condomínios em multipropriedade voltados exclusivamente à locação de frações dos tempos por seus titulares, o inadimplente poderá ser impedido de utilizar o imóvel até a quitação da dívida, o que, de fato, entende-se mais adequado ao mercado hoteleiro.

Questão peculiar foi disposta no artigo 1.358-T, ao se reconhecer a possibilidade de renúncia translativa pelo multiproprietário exclusivamente em favor do condomínio: "o multiproprietário somente poderá renunciar de forma translativa a seu direito de multipropriedade em favor do condomínio edilício".

Com efeito, fazendo a devida crítica ao emprego de expressão própria do direito das sucessões nesta seara, também merece ser destacado que não se vislumbra, além da intenção do legislador de preservar a utilidade econômica do instituto, outra razão pela qual a Lei tenha impedido a renúncia em favor de outro condômino.

Não se pode deixar de destacar, já caminhando para o final da análise crítica da lei, que a Lei nº 4.591/64, que trata do condomínio edilício, é fonte subsidiária do condomínio em multipropriedade. Trata-se de suporte legislativo natural, haja vista a similitude dos dois institutos.

Por fim, merece destaque um dos vetos à Lei nº 13.777/2018, por meio do qual foram excluídos os parágrafos 3º, 4º e 5º do artigo 1.358-J, segundo os quais cada multiproprietário responderia, "na proporção de sua fração de tempo, pelo pagamento dos tributos, contribuições condominiais e outros encargos que incidam sobre o imóvel", de forma que a respectiva cobrança somente poderia ser realizada "mediante documentos específicos e individualizados para cada multiproprietário", sem "solidariedade entre os diversos multiproprietários".

Conforme se nota, os referidos dispositivos esbarravam na solidariedade tributária prevista no artigo 124 do Código Tributário Nacional, razão pela qual foram corretamente suprimidos.

27.4 OPERACIONALIZAÇÃO DA MULTIPROPRIEDADE PELA LEI DE REGISTROS PÚBLICOS

Como explicado no início da presente reflexão, o legislador, por meio da Lei nº 13.777/2018, implementou relevante modificação na Lei nº 6.015/1973, que trata dos Registros Públicos, para atribuir a cada fração de tempo uma matrícula individualizada, instituindo-se a dinâmica de matrícula "mãe" e matrículas "filhas".

Segundo consta do art. 2º da Lei de Registros Públicos, em seus parágrafos 10 e 11, respectivamente:

> "Quando o imóvel se destinar ao regime da multipropriedade, além da matrícula do imóvel, haverá uma matrícula para cada fração de tempo, na qual se registrarão e averbarão os atos referentes à respectiva fração de tempo, ressalvado o disposto no §11 deste artigo."
>
> "Na hipótese prevista no §10 deste artigo, cada fração de tempo poderá, em função de legislação tributária municipal, ser objeto de inscrição imobiliária individualizada."

Ora, parece-nos que os dispositivos acima sangram o princípio da unicidade matricial ou da unitariedade da matrícula (art. 176, §1º, I, Lei nº 6.015/1973), segundo o qual, para cada imóvel, haverá uma única e exclusiva matrícula, isto é, um mesmo imóvel não pode ser matriculado duas ou mais vezes. Confira-se:

> "A matrícula, que por conter a descrição do imóvel, é o cerne do Registro Imobiliário, está subordinada ao princípio da unitariedade, que

> determina que a cada imóvel deve corresponder uma única matrícula e a cada matrícula um único imóvel".[8]

Considerando que a multipropriedade imobiliária cria frações de tempo relativamente a um mesmo imóvel, instituindo um condomínio, não se pode considerar criados mais imóveis dentro daquele originário, passíveis, supostamente, de titularizarem matrículas autônomas. Não fosse assim, sequer haveria sentido em se utilizar a denominação de condomínio e o regramento a ele inerente.

Nesse sentir, se o imóvel continua sendo o mesmo – e indivisível, como destaca o legislador – não há razão para que passe a se segmentar em vários outros *sub-imóveis* e *sub-matrículas*, conforme a divisão de tempo estabelecida. O mais correto, do ponto de vista conceitual, seria que cada fração de tempo correspondesse a uma averbação, dentro de uma mesma matrícula.

A alteração revela-se atécnica e isso não pode deixar de ser aqui destacado, embora facilite em termos práticos, evidentemente, a dinâmica da multipropriedade no contexto do mercado imobiliário, contribuindo, assim, para a organização das averbações e registros relacionados a cada fração de tempo de um determinado imóvel.

27.5 CONCLUSÃO

Diante de todo o exposto, concluímos que o instituto da multipropriedade surge em boa hora em nosso ordenamento civil. Afinal, a sociedade brasileira, há muito, padecia de instrumentos jurídicos hábeis a pôr fim ao gargalo da "propriedade privada excludente". Qual seja: a propriedade privada que se encerrava na pessoa de seu titular, exclusivamente, desconsiderando o fato de que aquela propriedade poderia ser pulverizada, sem tolher os direitos de seu titular, mas, ao mesmo tempo, permitindo que outras pessoas dela se utilizassem na realização de inúmeras outras possibilidades. Repita-se: sem em nada prejudicar os poderes do proprietário. Nesta mesma direção, cite-se o Direito Real de Laje, recentemente criado, e o seu precursor, o Direito Real de Superfície.

Tais institutos (Direito Real de Superfície, Direito Real de Laje e a Multipropriedade) constituem instrumentos valiosíssimos na busca de se dar à

---

8 KONNO, Alyne Yumi. *Registro de Imóveis – Teoria e Prática*. 2. ed. São Paulo: Atlas, 2010, p. 31.

propriedade privada uma função social. Ou, porque não dizer, fazer com que a propriedade privada proporcione utilidade para além de seu titular, na medida em que não é mais apenas este o único beneficiário da propriedade.

Quanto à operacionalização da multipropriedade, talvez alguns pontos mereçam ser revistos. À guisa de exemplo, citamos o fato de que o gravame da multipropriedade se dê via criação de uma matrícula "filha", em clara afronta ao princípio da unicidade matricial.

De todo o modo, é digna de elogios mais esta figura no Direito Civil.

12 DIREITOS REAIS SOBRE COISAS ALHEIAS (*JURA IN RE ALIENA*)

1. INTRODUÇÃO

Já estudamos os institutos da Posse e da Propriedade. E, como vimos, tratam-se de direitos sobre coisas próprias. Sendo a propriedade *direito real* sobre coisa própria, uma vez que a propriedade consiste no poder de alguém sobre determinada coisa; é ser seu dono. E a posse, por sua vez, é a aparência daquele domínio. Portanto, se alguém dá a aparência de ser dono de alguma coisa, significa dizer que é o seu possuidor. Dispensa-se, aqui, a propriedade.

A partir de agora, passaremos a estudar os direitos reais sobre coisas alheias. O que significa ter direito real sobre coisa alheia? Parece estranho...

Ao estudarmos os institutos da posse e da propriedade, tivemos a oportunidade de notar que tais institutos são revestidos dos mais amplos poderes em sua proteção. O proprietário ou o possuidor contam com o direito de sequela (direito de buscar a coisa possuída nas mãos de quem quer que injustamente a possua), a eficácia *erga omnes*, as proteções possessórias (que poderão ser concedidas mesmo liminarmente), etc.

Vimos, portanto, que a posse e a propriedade são direitos dotados dos mais plenos instrumentos para a sua proteção. Sempre, visando à defesa do patrimônio daquele que o possua. Não é sem razão que alguns doutrinadores distinguem os direitos reais dos direitos pessoais como direitos fortes (os primeiros) e direitos fracos (os segundos).

Como então admitir a existência de direitos tão fortes (os direitos reais) sobre as coisas de outras pessoas?

Conforme as palavras de Sílvio Rodrigues

> O direito real mais completo é o domínio, pois confere ao seu titular a prerrogativa de usar, gozar e dispor da coisa, bem como de reivindicá-la de quem quer que injustamente a possua. Entretanto, nada impede que um ou alguns dos poderes elementares do domínio dele se destaquem para se incorporarem ao patrimônio de outrem. Essa pessoa, em cujo patrimônio tal poder se incorporou, passa a ser titular de um direito sobre a coisa alheia. (RODRIGUES, 2004, p. 251).

E continua, citando Lafayette Rodrigues Pereira:

> O domínio é suscetível de se dividir em tantos direitos elementares quantas são as formas por que se manifesta a atividade do homem sobre as coisas corpóreas. E cada um dos direitos elementares do domínio constitui em si um *direito real* tais são o direito de usufruto, o de uso, o de servidão. (*in* RODRIGUES, 2004, p. 251, "Direito das Coisas", § 1°)

Aproveitando então os exemplos deixados por Lafayette, tentaremos explicar como se dá o exercício do direito real sobre coisa alheia.

Vejamos por exemplo o usufruto. Já observamos, no estudo da propriedade, que goza da propriedade, em sua forma plena, aquele que pode *usar, gozar, fruir, dispor* e *reivindicar* seus bens.

No entanto, nada impede que o proprietário, ou mesmo o possuidor de determinado bem, abra mão de um desses direitos em favor de terceira pessoa.

Se sou proprietário de uma residência, tenho sobre ela o direito de usar, gozar, fruir e dispor, bem como de reivindicá-la das mãos de quem quer que injustamente a possua ou detenha. Afinal, tenho a sua propriedade. E se por um mecanismo jurídico eu transmitisse tal propriedade a alguém, mas, conservando para mim os direitos de usar, gozar e fruir, até a minha morte? A casa já não é mais de minha propriedade, porém tenho o direito de usá-la, gozá-la e dela fruir. Então, estou exercendo direitos reais sobre coisa de terceira pessoa. Direitos reais sobre coisa alheia.

Tais direitos são de natureza real, portanto. E, assim como a propriedade, contam com as mesmas características: eficácia *erga omnes*, direito de sequela, crédito privilegiado no caso de concurso de credores, ações reais (proteções possessórias), etc.

2. ESPÉCIES

O nosso Código Civil enumera, de forma taxativa (*enumeração taxativa; numerus clausus*) as espécies de direitos reais sobre coisas alheias admitidas em nosso ordenamento jurídico. São elas: I – a propriedade; II – a superfície; III – as servidões; IV – o usufruto; V – o uso; VI – a habitação; VII – o direito do promitente comprador do imóvel; VIII – o penhor; IX – a hipoteca; X – a anticrese; XI – a concessão de uso especial para fins de moradia; XII – a concessão de direito real de uso (estas duas últimas modalidades, incluídas no Código Civil pela Lei 11.481, de 2007). Doze espécies, portanto.

Muito se discute acerca da natureza da posse, como sendo também um direito real. Há doutrinadores que negam tal classificação à posse, por não ser ela um direito, mas mero fato. É o caso de Sílvio Rodrigues e Clóvis Beviláqua. Outros há, no entanto, que lhe atribuem a condição híbrida de ser um fato em si, mas capaz de originar direitos reais. Seria, portanto, a posse sim, mais um direito real. Estamos com estes últimos doutrinadores: Caio Mário e Lafayette.

Como vimos, os direitos reais são os que gozam de maior eficácia em nosso ordenamento jurídico. Nosso ordenamento confere aos direitos reais instrumentos poderosíssimos para a sua proteção, para a garantia de quem o tem como crédito e para o seu gozo.

Justamente por serem tão poderosos, o legislador não poderia jamais deixar à mercê do cidadão comum a faculdade de atribuir a qualquer negócio ou ato jurídico a qualidade de direito real. Tal atitude enfraqueceria essa categoria de direitos.

3. DAS VÁRIAS ESPÉCIES DE DIREITOS REAIS SOBRE COISAS ALHEIAS

Entre as doze espécies de direitos reais existentes em nosso ordenamento jurídico, existe uma distinção importante quanto a suas finalidades.

Algumas espécies de direitos reais sobre coisas alheias têm como finalidade: 1) proporcionar o uso, o gozo e a fruição sobre a coisa de outrem; 2) outras (direito do promitente comprador do imóvel) visam assegurar a aquisição da propriedade de um imóvel que, por qualquer motivo, ainda não possa ser transcrito, quando da celebração do contrato de compra e venda; 3) uma terceira categoria tem como finalidade, garantir um crédito; e 4) uma quarta categoria de direitos reais sobre coisas alheias, surgida com a Lei 11.481/2007, tem por finalidade servir de instrumento à regularização fundiária urbana em áreas carentes.

Portanto, quanto à finalidade de cada uma das espécies de direitos reais sobre coisas alheias, podemos dividi-los em: a) de gozo; b) de aquisição; c) de garantia; d) sociais.

São direitos reais sobre coisas alheias de gozo: a superfície, as servidões, o usufruto, o uso e a habitação.

São direitos reais de garantia: o penhor, a hipoteca, a anticrese e a propriedade fiduciária.

O direito real de aquisição é constituído pelo chamado "direito do promitente comprador do imóvel".

São direitos reais sociais: o direito real de uso e o direito especial de uso para fins de moradia.

Assim, poderíamos dividir para fins puramente didáticos o artigo 1.225 do Código Civil da seguinte forma:

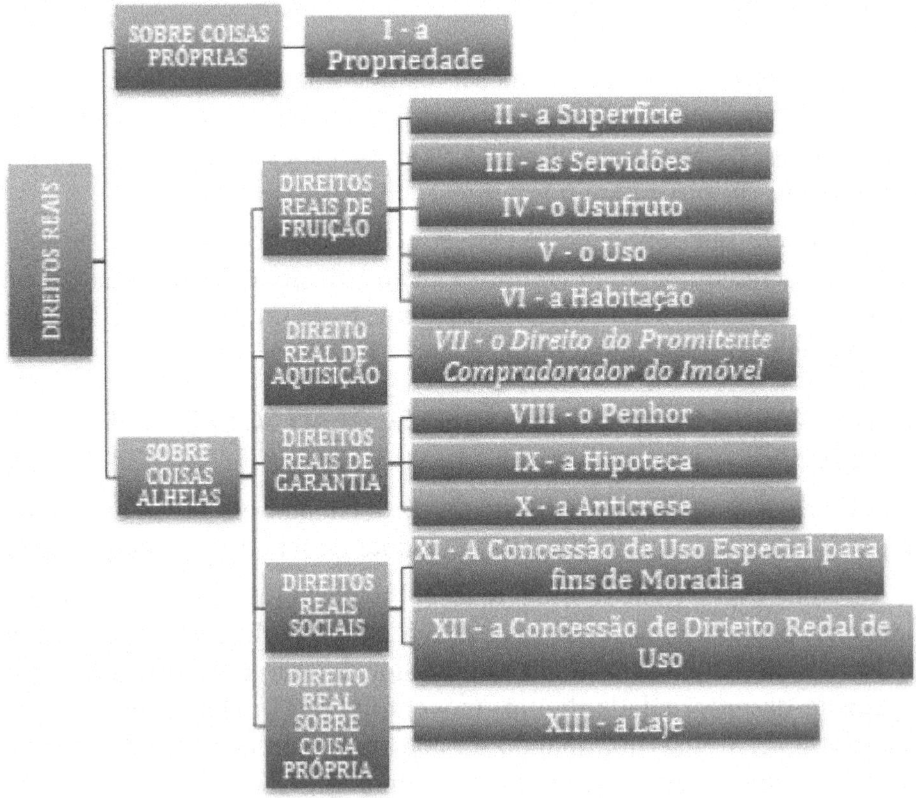

4. DA CONSTITUIÇÃO E DA DESCONSTITUIÇÃO DOS DIREITOS REAIS SOBRE COISAS ALHEIAS

Qualquer que seja a modalidade de direito real sobre coisa alheia (de fruição, aquisição ou de garantia) a sua constituição se dará por contrato ou por declaração unilateral de vontade.

Os direitos reais de garantia sobre coisa alheia se darão por contrato. Contrato esse, acessório. Isso porque, a garantia a ser oferecida, certamente está sendo dada para garantir um crédito gerado em um contrato principal.

Os direitos reais de fruição sobre coisas alheias, já não são revestidos pela acessoriedade. Eles são o objetivo principal do negócio jurídico.

Seja qual for a espécie de direito real sobre coisa alheia, o negócio jurídico não basta, por si só, para a sua constituição. Mister se faz a tradição da coisa (se móvel) ou a transcrição do bem (se imóvel) para a conclusão válida do negócio jurídico que tenha por fim a constituição daquele direito. É a regra dos artigos 1.226 e 1.227 do Código Civil.

Daí porque podemos falar que a constituição dos direitos reais (e aqui vale tanto para os direitos reais sobre coisa própria, como para os direitos reais sobre coisa alheia) se perfaz em duas etapas distintas: uma primeira que gera apenas direito pessoal entre as partes. E uma segunda que gera efeito contra todos.

Imaginemos, por exemplo, a constituição de uma hipoteca sobre um determinado imóvel. O contrato de financiamento com cláusula hipotecária trata de uma relação jurídica que só criou o vínculo entre credor e devedor. Afinal, trata-se de uma relação jurídica ainda meramente pessoal, obrigacional. Quando levado a registro no cartório de imóveis, aí sim, esse contrato ganha o *status* de direito real, e passa a ter eficácia contra todos (eficácia *erga omnes*). Agora sim, essa relação jurídica passa a ser real.

Da mesma forma que o direito real se constitui em dois momentos distintos (contrato = constituição de um direito pessoal, e registro = constituição de um direito real), o cancelamento do direito real também se dá em dois momentos distintos. Ou seja: não basta que a relação jurídica de cunho pessoal tenha terminado. Se o registro não for *cancelado*, o direito real subsistirá face a terceiros.

Tomemos, por exemplo, aquela hipoteca acima exemplificada: ainda que o devedor já tenha pagado integralmente a sua dívida para com o credor (ou seja, a relação obrigacional entre ambos já se exauriu), enquanto não for cancelado o registro daquela hipoteca, esta continuará recaindo sobre a coisa e exercendo efeitos sobre terceiros.

Por isso que costumamos comparar os direitos reais como uma pequena escada de dois degraus: você não chega ao seu topo sem *subir* as duas fases, como também não chega ao solo sem *descer* as duas fases.

Nos direitos reais sobre coisas alheias, seja de fruição ou de garantia, necessariamente haverá simultaneidade de, pelo menos, dois titulares de direitos diversos (um com a posse e o outro com a propriedade), recaintes sobre a mesma coisa. Ex.: sobre o imóvel enfitêutico, o senhorio direto de um lado (com a propriedade) e o enfiteuta do outro (com a posse); sobre o imóvel dado em usufruto, o nú-proprietário de um lado (com a propriedade) e o usufrutuário de outro (com a posse), etc.

A partir deste capítulo, pedimos ao leitor que grave em sua mente o gráfico abaixo. Ele representa, exatamente, o que ocorre com a propriedade privada, quando esta é atingida por um dos institutos dos direitos reais sobre coisas alheias (seja de fruição, aquisição ou garantia):

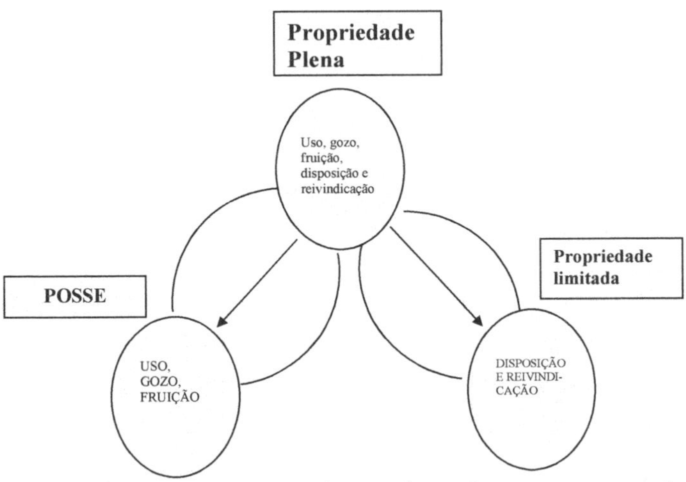

Explicamos melhor o demonstrado no desenho: tem a propriedade plena aquele que tem consigo todos os poderes da propriedade, a saber: usar, gozar, fruir, dispor e reivindicar. A partir do momento em que este proprietário pleno transfere para outrem, a título de direito real, um ou alguns desses poderes, mantendo consigo os atributos da disposição e reivindicação (essenciais para que continue sendo proprietário da coisa), então, sua propriedade deixa de ser plena e passa a ser limitada. A terceira pessoa a quem um ou alguns dos atributos foram repassados assume a condição de possuidor.

Posse esta exercida por força de um direito real sobre coisa alheia (de fruição, aquisição ou garantia). Esta posse será *fruendi* (de fruição) se o seu titular puder fruir da coisa (direitos reais de fruição) ou, *meramente garantidora*, em se tratando dos direitos reais de garantia, quando a posse recebida pelo credor em garantia de seu crédito (no caso do penhor) não pode ser gozada por este último, a menos que haja expressa permissão legal. É o que ocorre, por exemplo, na propriedade fiduciária, quando por permissão expressa do artigo 1.363, o devedor (que conserva a posse do bem dado em garantia real, tendo transmitido a sua propriedade a título de garantia ao credor), pode, às suas custas e risco, usar a coisa segundo a sua destinação.

Comecemos, pois, a falar dos *direitos reais de fruição sobre coisa alheia* (de enfiteuse a habitação), e, posteriormente, cuidaremos dos *direitos reais de garantia sobre coisa alheia* (penhor, propriedade fiduciária, hipoteca e anticrese).

13 DA ENFITEUSE (AFORAMENTO OU EMPRAZAMENTO)

1. INTRODUÇÃO

Apesar de o instituto da enfiteuse não ser mais tratado no Código Civil atual, não está correto dizer que o referido instituto fora extinto por tal ordenamento. E nem poderia sê-lo. Ora, uma das principais características da enfiteuse está na sua *perpetuidade*. Ou seja: a enfiteuse se estende além da vida de seus titulares. Logo, não poderia qualquer legislação desconhecer o ato jurídico perfeito e o direito adquirido e pôr fim às relações jurídicas havidas antes de sua entrada em vigor.

Ademais, o próprio Código Civil atual, em suas disposições finais e transitórias, dispõe entre as suas regras de direito intertemporal a seguinte regra:

> Art. 2.038. Fica proibida a constituição de enfiteuses e subenfiteuses, subordinando-se as existentes, até sua extinção, às disposições do Código Civil anterior, Lei nº 3.071, de 1º de janeiro de 1916, e leis posteriores.
>
> § 1º Nos aforamentos a que se refere este artigo é defeso:
>
> I – cobrar laudêmio ou prestação análoga nas transmissões de bem aforado, sobre o valor das construções ou plantações;
>
> II – constituir subenfiteuse.
>
> § 2º A enfiteuse dos terrenos de marinha e acrescidos regula-se por lei especial.

2. ESBOÇO HISTÓRICO

Ainda é incerta a origem do instituto da enfiteuse. Alguns doutrinadores atribuem a sua criação ao povo grego, de onde teria seguido para Roma pelas províncias helênicas (MONTEIRO, 1998, p. 252).

Outros autores, embora reconheçam que a origem do étimo seja grega, discutem se é esta também a origem do instituto (PEREIRA, 1998, p. 168).

E outros autores há, por fim, que afirmam que o instituto da enfiteuse, tal como o conhecemos hoje, é o resultado da hibridação ocorrida entre dois institutos muito semelhantes na Antiguidade: a *emphyteusis*, do Direito Grego e a *ager vectigales*, do antigo Direito Romano (o arrendamento público romano).

Orlando Gomes assim narra o que teria ocorrido àquela época:

> (...) As cidades concediam a particulares, mediante arrendamento a longo prazo, terras incultas, para que as cultivassem. Esses arrendamentos para o aproveitamento econômico da terra, que eram temporários, tornaram-se, a pouco e pouco, perpétuos, desde que se veio a admitir que o terreno arrendado não poderia ser retomado, enquanto o arrendatário estivesse pagando pontualmente a renda. Tais terrenos eram denominados *fundum vectigalem*, e passaram a ser arrendados *in perpetuum*. O direito dos que os recebiam transformou-se, assim, em direito real. Posteriormente, os particulares, senhores de vastas propriedades inexploradas, imitaram o exemplo das cidades. Os imóveis sujeitos a tais arrendamentos passaram a denominar-se *proedia emphiteutica*, constituindo objeto de genuíno direito real. E, assim, o direito de enfiteuse veio a se confundir com o direito sobre o *ager vectigales.* Com a fusão realizada por Justiniano, que, segundo Windscheid, consubstanciou o *jus in fundo vectigali* e a enfiteuse do Império do Oriente, o instituto adquiriu os contornos que o individualizam como espécie inconfundível de direito real. (GOMES, 1997, p. 264).

Certo é, portanto, que o instituto da enfiteuse, tal como o conhecemos hoje, possui, indiscutivelmente, raízes gregas.

Desde aquela época, o instituto da enfiteuse era largamente usado no intuito de ocupar e povoar as terras longínquas, garantindo a sua proteção aos imperadores contra bárbaros que as tentassem conquistar.

Portanto, o fim da enfiteuse não era outro senão tornar produtivas as terras virgens sobre as quais não havia qualquer espécie de ocupação ou destinação econômica. Tanto assim que outro não é o significado da origem etimológica da palavra "enfiteuse": *en + phyteusis = plantar, cultivar, semear.*

E foi com esse mesmo propósito que o direito português adotou o instituto da enfiteuse.

Lembremos que Portugal foi, entre os séculos XIII e XVI, um dos maiores conquistadores, responsável pela conquista da maior parte das terras àquela época descobertas. E Portugal necessitava de instrumentos jurídicos que o possibilitasse ocupar e tornar as suas terras produtivas, assegurando, assim, o seu domínio. Como não era possível que o Estado português estivesse sempre presente em todas as suas terras, a enfiteuse se encaixava perfeitamente na solução do problema: nada melhor que conferir o direito de utilização daquelas terras a alguém, mantendo intacto o direito de propriedade em nome da família real portuguesa. E assim foi feito.

Ao nos reportarmos à história do Brasil, nos lembramos das *sesmarias*, que eram trechos de terras cedidos pelo governo português a diversos *donatários*. Essa cessão não se tratava de mera *doação*, já que não era interesse do Estado português perder a propriedade dessas terras para ninguém. A cessão destes direitos não era, então, outra coisa, senão o direito de enfiteuse.

Com a evolução do Estado brasileiro e a adoção do sistema jurídico português, com as *Ordenações Afonsinas, Manuelinas e Filipinas*, o instituto da enfiteuse foi incorporado definitivamente ao nosso direito, vindo a surgir, então, no nosso Código Civil de 1916.

Este fato explica a existência, ainda hoje, de vários imóveis enfitêuticos, de propriedade da família real portuguesa, nos estados do nordeste brasileiro, Rio de Janeiro e áreas litorâneas.

Ainda hoje, entes públicos, como municípios, estados e a União, constituem direito de enfiteuse sobre grandes áreas em que o Poder Público não tem condições de, por si só, exercer a posse e dela auferir lucros.

3. CONCEITO

Do que dispõem os artigos 678 e 679 do Código Civil de 1916, podemos conceituar o que seja *enfiteuse*:

> Art. 678. Dá-se a enfiteuse, aforamento ou emprazamento, quando por ato entre vivos, ou de última vontade, o proprietário atribui a outrem o domínio útil do imóvel, pagando a pessoa, que o adquire, e assim se constitui enfiteuta, ao senhorio direto uma pensão, ou foro anual, certo e invariável.

Portanto, o direito real de enfiteuse se constitui na cessão, por parte do proprietário do imóvel (que neste instituto recebe o nome de senhorio direto), de toda a utilidade que este pode oferecer (o chamado domínio útil) àquele que pagar, em contraprestação, uma quantia anual, certa e invariável. O beneficiário deste direito recebe o nome de *enfiteuta* ou de *senhorio útil*, em uma clara alusão à utilidade do imóvel que só cabe a ele retirar.

O direito de enfiteuse é perpétuo, ou seja, de duração infinita. A enfiteuse por prazo determinado não passa de mero arrendamento:

> Art. 679. O contrato de enfiteuse é perpétuo. A enfiteuse por tempo limitado considera-se arrendamento, e como tal se rege.

Da perpetuidade que reveste o direito de enfiteuse, nasceu o nome *emprazamento* ou *aprazamento*, que também é utilizado como sinônimo de enfiteuse. O nome emprazamento (ou aprazamento) traz bem a conotação de *sem prazo*. E esta é, como vimos, uma das características fundamentais da enfiteuse: a total ausência de prazo para sua vigência.

A enfiteuse só pode ocorrer sobre terras incultas ou sobre aquelas destinadas à edificação. É o que dispõe o artigo 680 do Código Civil de 1916.

Assim, valendo-nos novamente do gráfico geral dos direitos reais sobre coisas alheias temos:

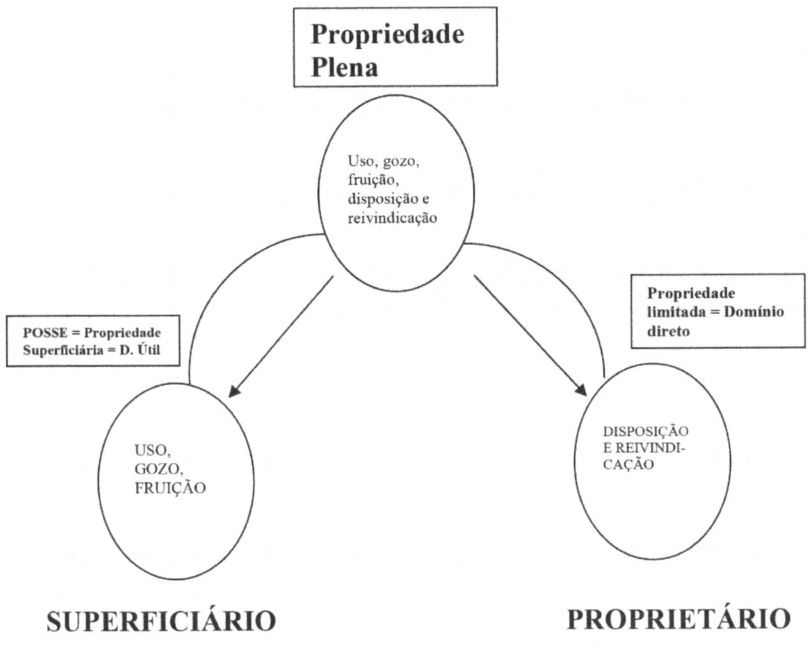

4. MODO DE CONSTITUIÇÃO

Como dispõe o artigo 678 do Código Civil de 1916, a enfiteuse pode ser constituída por ato entre vivos ou *causa mortis*. Vale dizer: por contrato ou por testamento. Tanto em uma modalidade quanto na outra, contudo, a constituição da enfiteuse somente se efetivará com a sua devida transcrição no competente cartório de registro de imóveis.

5. DO PAGAMENTO DO FORO

A contraprestação para o exercício do direito de enfiteuse é o pagamento do foro. Foro, como conceitua o artigo 678 do Código Civil de 1916, é uma pensão anual, de valor certo e invariável, paga pelo senhorio útil ao senhorio direto pelo exercício de seu direito de enfiteuse.

O não pagamento do foro por três anos consecutivos é motivo para a extinção da enfiteuse, por sentença judicial, em que será aplicada ao senhorio útil a pena de *comisso*. Nesse caso, é resguardado ao foreiro o direito ao ressarcimento pelas benfeitorias que aderem ao terreno (construções e plantações).

O fato de o prédio tornar-se estéril ou ainda, a perda parcial deste, não cria a faculdade, ao foreiro, de remir (de deixar de pagar) o foro. Nesse caso, cabe ao foreiro, se for de seu interesse, abandonar o prédio ao senhorio direto e, independente de seu consenso, fazer inscrever a sua renúncia no competente cartório de registro de imóveis (artigo 687 do Código Civil de 1916).

6. DIREITOS E DEVERES DO ENFITEUTA

São direitos do enfiteuta:

I – Retirar do imóvel enfitêutico toda a utilidade e rendimentos que lhe proporcionar a coisa, sem necessidade de qualquer consentimento prévio do senhorio direto;

II – Direito de preferência na eventualidade do senhorio direto vir a desejar vender o imóvel enfitêutico. Caso o enfiteuta queira usar deste direito de preferência, deverá declarar, dentro de 30 dias, por escrito, datado e assinado, que quer a preferência na alienação, pelo mesmo preço e nas mesmas condições oferecidas aos terceiros;

III – Doar, dar em dote, ou trocar o seu direito de enfiteuse por coisa não fungível. Para tanto, deverá avisar o senhorio direto, dentro de 60 dias, contados do ato da transmissão, sob pena de continuar responsável pelo pagamento do foro;

IV – Alienar o seu direito de enfiteuse, dando preferência ao senhorio direto, que terá 30 dias para se manifestar sobre seu desejo;

VI – Constituir a coisa aforada com qualquer espécie de direito real, inclusive oferecendo o seu direito de enfiteuse como garantia real. Sempre com a condição de que se extinguirão com a cessação do aforamento;

VII – Direito de resgate. Entende-se por direito de resgate, o direito do enfiteuta de adquirir a propriedade plena após decorridos 10 (dez) anos de exercício do direito de enfiteuse. O resgate se dará com o pagamento pelo foreiro de importância equivalente a 10 (dez) pensões anuais, acrescida de um laudêmio, no valor de 2,5 % deste valor, extinguindo-se, assim, o aforamento e consolidando-se a propriedade plena em favor do antigo enfiteuta;

VIII – Embora perca o direito de enfiteuse com o não pagamento do foro por 03 (três) anos consecutivos, o enfiteuta tem direito a ser ressarcido pelas benfeitorias que se agregarem ao imóvel (construções e plantações);

São deveres do enfiteuta:

I – O pagamento do foro anualmente;

III – Satisfação de todos os impostos e ônus reais atinentes ao imóvel enfitêutico;

IV – Dar preferência ao senhorio direto da venda do imóvel enfitêutico, garantindo-lhe as mesmas condições oferecidas a terceiros;

V – Os bens enfitêuticos transmitem-se *causa mortis* aos herdeiros do foreiro. Contudo, estes não podem dividir o imóvel enfitêutico sem o consentimento do senhorio direto.

7. DIREITOS E DEVERES DO SENHORIO DIRETO

São direitos do senhorio direto:

I – Recebimento do foro;

III – Ter a preferência de compra, no caso de alienação do direito de enfiteuse, em igualdade de condições dadas a terceiros. O exercício deste direito por parte do senhorio direto está condicionado às mesmas condições reservadas ao foreiro quanto à aquisição da propriedade já acima mencionada;

IV – Caso o bem enfitêutico venha a ser penhorado por dívida, o senhorio direto tem direito de ser citado para exercer o seu direito de preferência no caso de arrematação ou adjudicação.

São deveres do senhorio direto:

I – Não perturbar o direito de enfiteuse por parte do foreiro, não limitando-lhe no exercício de seu direito;

II – Observar o direito de preferência.

8. DA SUCESSÃO NA ENFITEUSE E DA ELEIÇÃO DE CABECEL

Na enfiteuse, há verdadeira pluralidade de sucessões. Uma sucessão que se refere ao direito de propriedade e outra sucessão que se refere ao direito de enfiteuse. Como são direitos reais distintos, estes não se confundem. E o titular de um não é o mesmo titular do outro. Dessa forma, os herdeiros do senhorio direto herdarão apenas o direito de propriedade. Os herdeiros do enfiteuta herdarão apenas o direito real de enfiteuse. Portanto, as sucessões correrão paralelamente.

Vamos ilustrar com um exemplo para que possamos visualizar melhor o significado dessas palavras.

Vamos dizer que "A" seja o senhorio direto e "B" o enfiteuta. "A" possui três filhos e "B" também possui três filhos. Com a morte de "A", seus três filhos adquirirão o direito de propriedade que era de seu pai. Como "A" era o senhorio direto, com sua morte, seus três filhos passam a ser os proprietários e a condição de senhorios diretos passa para os herdeiros de "A". O direito de propriedade que antes pertencia apenas a "A", agora se encontra em uma situação de condomínio. O imóvel possui três proprietários.

Enquanto isso, caso "B" venha a falecer, os seus três filhos herdam o seu direito de enfiteuse. No entanto, este direito não poderá ser dividido em glebas. Se no caso dos herdeiros de "A", estes se tornarão condôminos e o imóvel aforado poderia ser dividido em quotas-partes entre os herdeiros, o mesmo não poderá ocorrer em relação aos herdeiros de "B", sem o consentimento do senhorio (ou dos senhorios) direto. Desta forma, os três filhos de "B" continuarão exercendo o direito de enfiteuse em conjunto.

Para que se possa determinar a pessoa que deverá representar os foreiros perante o senhorio direto, aqueles deverão eleger entre eles, no prazo de 06 (seis) meses, um *cabecel*, sob pena de devolver ao senhorio direto o direito da escolha.

Feita a escolha do cabecel, todas as ações do senhorio contra os foreiros serão propostas contra o cabecel, salvo a este o direito de regresso contra os outros pelas respectivas quotas (art. 690 do Código Civil de 1916).

Caso o cabecel não seja eleito entre os foreiros dentro de 6 (seis) meses, o direito de se fazer aquela escolha passa para o senhorio direto.

9. DA EXTINÇÃO DA ENFITEUSE

Extingue-se a enfiteuse:

I – Por renúncia do enfiteuta;

II – Por mútuo acordo entre o enfiteuta e o senhorio direto;

III – Pela natural deterioração do prédio aforado, quando chegue a não valer o capital correspondente ao foro e mais um quinto deste;

IV – Pelo comisso, deixando o foreiro de pagar as pensões devidas, por 3 anos consecutivos, caso em que o senhorio direto o indenizará pelas benfeitorais necessárias;

V – Falecendo o enfiteuta, sem herdeiros, salvo o direito dos credores;

VI – Pela *confusão* entre enfiteuta e senhorio direto.

10. A AQUISIÇÃO DA ENFITEUSE PELA USUCAPIÃO

A enfiteuse pode ser adquirida via usucapião. No entanto, essa modalidade de aquisição do direito de enfiteuse é raríssima. De início, convém advertir que não é possível, uma vez criada a enfiteuse (por contrato ou por testamento), o enfiteuta adquirir a propriedade do bem enfitêutico em prejuízo do senhorio direto.

O que é possível ocorrer é a aquisição do direito de enfiteuse via usucapião, e não o direito de propriedade. São apenas 3 as hipóteses que permitem a aquisição do direito de enfiteuse via usucapião, a saber:

a) quando alguém, sem título de enfiteuta, cumpre com as obrigações de foreiro pensando que assim o é, e o proprietário desse bem se comporta como senhorio, recebendo o foro, o decurso do tempo sana a falta de título, convertendo a posse no direito real de enfiteuse;

b) o mesmo ocorre quando alguém, pensando ser foreiro, cumpre com suas obrigações perante alguém que não é proprietário do imóvel. Nesse caso, o pseudo-foreiro adquire o direito de enfiteuse perante o verdadeiro dono da coisa;

c) por fim, adquire-se o direito de enfiteuse por usucapião quando o dono do imóvel, ignorando o seu direito de propriedade, possui o bem como enfiteuta.

14 DA SUPERFÍCIE

1. CONCEITO

O Código Civil de 2002 ressuscitou um velho instituto de direito real de fruição: a *superfície*.

Trata-se a superfície, assim como a enfiteuse, do desmembramento da propriedade em dois domínios: um domínio útil (destinado àquele que retirará da coisa a sua utilidade) e um domínio direto (que caberá ao titular da propriedade).

Quanto à origem do Direito Real de Superfície (tal qual a enfiteuse) suspeita-se que a mesma tenha chegado ao Império Romano pela conquista das províncias helênicas, quando da tomada da Grécia pelos romanos.

A superfície tem por objetivos os mesmos da enfiteuse, bem como o mesmo *modus operandi* desta, com a única diferença de que a enfiteuse é perpétua e a superfície é por prazo (determinado ou indeterminado, segundo o Estatuto da Cidade – arts. 21 e segs).

A superfície poderia ser tratada mesmo, como *prima-irmã* da enfiteuse, tamanha a semelhança entre os dois institutos. As mesmas disposições aplicáveis ao Direito Real de Enfiteuse continuam sendo aplicadas ao Direito Real de Superfície, como veremos:

Com a constituição da superfície, ocorre o desmembramento da propriedade plena, restando ao proprietário, a propriedade limitada de seu imóvel, enquanto que a posse (ou o domínio útil = direito de explorar o imóvel tirando dele todo o tipo de produção) é transmitida ao *superficiário. In casu*, *superficiário* é este possuidor que exerce o direito real de fruição (superfície) sobre a propriedade do outro. Mais uma vez nos valeremos do gráfico geral dos direitos reais sobre coisas alheias para ilustrarmos o funcionamento da superfície:

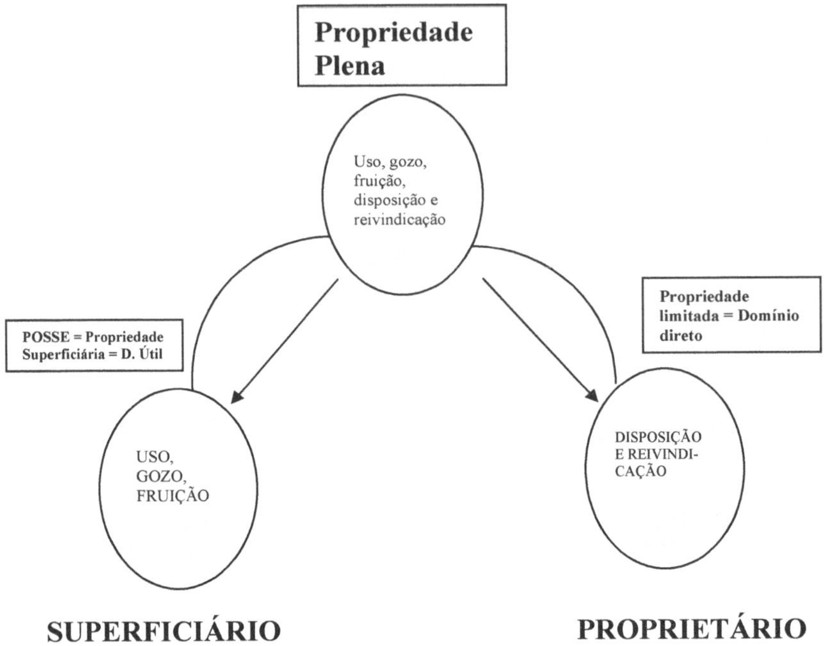

Assim, o direito de Superfície poderia ser definido como

> direito real sobre coisa alheia, autônomo, temporário ou perpétuo[1], de fazer uma construção ou plantação sobre ou sob o solo alheio, ficando a construção ou plantação da propriedade de quem constrói ou planta, bem como é o direito de manter essa propriedade sobre o solo alheio. (LIRA, 2003, p. 541)

Ainda segundo o professor Ricardo Pereira Lira:

> O fenômeno da edificação (*inaedificatio*) e da plantação (*plantatio*) é dominado pelo princípio s*uperfícies solo cedit,* por força do qual tudo que se planta ou constrói em solo alheio é da propriedade do dono do solo (*dominus soli*).
>
> Esse é o princípio que prevalece em nosso ordenamento.

1 Discordamos do autor quanto a esta possibilidade. Afinal, nem no Código Civil, nem no Estatuto da Cidade, o Direito Real de Superfície admite a figura da perpetuidade.

> Pode ocorrer contudo a *suspensão* dos efeitos da acessão, quando se terá a superfície temporânea, ou a *interrupção* dos efeitos da acessão, quando se consubstanciará caso de superfície perpétua. Não incidirá, nesses casos, o princípio *superficies solo cedit*, pois a propriedade do incremento (construção ou plantação) é de quem o realizou, continuando o terreno do domínio do dono do solo.
>
> Essa suspensão ou interrupção resulta do direito de superfície.
>
> O direito de superfície suspende ou interrompe os efeitos da acessão, de forma que alguém constrói ou planta sobre solo alheio, ficando com a propriedade (superficiária) da construção ou plantação, distinta da propriedade do dono do solo. (LIRA, 2003, p. 541)

2. DO FUNCIONAMENTO DO DIREITO REAL DE SUPERFÍCIE

O Direito Real de Superfície, ao contrário da enfiteuse que só aceita a modalidade onerosa, pode ser também gratuito. Se oneroso, cabe às partes convencionarem se o pagamento do preço se dará de uma só vez, se em um determinado número de parcelas, ou se em parcelas indeterminadas, a serem pagas enquanto durar o Direito Real de Superfície (esta última possibilidade é a mais comum quando se trata de superfície por prazo indeterminado).

Aqui, o preço a ser pago ao superficiário é chamado de *solarium* ou *cânon superficiário.*

Tal qual ocorre no funcionamento da enfiteuse, com a constituição do Direito Real de Superfície, ocorre uma espécie de divisão do domínio. Dessa forma, a propriedade se divide em dois direitos: o primeiro, que é o direito de propriedade (domínio direto) que subsiste; o segundo, que é o domínio útil (propriedade superficiária) que consiste, exatamente, no direito da terceira pessoa que se fez superficiário, poder utilizar do imóvel, tirando dele toda a sua utilidade, no lugar do proprietário. Portanto, surgem assim, dois patrimônios autônomos. E sobre cada um destes patrimônios podem ocorrer atos e negócios jurídicos independentes.

Por exemplo: tal como ocorre na enfiteuse, com o falecimento do proprietário do bem dado em superfície, o direito de propriedade segue para os herdeiros de propriedade. Esta continuará existindo, paralelamente ao direito de superfície.

E o mesmo ocorre com o direito real de superfície: se falecer o superficiário, este direito real é transmitido aos herdeiros daquele, passando paralelamente ao direito de propriedade, sem neste intervir e sem deste sofrer qualquer interferência.

Por se constituírem, portanto, em patrimônios autônomos, tanto o proprietário, quanto o superficiário, podem vender os direitos reais que cada um tem sobre a coisa (propriedade e direito real de superfície), sem necessidade de qualquer consentimento um do outro. É necessário, somente, que um dê ao outro o direito de preferência na compra (à semelhança do que ocorre na enfiteuse).

Os encargos do imóvel superficiário devem ser arcados pelo superficiário, afinal, é ele quem tira os benefícios que o imóvel gera.

É lícito que as partes convencionem a finalidade que será dada ao imóvel durante aquele contrato de superfície.

Tal interferência por parte do proprietário do terreno na atividade a ser ali exercida pelo superficiário é perfeitamente compreensível. Afinal, findo o contrato de superfície, a propriedade plena sobre aquele imóvel será restabelecida. Então, o proprietário deverá arcar com as condições que o imóvel lhe for devolvido pelo superficiário. Esta interferência não fazia sentido na enfiteuse, uma vez que neste instituto, o imóvel passará *perpetuamente* para o enfiteuta.

Assim, é lícito que, se o superficiário der ao terreno destinação diversa daquela que foi fixada em contrato, poderá o proprietário do imóvel dar fim ao contrato de superfície antes do termo convencionado.

Ao Direito Real de Superfície não se aplica a regra do artigo 1.255 do Código Civil (*superficies solo cedit*), por força do qual tudo que se planta ou constrói em solo alheio é da propriedade do dono deste solo. Portanto, por força de te tal princípio, consubstanciado em nosso Código Civil no artigo 1.255 aquele que construiu de boa-fé em imóvel alheio, perde o que nele construiu, tendo, entretanto o direito de ser indenizado por suas obras se agiu de boa-fé.

Explicamos melhor: em regra, todo aquele que constrói sobre imóvel alheio, perde o que nele construiu (*superficies solo cedit*), mas tem direito de ser indenizado, se agiu de boa-fé (art. 1.255 do Código Civil). Entretanto, no Direito Real de Superfície, essa regra é quebrada. Aqui, ocorre *exatamente o contrário*. O superficiário *perde tudo o que construiu no imóvel cedido em superfície, e só fará jus a indenização se tal possibilidade for expressamente mencionada no contrato constitutivo daquela superfície*.

3. O DIREITO REAL DE SUPERFÍCIE NO CÓDIGO CIVIL E NO ESTATUTO DA CIDADE

Antes de voltar ao nosso ordenamento jurídico por meio do Código Civil, o Direito de Superfície já havia chegado até nós por meio da Lei 10.257/2001 que, entre os artigos 21 a 24, cuidou do direito de superfície em áreas urbanas.

Sendo assim, o Direito de Superfície encontra-se tutelado em dois ordenamentos distintos: entre os artigos 21 e 24 do Estatuto da Cidade (Lei 10.257 de 2001), e no Código Civil, entre os artigos 1.369 a 1.377 (Lei 10.406 de 2002).

Temos aí, portanto, uma questão de conflito aparente de normas:

a) O direito de superfície previsto no Estatuto da Cidade teria sido revogado pelo Código Civil, já que esta lei é mais nova que o Estatuto da Cidade?

b) O Estatuto da Cidade, por ser regra especial, revogaria as disposições relativas ao direito de superfície no Código Civil?

c) Uma terceira possibilidade: por ser o Estatuto da Cidade norma específica do direito administrativo, não seria, então, o direito de superfície tratado naquele ordenamento destinado apenas às pessoas de direito público, ficando o direito de superfície previsto no Código Civil destinado a este instituto quando aplicado aos particulares?

Pois bem: é esta última corrente a que melhor tem encontrado amparo na doutrina e jurisprudência.

Com efeito, tem-se entendido que o direito de superfície realizado em áreas urbanas, envolvendo particulares e o poder público será regido pelo que dispõe o Estatuto da Cidade a respeito daquela matéria, restando o instituto da superfície tratado no Código Civil para quando aquele instituto for celebrado entre particulares, sem a participação do poder público, bem como, para atender subsidiariamente ao Estatuto da Cidade naquilo em que for omisso.

Ainda nas palavras do professor Ricardo Lira:

> Importa salientar que, com a entrada em vigor do novo Código Civil em 11 de janeiro de 2003, as disposições nele constantes relativas ao direito de superfície não revogarão[2] aquelas já em vigor e que foram editadas com o Estatuto da Cidade. (LIRA, 2002)

---

[2] Esta frase foi construída no tempo futuro por se tratar o texto citado de artigo do professor Ricardo Lira no ano de 2002.

> Não incide no caso a regra da lei de introdução segundo a qual a lei posterior, que regula inteiramente a matéria tratada na lei anterior, a revoga. Isso porque o direito de superfície contemplado no Estatuto da Cidade é um instituto de vocação diversa daquele previsto no novo Código Civil, voltado aquele para as necessidades do desenvolvimento urbano, editado como categoria necessária à organização regular e equânime dos assentamentos urbanos, como fator de institucionalização eventual da função social da cidade. No novo Código Civil, o direito de superfície será um instrumento destinado a atender a interesses e necessidades privadas. (LIRA, 2003, p. 554)

Por fim, vale aqui chamar a atenção para algo lamentável: infelizmente, o nosso Código Civil, não foi tão feliz ao tratar da matéria, como o foi o Estatuto da Cidade. O direito de superfície, como tratado no Estatuto da Cidade, encontra-se em sintonia muito maior com as necessidades de nossa sociedade do que ocorre com o direito de superfície no Código Civil.

Naquele diploma, o referido instituto é muito mais aberto, arejado e moderno, enquanto que o direito de superfície como trabalhado em nosso Código Civil, se demonstra engessado, limitado e, porque não dizer, inábil para atender a sociedade moderna com a eficiência que a mesma exige.

A fim de tornar mais fácil a visualização do leitor das diferenças existentes entre ambos os ordenamentos, construímos o quadro abaixo. Perceba que, por menor que possa parecer algumas destas diferenças, a sua repercussão na realidade não é desprezível.

DISTINÇÕES	Direito de Superfície no Estatuto da Cidade	Direito de Superfície no Código Civil
Quanto à localização da área	Somente em áreas urbanas	Áreas urbanas ou rurais
Quanto à extensão do direito cedido	Direito absoluto de explorar o solo como bem quiser	O superficiário tem somente os direitos de construir ou plantar
Quanto ao prazo	Prazo determinado ou indeterminado	Somente por prazo determinado
Quanto à utilização do subsolo e do espaço aéreo	É permitida, condicionada à observância do superficiário às leis e regulamentos administrativos	Não é permitida. Salvo naquelas atividades em que o uso do subsolo for inerente ao objeto da concessão

15 DAS SERVIDÕES

1. CONCEITO E FINALIDADE DAS SERVIDÕES

Assim dispõe o artigo 1.378 do Código Civil brasileiro:

> Art. 1.378. A servidão proporciona utilidade para o prédio dominante, e grava o prédio serviente, que pertence a diverso dono, e constitui-se mediante declaração expressa dos proprietários, ou por testamento, e subseqüente registro no Cartório de Registro de Imóveis.

Pelo que dispõe o artigo *supra* transcrito, podemos destacar alguns elementos específicos das servidões, a saber: a) servidão se dá entre prédios e não entre pessoas; b) para a ocorrência da servidão, necessariamente, deve haver diversidade de proprietários. Não há como haver servidão entre prédios de mesmo proprietário. Nesse caso, o proprietário exerceria o seu direito de propriedade em toda a sua plenitude; c) o dono do prédio que recebe a servidão em favor de outro (o dono do prédio serviente) tem o seu direito de propriedade limitado em favor do prédio que é beneficiado pela servidão (o prédio dominante), já que aquele perde algum ou alguns de seus direitos dominiais, na medida em que fica obrigado a tolerar que o dono do prédio dominante se utilize do prédio serviente para determinado fim.

Como direito real que é, as servidões se fazem acompanhar de todas as características inerentes aos direitos reais, a saber: eficácia *erga omnes*, direito de sequela, proteção dos interditos possessórios, possibilidade de aquisição do direito de servidão via usucapião, etc.

Justamente em virtude do direito de sequela que marca os direitos reais, a servidão acompanhará o prédio nas mãos de quem quer se encontre. Vale dizer: a servidão acompanhará o imóvel nas mutações por que venha a passar, até que se extinga por uma das causas de extinção de que trataremos mais adiante.

2. PRINCÍPIOS

Vários princípios dever nortear o instituto das servidões, a saber:

a) *Não há servidão sobre própria coisa.* Como dissemos acima, para que haja servidão é necessário que haja dois prédios de proprietários distintos. Caso contrário, não haveria servidão, mas mera utilização do direito de usar e gozar de coisa própria, o que constitui o exercício do direito de propriedade (que nada mais é que direito real sobre coisa própria);

b) *Em todas as servidões, apenas serve a coisa, não o dono.* Também já mencionamos acima que a servidão se dá entre prédios e não entre os seus donos. Essa regra distingue *servidão* de *obrigação.* Repetindo as palavras de Washington de Barros:

> (...) Essa regra distingue servidão e obrigação, porquanto o dono do prédio serviente não se obriga à prestação de um fato positivo *(in faciendo)* ou negativo (*in non faciendo*), mas apenas assume o encargo de supostar certas limitações instituídas em favor do dominante. (MONTEIRO, 1998, p. 269);

c) *Não se pode de uma servidão constituir outra.* O dono do prédio dominante não pode estender a servidão para além do prédio serviente. A servidão, como direito real que é, necessita de registro para a sua constituição. Afinal, *a servidão não se presume*, ou seja, para que haja servidão é indispensável o seu registro no cartório de registro de imóveis. Não pode, assim, querer o dono do prédio dominante estender a servidão de seu prédio para limites superiores aos do prédio serviente.

d) *Os prédios devem ser vizinhos.* Os prédios, serviente e dominante, devem ser vizinhos. Não é necessário, contudo, que sejam contíguos.

e) *A servidão não se presume.* Sobre este princípio, já mencionamos anteriormente: a servidão somente se constituirá por meio de registro no cartório de registro de imóveis. Deste princípio decorrem as seguintes consequências, segundo Washington de Barros:

> (...) a) – a servidão deve ser comprovada de modo explícito, cabendo o ônus da prova a quem lhe afirme a existência. No conflito de provas, apresentadas pelo autor e pelo réu, decide-se, na dúvida, contra a servidão; b) – sua interpretação é sempre *stricti juris,* visto implicar,

> invariavelmente, limitação ao direito de propriedade; c) – seu exercício deve ser sempre o menos oneroso possível para o serviente. (MONTEIRO, 1998)

f) *A servidão é indivisível.* Reza o artigo 1.386 que *as servidões prediais são indivisíveis.* Ou seja: a servidão não se adquire nem se perde por partes. O direito de servidão poderá ser, contudo, exercido de forma equânime por todos os possuidores ou proprietários do prédio dominante. Da indivisibiliade das servidões resultam as seguintes consequências:

> (...) a) – a servidão não pode ser instituída em favor de parte ideal do prédio dominante, nem pode incidir sobre parte ideal do prédio serviente; b) – se o proprietário do imóvel dominante se torna condômino do serviente, ou vice-versa, mantém-se a servidão; c) – defendida a servidão por um dos condôminos do prédio dominante, a todos aproveita a ação. (MONTEIRO, 1998, p. 270)

g) *As servidões são inalienáveis.* O dono do prédio dominante não pode cedê-las ou transferi-las a outrem.

h) *As servidões são por prazo indeterminado.* Como uma das principais características dos direitos reais é a sua perpetuidade, podemos dizer que as servidões são perpétuas. Perpétuas no sentido de que existirão até o momento em que um fato extintivo venha causar o seu fim. Daí o porquê de preferirmos afirmar que as servidões são por prazo indeterminado. A perpetuidade aqui atribuída às servidões não possui o mesmo condão da perpetuidade atribuída à enfiteuse. Nesta sim, ocorre a verdadeira perpetuidade.

3. CLASSIFICAÇÃO DAS SERVIDÕES

As servidões recebem quatro ordens de classificação.

Quanto à sua exteriorização (à sua visibilidade), são classificadas em *aparentes* e *não aparentes.*

Quanto ao exercício de sua utilização: se dependem de atos humanos para o seu exercício, são classificadas em *descontínuas.* Se não dependem de tal intervenção humana, são chamadas *contínuas.*

Podem ser classificadas quanto à utilidade para qual cada uma delas são criadas. Por exemplo: se um prédio necessita de um caminho para que se chegue a um determinado ponto, mas, necessariamente, este caminho tiver que passar por dentro de outro imóvel, será criada a chamada *servidão de passagem*. Se um determinado prédio não possui água, e lança mão da água de outro prédio, esta servidão recebe o nome de *servidão de aqueduto*. Se o imóvel é escuro e necessita de passagem de luz, esta servidão recebe o nome de servidão de iluminação.

E, por fim, quanto à sua *origem*, podem ser classificadas em civis, administrativas. Alguns autores, defendem ainda uma outra classificação: as servidões legais. Explicamos melhor.

Diz-se que uma servidão é *civil* quando originada de negócio jurídico celebrado entre particulares. Essa é a servidão que será objeto específico de nosso estudo, regulada pelo Código Civil, e tratada como direito real de fruição sobre coisa alheia.

Nessa modalidade, como já vimos, existem dois prédios distintos: um *dominante* (que se beneficia da servidão) e um *serviente*, que recebe e é obrigado a tolerar tal servidão.

A servidão civil pode ser gratuita ou onerosa, dependendo do que for acordado entre as partes. É originada, portanto, única e exclusivamente da vontade das partes.

Por outro lado, diz-se que uma servidão é *administrativa* quando o seu ato gerador é um ato da administração pública. Nesse caso, o poder público, por ncccssitar utilizar imóvel particular para fazer obras que beneficiem a coletividade (passagem de tubulações, de cabos de energia elétrica, etc.), ao invés de desapropriar tais imóveis, conservam a propriedade destes nas mãos de seus titulares e os indenizam apenas pela limitação que aquele imóvel venha a sofrer.

Temos, portanto, que tal servidão é sempre onerosa. E não existe a figura de dois prédios. Há, nessa modalidade de servidão, apenas o prédio que serve à coletividade (prédio serviente). Não há que se falar aqui em prédio dominante.

Por fim, o que alguns autores chamam de *servidão legal* não passa das normas de direito de vizinhança, por exemplo, a norma que estipula uma distância mínima para construção de janelas ou terraços (art. 1.301 do Código Civil).

Na verdade, toda a confusão a respeito em se se considerar se as *servidões legais* são mais uma categoria de servidões, ou se, ao contrário, não passam de normas de direitos de vizinhança, tem início em Roma.

Lá, diferenciava-se entre as servidões, aquelas celebradas entre as partes, por sua livre e espontânea vontade (*servidões convencionais*), daquelas outras que eram impostas por lei (*servidões legais*).

As chamadas *servidões legais* dos romanos, já não mais existem nos dias de hoje. Aquelas se tornaram os nossos direitos de vizinhança: normas de conduta impostas pelo Estado, visando à convivência harmônica entre os seus vizinhos. Portanto, não se usa mais, nos dias de hoje, em falar de servidões legais. Estas, repita-se, tornaram-se as normas do nosso direito de vizinhança

Tito Fulgência, em sua obra *Direitos de Vizinhança* (1925. Ed. Saraiva, p. 5) esclarece *"que não ha verdadeiras servidões senão as estabelecidas pelo facto do homem; as relações de direito que a lei estabelece entre proprietários vizinhos, não são mais que* obrigações *oriundas do quasi contracto de vizinhança, não há sugeição*[1] *de um prédio a ouro".*

4. MODOS DE CONSTITUIÇÃO

No estudo do instituto das servidões ganha maior interesse as classificações em servidões *contínuas* ou *descontínuas*, *aparentes* ou *não aparentes*. Tal classificação assume primordial importância no momento do estudo das formas de constituição das servidões. Tais classificações podem combinar-se. Portanto, podemos ter servidões contínuas e não aparentes; descontínuas e aparentes; contínuas e aparentes (que permitem a aquisição via usucapião); descontínuas e não aparentes.

As servidões se constituem por ato entre vivos ou *causa mortis*. Podem nascer de um contrato; de ato de última vontade (testamento); de sentença; por destinação do proprietário; por usucapião.

Convém relembrarmos, porém, que quando dizemos que as servidões podem se constituir pelas formas acima enumeradas, tal afirmação, na verdade, carece de rigor científico. Repetindo lição de Sílvio Rodrigues, referidos atos são apenas pressupostos para o nascimento da servidão, que só adquire o *status* de direito real, após o registro no competente cartório imobiliário. "Antes da inscrição, o direito oriundo do negócio jurídico constitutivo de servidão é mero direito pessoal" (RODRIGUES, 2004, p. 273).

Somente as servidões contínuas e aparentes poderão ser constituídas via usucapião. O motivo pelo qual somente essas servidões geram direito à aquisição via usucapião é simples. Como o principal requisito para a aquisição de direito via usucapião é a demonstração da posse e como a posse é a aparência do domínio, vale dizer: a posse é a manifestação visual de um

---

1 A transcrição foi feita em sua vesão original. Eis a razão da grafia estranha aos nossos dias.

estado de fato, então, somente as *servidões aparentes* podem fornecer esta visualidade indispensável àquela *aparência do domínio.*

Por outro lado, se o segundo requisito para a aquisição de direito via usucapião é a *posse ininterrupta*, somente as *servidões contínuas* possuem o requisito de *continuidade, de ininterrupção do exercício da posse.*

A constituição das servidões via usucapião devem atender aos requisitos específicos daquele instituto, previstos nos artigos 1.238 e 1.242 do Código Civil. É o determina o artigo 1.379 daquele mesmo diploma legal:

> Art. 1.379. O exercício incontestado e contínuo de uma servidão aparente, por dez anos, nos termos do art. 1.242, autoriza o interessado a registrá-la em seu nome no Registro de Imóveis, valendo-lhe como título a sentença que julgar consumado a usucapião.
>
> Parágrafo único. Se o possuidor não tiver título, o prazo da usucapião será de vinte anos.

A constituição por *destinação do proprietário* (ou como outros autores preferem chamar, *destinação do pai de família*) é a constituição da servidão que se dá quando, uma mesma pessoa, que possui dois prédios distintos, cria uma serventia visível de um em favor de outro, visando a garantir que, no futuro, a alienação de um daqueles prédios não prejudique o outro, garantindo o exercício manso e pacífico da posse deste naquela servidão.

5. DIREITOS E DEVERES

São direitos do proprietário do prédio dominante:

I – Se a servidão for utilizada por outros prédios, o proprietário do prédio dominante tem o direito de ter as despesas por ele gastas na conservação daquela servidão, rateadas com os proprietários dos demais prédios;

II – Usar e gozar em toda a plenitude a posse sobre a servidão constituída;

III – Alargar a servidão para atender às necessidades de seu prédio.

São deveres do proprietário do prédio dominante:

I – Fazer todas as obras necessárias à conservação da servidão;

II – Restringir o uso da servidão às necessidades do prédio dominante, evitando agravar o encargo do prédio serviente.

São direitos do proprietário do prédio serviente:

I – Abandonar a sua propriedade ao dono do prédio dominante para exonerar-se da obrigação de fazer as obras necessárias à conservação da servidão, caso lhe caiba tal obrigação (fazer as obras de conservação) e não deseje cumpri-la;

II – Remover a servidão, de um local para outro, à sua custa, desde que não diminua em nada as vantagens do prédio dominante;

III – Ser indenizado pelo excesso que o seu imóvel sofrer na hipótese de alargamento da servidão por necessidade do prédio dominante;

IV – Impedir o alargamento da servidão, caso este alargamento tenha se tornado necessário em decorrência da mudança na maneira de exercer a servidão (por exemplo: era uma servidão de pastagem e o dono do prédio dominante a destinou ao exercício de servidão de passagem).

São deveres do proprietário do prédio serviente:

I – Não embaraçar o exercício legítimo da servidão ao proprietário do prédio dominante;

II – Suportar o alargamento da servidão quando assim necessitar o prédio dominante.

6. DA EXTINÇÃO DAS SERVIDÕES

As servidões podem se extinguir por 08 (oito) formas distintas. No entanto, é necessário destacar que, salvo nos casos de desapropriações, a servidão, uma vez transcrita, só se extingue mediante terceiros, quando cancelada no competente cartório de registro de imóveis. Na verdade, tal requisito não é específico para a extinção das servidões somente, mas para todos os direitos reais, seja sobre coisa própria ou sobre coisa alheia.

São as seguintes as formas de extinção da servidão:

I – *Pela confusão.* Uma vez que um dos principais requisitos para a constituição de uma servidão é que haja pluralidade de prédios e que esses pertençam a proprietários distintos, a partir do momento em que os diversos prédios vierem a pertencer ao mesmo proprietário, então, deixa de existir a servidão;

II – *Pela convenção.* Como ato de vontade que é a constituição de uma servidão, basta uma vontade contrária das partes para determinarem também o seu fim;

III – *Pela renúncia*. Toda forma de direito pode ser renunciada. Portanto, a renúncia é forma de extinção para qualquer direito. Entre eles, é claro, o direito de servidão;

IV – *Pelo não uso*. O decurso de lapso temporal de 10 anos sem o exercício do direito de servidão também é motivo de extinção desse direito real. Jamais esquecendo-se, todavia, da necessidade de seu cancelamento junto ao cartório de registro de imóveis.

O não uso de uma servidão variará quanto à sua natureza. Acerca de tais distinções, Caio Mário ensina que:

> (...) A caracterização do não uso depende da natureza da servidão: a) nas *negativas*, reside na circunstância de fazer o dono do prédio serviente aquilo de que se devia abster; b) nas *afirmativas* ou *positivas*, se deixa de fazer aquilo que era obrigado. Importando em *prescrição extintiva*, equivale a uma renúncia tácita, e, como tal, decorrerá de não utilização pelo decurso ininterrupto dos dez anos, ainda que motivada por força maior. (PEREIRA, 1998, p. 192-193)

V – *Pela impossibilidade de exercício* em decorrência de mudança das características dos imóveis serviente e dominante;

VI – *Pelo perecimento*. O perecimento de qualquer um dos prédios sobre os quais recai o direito ocasionará, automaticamente, a extinção da servidão. Ou ainda: o perecimento (ou a perda) do objeto específico para o qual foi constituída a servidão, implica na sua extinção. Por exemplo: se faço a servidão de aqueduto para explorar as águas de um riacho e o riacho vem a secar, então, da mesma forma haverá a extinção da servidão pelo perecimento. Não do prédio, mas do objeto cuja utilização era o fim da servidão;

VII – *Pela resolução do domínio*. Nos dizeres de Caio Mário:

> Pela resolução do domínio de quem as constitui. Guardando analogia com a resolução do domínio, está a extinção da servidão constituída pelo enfiteuta, no caso do seu direito vir a consolidar-se no do proprietário direto. (PEREIRA, 1998, p. 193)

VIII – Por fim, pode ainda a servidão ser extinta pela cessação do prazo, se a mesma foi constituída a termo, pelo implemento de condição ou pela desapropriação.

16 DO USUFRUTO, DO USO E DA HABITAÇÃO

1. NOÇÕES GERAIS

Neste capítulo, trataremos conjuntamente dos 3 (três) institutos: do usufruto, do uso e da habitação. Isso porque, hoje em dia, muito se discute sobre a independência entre esses três institutos dos direitos reais sobre coisas alheias. Na verdade, tanto o instituto do uso quanto o de habitação, não passam de situações em que o direito de usufruto sofre limitações em relação ao seu uso e ao seu objeto. Poderíamos, perfeitamente, nos reportarmos à visualização gráfica para demonstrarmos que os três institutos se inserem uns nos outros, ganhando um só corpo, numa relação de conteúdo e continente, que na linguagem da matemática, ganharia a seguinte equação:

$$\text{HABITAÇÃO} \subset \text{USO} \subset \text{USUFRUTO}$$

Ou, numa demonstração gráfica:

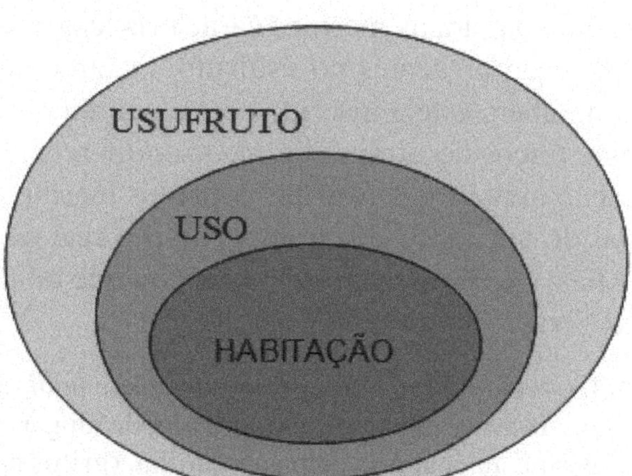

Explicamos:

I – Como veremos a seguir, no usufruto ocorre o desmembramento do direito de propriedade, onde o título de proprietário se conserva nas mãos de uma pessoa e o direito de usar e gozar nas mãos de outra;

II – O usufruto pode recair tanto em bens móveis quanto em bens imóveis;

III – Não existe qualquer limitação ao exercício do direito de usufruto. O usufrutuário poderá usar e gozar da coisa como melhor lhe aprouver: alugando-a, emprestando-a, usando-a para a sua necessidade ou mero deleite.

Em contrapartida, o direito real de uso sofre algumas restrições em relação ao usufruto. No entanto, como a sua natureza jurídica, a sua constituição e as suas características são as mesmas do usufruto, não há como separar um instituto do outro:

I – No uso, também ocorre o desmembramento do direito de propriedade, ou seja, o título de proprietário se conserva nas mãos de uma pessoa e o direito de usar nas mãos de outra;

II – O uso também pode recair tanto sobre bens móveis quanto sobre bens imóveis;

III – O que distingue, portanto, o uso do usufruto, é que o usuário não pode gozar da coisa a ele cedida, a título de uso, de forma ilimitada. O uso consiste, exatamente, em o usuário usar a coisa na exata medida de suas necessidades. Assim, não poderá alugá-la ou emprestá-la (direitos conferidos ao usufrutuário), por exemplo. Não cabe aqui o uso da coisa para o mero deleite do usuário.

Por fim, o direito real de habitação sofre ainda mais restrições que o direito real de uso. No entanto, as mesmas características, natureza jurídica e forma de constituição presentes no usufruto, fazem com que o direito real de habitação também esteja inserido naquele direito real. E mais: por manter os mesmos traços do direito real de uso, diferenciando-se apenas por ser de aplicação ainda mais restrita, podemos mesmo chegar a dizer que o direito real de habitação é o próprio direito real de uso de forma mais limitada. Aliás, é exatamente este o conceito que tal instituto recebe do nosso Código Civil:

> Art. 1.414. *Quando o uso consistir no direito de habitar gratuitamente casa alheia,* o titular deste direito não a pode alugar, nem emprestar, mas simplesmente ocupá-la com sua família. (grifos nossos)

Consequentemente,

I – Da mesma forma que no usufruto e no uso, na habitação ocorre o desmembramento do direito de propriedade. Vale dizer: o título de proprietário se conserva nas mãos de uma pessoa e o direito de usar (no caso do direito real de habitação, o direito de habitar, mais especificamente), nas mãos de outra;

II – O direito real de habitação é o próprio direito de uso quando recair sobre o direito de moradia. Portanto, enquanto o uso pode recair sobre bens móveis e imóveis, o direito de habitação somente recairá sobre bens imóveis;

III – Da mesma forma que no uso, o exercício do direito de habitação é limitado. Aquele que o recebe só poderá usá-lo para residir pessoalmente no imóvel com a sua família, não podendo, assim sendo, alugá-lo ou emprestá-lo, sob pena de extinção do direito de habitação.

Atualmente, poderíamos dizer que o usufruto, o uso e a habitação não são mais exclusivos dos direitos reais. Na verdade, esses institutos se difundiram para outras províncias do direito civil. Caio Mário menciona, por exemplo, o quanto o usufruto, o uso e o direito de habitação são empregados no direito de família (usufruto dos bens do filho sob pátrio poder, p. ex.); no direito das sucessões como expansão da vontade testamentária, ou como o direito de habitação para o cônjuge sobrevivente; no direito das obrigações em aliança aos contratos de doações.

Vale adiantar que tudo o que se disser em relação ao usufruto, será aplicável aos direitos de uso e de habitação, salvo as situações que contrariarem e natureza destes últimos. Por esta razão, não dedicaremos capítulos exclusivos ao uso e à habitação.

2. DO USUFRUTO

O artigo 1.390 do Código Civil brasileiro assim conceitua o direito real de usufruto:

> Art. 1390. O usufruto pode recair em um ou mais bens, móveis ou imóveis, em um patrimônio inteiro, ou parte deste, abrangendo-lhe, no todo ou em parte, os frutos e utilidades.

Da interpretação do texto legal acima transcrito, podemos destacar as características básicas do direito real de usufruto:

a) Trata-se de um *desmembramento do direito da propriedade*, em que uma pessoa permanece como proprietário da coisa, e desse modo com o título dominial, enquanto que o direito de usar e gozar da coisa recai sobre as mãos de terceira pessoa. Não cabe a esta última, o direito de dispor. Esse atributo da propriedade cabe tão somente ao proprietário.

Àquele que mantém sob suas mãos a propriedade, dá-se o nome de nu-proprietário, já que o mesmo possui o direito de propriedade, verdadeiramente despida dos atributos de usar e gozar, já que estes são de direito daquele que mantém consigo a posse. Àquele que recebe os atributos de usar e gozar da coisa, dá-se o nome de "usufrutuário".

Vale lembrar que o direito de propriedade reúne em si dois elementos: a *substância* (o título) e o *proveito.* Já vimos que a existência dos dois elementos, de forma concomitante, nas mãos de uma só pessoa, forma o que se chama "propriedade plena". O destacamento dos dois elementos para duas ou mais pessoas, importa em restrição ao direito de propriedade. Logo, o *nu-proprietário* não goza de propriedade plena, mas sim de *propriedade limitada*, já que os atributos de usar e gozar estão nas mãos de terceira pessoa. O *usufrutuário*, por sua vez, apesar de poder exercer os poderes de usar e gozar da coisa, não é proprietário dela, mas *mero possuidor.*

Como possuidor que é, cabe ainda ao usufrutuário tirar da coisa todo o proveito que a mesma lhe oferecer. Inclusive a percepção de frutos (sejam eles naturais, civis ou industriais). Tal direito se estende aos acessórios da coisa, salvo disposição em contrário (art. 1.392).

Pelo fato do usufruto conferir ao seu titular (um indivíduo) a serventia da coisa (e não a um prédio), costuma-se classificar o usufruto como servidão pessoal, em contraposição às servidões prediais estudadas no capítulo anterior.

b) Trata-se de um *direito real temporário.* Pode ser, no máximo, vitalício. Veja bem: vitalício não é sinônimo de perpétuo. O que é perpétuo se estende para além da vida daquele que possui o título. Por exemplo: a enfiteuse não se encerra com a morte do enfiteuta. Independentemente de manifestação do enfiteuta, os seus descendentes herdarão o direito de enfiteuse. O mesmo não ocorre com o usufruto. Com a morte do usufrutuário, cessa o direito de usufruto. Portanto, se dissemos que o usufruto é vitalício, é porque o usufruto existirá enquanto durar a vida do usufrutuário.

Entretanto, apesar de ser o mais comum, nem todo direito real de usufruto será vitalício. Pode também ser por um prazo determinado.

Se o usufrutuário for pessoa jurídica, o usufruto se extinguirá com o fim daquela (pessoa jurídica) ou, decorrido o prazo de 30 (trinta) anos, da data em que se começou a exercer o usufruto, conforme preceitua o artigo 1.410, III, do Código Civil.

c) O usufruto, por ser um direito real, se distingue das outras utilizações de coisa alheia, tais como o comodato e a locação. A ele são aplicados todos os poderes inerentes a esta espécie de direito, como o direito de sequela e a eficácia *erga omnes*.

d) Podem ser *objeto* do usufruto *quaisquer espécies de objetos, sejam móveis ou imóveis, corpóreos ou incorpóreos, um patrimônio por inteiro ou apenas parte dele*. Vale lembrar que para a sua constituição, é indispensável o registro do usufruto (salvo se resultar do direito de família, onde tal registro se fará desnecessário), no cartório de registro de imóveis, se o objeto do usufruto for um imóvel, ou no cartório de notas, se o objeto do usufruto for um bem móvel.

e) *Inalienabilidade*. O usufruto é direito inalienável.

É facultado ao usufrutuário, contudo, ceder o seu exercício a terceiro a título gratuito ou oneroso. Percebam que ceder o exercício não é o mesmo que alienar. A alienação implica na transferência do direito, com a devida alteração no cartório competente. É a transferência de direito. Já a cessão do exercício não implica nesta transferência. É a transferência apenas do fato de gozar da coisa em nome do usufrutuário. Nesse caso, não há a mudança do usufrutuário. Se consultarmos o registro feito no competente cartório, veremos que ali constará o nome do usufrutuário como sujeito portador daquele direito, embora, na realidade, a fruição esteja sendo exercida por terceira pessoa, por permissão do usufrutuário.

Caio Mário completa da seguinte forma:

> Admitida, assim, a cessão do exercício do usufruto e não a sua transmissão, resulta que o terceiro favorecido não será titular de um direito real, senão de mero direito pessoal ou de crédito – frente ao legítimo usufrutuário. (PEREIRA, 1998, p. 203)

3. MODOS DE CONSTITUIÇÃO

O usufruto (bem como o uso e a habitação) podem se constituir das seguintes formas: a) por convenção entre as partes (ato *inter vivos*); b) por testamento (*causa mortis*) e c) por usucapião (pelo decurso de lapso prescricional em favor de pessoa que o tenha adquirido de quem não seja proprietário) (PEREIRA, 1998, p. 200).

Há outras formas de constituição, ainda, baseadas, como visto acima, no direito de família e no direito de sucessões. No entanto, no que diz respeito à constituição do usufruto, do uso e da habitação enquanto direitos reais, só é possível a sua constituição por uma das formas acima mencionadas.

4. DIREITOS DO USUFRUTUÁRIO

O artigo 1.394 do Código Civil abre a seção II (dos direitos do usufrutuário), do capítulo IV do livro do Direito das Coisas da seguinte forma:

> Art. 1.394. O usufrutuário tem direito à posse, uso, administração e percepção dos frutos.

Portanto, estes são os primeiros (e talvez os mais importantes direitos do usufrutuário, sendo os demais direitos de decorrência natural destes) direitos que o nosso ordenamento civil atribui ao usufrutuário:

a) *Posse*. É direito do usufrutuário, exercer a posse sobre o bem dado em usufruto, em toda a sua plenitude, estendendo-se aos frutos e acessórios da coisa (salvo disposição em contrário, como visto acima).

A sua posse será protegida pelos interditos possessórios, ou mesmo pela legítima defesa da posse (devido ao seu caráter de direito real). E a proteção de sua posse se estende até contra o nu-proprietário, caso este venha a admoestar o exercício pleno da posse do usufrutuário. Portanto, ao direito do usufrutuário exercer a posse sobre o imóvel cedido em usufruto de forma mansa e pacífica, contrapõe-se o dever do nu-proprietário de não inviabilizar, ou não perturbar a posse daquele.

b) *Uso*. O direito de uso é o direito que tem o usufrutuário de extrair da coisa tudo o que ela pode lhe oferecer. É a própria razão de existir do direito de usufruto, já que se o usufrutuário não pudesse usar da coisa a ele cedida, de nada lhe valeria o direito de usufruto. Obviamente, como cabe ao usufrutuário tão somente o direito de usar a coisa para a satisfação de seus desejos, este uso não pode comprometer a substância da coisa, já que esta pertence, de direito ao nu-proprietário.

É também o direito de uso sobre a coisa a tônica que marca a diferença entre a usucapião, o uso e a habitação. Enquanto o direito de uso no instituto da usucapião é o mais amplo possível, podendo recair sobre bens móveis e imóveis, corpóreos ou incorpóreos, para satisfazer não só as necessidades do usufrutuário, como também os seus caprichos e seus momentos de deleite, o direito de usar da coisa no direito de uso é mais restrito. O uso, apesar de também poder recair sobre bens móveis ou imóveis, possui a limitação de que o usuário só poderá usar a coisa para a sua própria subsistência e no limite de suas necessidades, não admitindo, dessa forma, o uso da coisa para fins deleitosos.

E, no direito de habitação, o direito de usar da coisa é ainda mais restrito: a habitação é uma forma ainda mais restrita do direito de uso, porque a habitação é o uso reduzido ao fim exclusivo da moradia. Portanto, o direito de habitação consiste no direito de usar casa alheia única e exclusivamente para sua moradia, por necessidade.

c) *Administração.* Como cabe ao usufrutuário o direito de usar e gozar da coisa, tal direito só se faz possível de ser exercido se ficar a cargo do usufrutuário a administração do bem.

a) Percepção de frutos. Por fim, o quarto direito fundamental do usufrutuário é a percepção dos frutos que gerar a coisa dada em usufruto. Na verdade, esse direito é um dos efeitos do primeiro direito já aqui mencionado: o exercício da posse. Quem tem a posse, traz consigo seus efeitos, a saber: as proteções possessórias, o direito à percepção dos frutos e o direito ao levantamento das benfeitorias.

Deve-se entender como frutos, não apenas os naturais. Existem ainda os frutos civis (aluguéis, prestações...) e os industriais (produtos industrializados, como a aguardente de cana de um alambique, a produção leiteira de uma fazenda, etc.).

A maior discussão acerca do direito da percepção dos frutos se prende à questão de quando se inicia e termina o direito à percepção dos frutos por parte do usufrutuário em relação ao nu-proprietário e vice-versa. Por exemplo: se "A" é proprietário de uma casa e decide deixá-la em usufruto a "B". Porém, aquele imóvel encontra-se alugado a "C", que paga um aluguel mensal a "A", no valor de R$ 250,00. Até quando o aluguel deverá ser pago a "A" e a partir de quando será pago a "B"? Cessado o usufruto, o aluguel do mês vencido será pago a "B" ou a "A"?

O legislador solucionou tal questão nos artigos 1.396 a 1.398, conforme explicaremos a seguir.

Quanto aos frutos naturais, aqueles pendentes ao início do usufruto, pertencem ao usufrutuário, sem que este tenha que ressarcir ao nu-proprietário os custos da produção. Da mesma forma, cessado o usufruto, os frutos pendentes pertencerão ao nu-proprietário sem que este tenha que pagar ao usufrutuário os custos da produção.

No que diz respeito às crias nascidas durante o usufruto, estas pertencerão ao usufrutuário, depois de deduzidas as cabeças que porventura tiverem se perdido durante a vigência do usufruto.

Por fim, quanto aos frutos civis, os vencidos até a data de início do usufruto pertencem ao nu-proprietário. Os vencidos até a data do término do usufruto pertencem ao usufrutuário.

5. ESPÉCIES DE USUFRUTO

O usufruto pode ser classificado quanto à sua causa, quanto ao seu objeto, quanto à sua extenção e quanto à sua duração.

5.1 Quanto à sua causa (legal ou convencional)

O usufruto pode ter início por disposição legal, ou seja, quando estabelecido pela própria lei em benefício de certas pessoas. Como bem salienta Washington de Barros, a nossa legislação prevê o usufruto legal apenas em cinco casos: a) o do pai, em sua falta, o da mãe, sobre os bens dos filhos menores; b) o do marido sobre bens da mulher, quando lhe competir esse direito; c) o da brasileira casada com estrangeiro sob regime que exclua a comunhão universal, por morte do marido, sobre a quarta parte dos bens deste, se houver filhos brasileiros do casal, e de metade, se não os houver (Decreto-Lei 3.200, art. 17). Neste mesmo sentido, em favor dos silvícolas, na hipótese do artigo 231 da Constituição da República; e) o da companheira ou companheiro, nas condições da Lei 8.971/94 (Lei do Concubinato), em seu artigo 2°, I e II.

Por conseguinte, o usufruto é convencional quando estabelecido entre as partes, mediante contrato ou testamento. O usufruto adquirido mediante usucapião também se enquadra nessa espécie.

5.2 Quanto ao objeto

Quanto ao objeto o usufruto pode ser *geral* ou *universal* e *particular*. Usando das palavras de Washington de Barros:

> Geral ou universal, quando recai sobre universalidade de bens, como a herança, o patrimônio, o fundo de comércio, ou a parte alíquota desses valores; particular, se recai sobre determinado objeto, uma casa, uma fazenda, um direito ou certo número de ações. (MONTEIRO, 1998, p. 286)

É o caso do usufruto previsto nos artigos 1.395 (sobre títulos de crédito) e 1.397 (sobre rebanho) do Código Civil.

5.3 Quanto à sua extensão

Quanto à sua extensão, o usufruto se classifica em *pleno* ou *restrito*. Diz-se *pleno*, quando o usufruto recair sobre determinado bem em toda a sua inteireza, sobre todos os frutos, acessórios e utilidades que aquele bem possa produzir. Diz-se *restrito* quando se exclui do direito de percepção do usufruto alguma ou algumas de suas utilidades. Essa espécie de usufruto não é muito comum.

5.4 Quanto à sua duração

Quanto à sua duração, o usufruto poderá ser *vitalício* ou *temporário*. Vitalício é aquele que perdura enquanto sobreviver o usufrutuário, ou enquanto não ocorrer causa legal de sua extinção; *temporário*, aquele cuja duração é determinada em termo preciso.

6. DO USUFRUTO PRÓPRIO E IMPRÓPRIO OU QUASE-USUFRUTO

Por fim, distingue-se o usufruto em *próprio* e *impróprio*. Diz-se *próprio* o usufruto constituído sobre coisas não consumíveis e infungíveis (ex.: imóveis, etc.); por outro lado, diz-se *impróprio* o usufruto que recaia sobre bens que se consomem pelo uso e fungíveis (ex.: produção leiteira, safras de arroz, especulação de títulos, etc.).

7. OBRIGAÇÕES DO USUFRUTUÁRIO

São de duas ordens as obrigações do usufrutuário: a) *as obrigações decorrentes da natureza do usufruto*; b) *as obrigações decorrentes da lei*. Washington de Barros prefere classificá-las em *obrigações gerais* (concernindo a toda e qualquer espécie de bens objetivados pelo direito de usufruto (obrigações decorrentes da natureza do instituto do usufruto, portanto) e *obrigações particulares*, que surgem apenas quando o direito real se projeta sobre certa espécie de bens. São aquelas obrigações decorrentes da lei. Decorrentes de cada espécie de usufruto, especificamente.

Quanto às *obrigações gerais* ou *obrigações decorrentes da lei*, atinentes a qualquer modalidade de bens e, portanto de usufruto, são duas apenas, segundo Washington de Barros: a) gozar da coisa frutuária como bom pai de família; b) gozar dela segundo a destinação que lhe deu o respectivo proprietário, não podendo o usufrutuário gozar da coisa de modo arbitrário ou desordenado, conservando-lhe a substância, com o cuidado típico de quem cuida de algo que lhe pertence.

Quanto às *obrigações particulares* do usufrutuário, que prevalecerão em certas espécies de usufruto, consistem em:

a) *Inventariar os bens que receber antes de assumir o usufruto* (art. 1.400), já que, ao final do usufruto, usufrutuário e nu-proprietário se prestarão contas.

Obviamente, em se tratando de imóveis, tal inventário se faz dispensável, vez que a sua descrição já consta do próprio título constitutivo do usufruto. Caso as partes desejem, podem fazer constar apenas o estado de conservação em que se encontra o bem, para servir de referência para eventuais reclamações

Esse inventário não exige formalidades especiais. Sendo as partes maiores e capazes, basta simples documento escrito por ambas.

b) *Prestar caução, real ou fidejussória*, visando garantir o nu-proprietário dos prejuízos acaso resultantes da deterioração da coisa, bem como assegurá-lo da sua tempestiva devolução. Essa obrigação também se encontra no artigo 1.400, em sua segunda parte.

A caução, no entanto, não é de ocorrência obrigatória. Não são obrigados a prestá-la: "I) o doador, que se reservar o usufruto da coisa doada; II) os pais, usufrutuário dos bens do filhos menores" (Código Civil, art. 1.402).

Nada mais natural a dispensa da caução nessas duas situações. No caso de doador, porque, em se tratando de liberalidade por ele praticada, não há razão para sujeitá-lo a garantia. Como diz Washington de Barros, "seria dar com uma mão e tirar com a outra". No caso dos pais, quanto aos bens dos filhos, porque, como já dito, tal usufruto está no plano do direito de família, e não no do direito real.

Àquelas duas hipóteses de dispensa de caução, acrescenta-se, ainda: quando o nu-proprietário dispensa, expressamente, o usufrutuário, na constituição do usufruto, da prestação da garantia.

Caso o usufrutuário não possa ou não queira dar caução suficiente, ele perderá o direito de administrar o usufruto; isso porque, já que ao nu-proprietário não será prestada caução pelo usufrutuário, é justo que este não fique com a posse do bem, conservando-a, portanto, o nu-proprietário. Perceba que não há perda do usufruto. Apenas a administração dos bens que não permanecerá nas mãos do usufrutuário, que continuará com o direito de receber os rendimentos e frutos dos bens, deduzidas as despesas de administração a que se incluirá, quando for o caso, a quantia taxada pelo juiz, para remuneração do administrador (Código Civil, art. 1.401).

c) *Despesas de conservação.* O usufrutuário não arcará com a deterioração decorrente do uso natural da coisa (art. 1.402). Arcará, tão somente, com os prejuízos dados à coisa, por culpa dele. No entanto, deve o usufrutuário, enquanto conservar consigo o bem, prover todos os gastos necessários à sua mantença. Assim, o artigo 1.403 preceitua que incumbem ao usufrutuário: "I) as despesas ordinárias de conservação dos bens no estado em que os recebeu; II) os foros, as pensões e os impostos reais devidos pela posse, ou rendimento da coisa usufruída". No entanto, se para a conservação da coisa, se fizerem necessárias despesas de alto custo, incumbirão estas ao dono, nos termos do artigo 1.404, do Código Civil.

8. DA DESTRUIÇÃO E DO SEGURO

Se um edifício sujeito a usufruto é destruído sem culpa do proprietário, esta ocorrência acarreta a extinção do usufruto, sem que o usufruto tenha de ser restabelecido e sem a necessidade do proprietário empreender a reconstrução. Mesmo ocorrendo a reconstrução, o usufruto, ainda assim, não se restabelecerá.

Caso a destruição do bem se der por terceiro, a indenização deverá ser por este suportada, e o usufruto se sub-roga na importância indenizada. Desta forma, a indenização da coisa se dará para o nu-proprietário, que deverá pagar ao usufrutuário os frutos civis, por esta produzidos.

A mesma solução se aplica no caso de prédio desapropriado (arts. 1.408 e 1.409).

9. DA EXTINÇÃO DO USUFRUTO

O usufruto, pelo que dispõe o Código Civil brasileiro, se extingue das seguintes formas:

a) *Pela morte do usufrutuário.* Como vimos, o usufruto é de caráter personalíssimo. A sua constituição visa assegurar o uso e gozo sobre determinado bem a pessoa certa, não sendo estendido a outrem. Daí o nome de servidão pessoal, repita-se. Portanto, com a morte da pessoa em nome de quem o usufruto foi constituído de forma vitalícia, ou se a termo, com a morte de seu usufrutuário antes de se chegar ao termo final, extingue-se o direito de usufruto. Se forem dois ou mais usufrutuários, a morte de um não implica no aumento do direito de usufruto dos sobreviventes. Estes continuam com a mesma quota-parte de antes do falecimento daquele usufrutuário.

Sendo o usufrutuário pessoa jurídica e não sendo a termo o usufruto, a sua duração não pode ultrapassar cem anos da data de sua constituição.

b) *Pelo termo de sua duração.* Instituído a certo prazo, o instituto do usufruto se extingue com o escoamento daquele prazo, salvo, como vimos, falecendo o usufrutuário antes do tempo aprazado no título constitutivo do usufruto. Não há sucessão no usufruto, como ocorre na enfiteuse.

c) *Pelo implemento da condição resolutiva* que lhe seja devida.

d) *Pela cessação da causa* que deu origem ao usufruto (também ao uso e habitação). Quando o direito de usufruto é constituído visando a atender a uma causa específica, a cessação desta causa específica enseja o término do direito de usufruto.

e) *Pela destruição da coisa, não sendo fungível.* Em se tratando de bem infungível, a destruição do bem, sem a culpa do nu-proprietário, implica a extinção do direito de usufruto. O mesmo ocorrendo no caso de desapropriação do imóvel.

17 DOS DIREITOS REAIS DE GARANTIA: PRIMEIRAS CONSIDERAÇÕES

1. INTRODUÇÃO

Passaremos a cuidar, a partir de agora, das chamadas *garantias reais*, ou como melhor preleciona a doutrina, dos chamados "direitos reais de garantia sobre coisas alheias".

E, por mais uma vez, chamamos a atenção do leitor para a aplicação do gráfico abaixo:

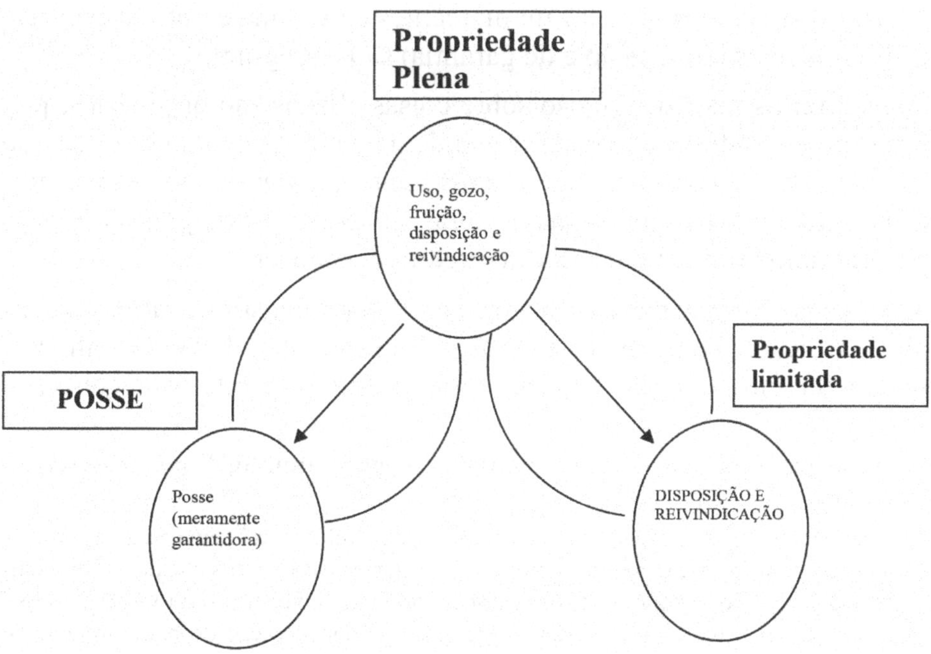

Explicando-o, temos que: o proprietário pleno[1] poderá desmembrar a sua propriedade, passando para o seu credor, em garantia do pagamento de sua obrigação, ou a posse ou a propriedade resolúvel de seu bem. Dessa forma, no caso de não pagamento da obrigação, aquele direito cedido ao credor (ou a posse, ou a propriedade resolúvel) será levado a hasta pública pelo credor a fim de que, com a sua venda, seja apurado saldo suficiente para cobrir o seu crédito. Vale lembrar que, no caso de o credor receber em garantia real a posse da coisa, esta posse é de natureza diversa daquela posse que tinha o titular de um direito real de fruição, pois, nesse caso, o seu possuidor utilizava a coisa tirando dela todo o proveito que a mesma pudesse dar. Entretanto, findo o direito real de fruição, o coisa deveria ser devolvida ao proprietário.

Já nos direitos reais de garantia, a posse transmitida ao credor tem a função única e exclusiva de garantia, o que significa que este credor não pode utilizar-se do bem prestado em garantia, salvo disposição expressa em contrário[2].

2. ALGUMAS OUTRAS DIFERENÇAS ENTRE OS DIREITOS REAIS DE FRUIÇÃO SOBRE COISAS ALHEIAS PARA OS DIREITOS REAIS DE GARANTIA SOBRE COISAS ALHEIAS

Outras distinções que se fazem marcantes entre uma e outra categorias dos direitos reais (de fruição e de garantia) são as seguintes:

a) os direitos reais de fruição sobre coisas alheias são originários, primários ou, em outras palavras: independem de outro negócio jurídico que lhes anteceda, ao contrário dos direitos reais de garantia, que são secundários, derivados, ou, em outras palavras, só existem para garantir (como o próprio nome indica) uma relação creditícia anterior.

b) sobre um mesmo bem o seu proprietário pode constituir vários direitos reais de fruição, já que esta categoria de direitos reais sobre coisas alheias, faculta a terceiro, que não o proprietário, o direito de retirar da coisa sob

---

1 Aquele que reúne consigo os atributos do uso, gozo, fruição, disposição e reivindicação.

2 Como ocorre, por exemplo, no artigo 1.433, V do Código Civil, em que a lei, expressamente, permite que o credor pignoratício se aproprie dos frutos que der a coisa empenhada, desde que aquele impute valor a este fruto, abatendo-o do valor principal da dívida, seus juros ou despesas empregadas na conservação do bem empenhado (art. 1.435, III).

seu poder as mais diversas utilidades, podendo diversas pessoas se utilizar desta coisa das mais diversas formas, sem consistir em ameaça de deterioração ou perda da coisa, para o seu proprietário.

Já no que diz respeito aos direitos reais de garantia, não ocorre da mesma forma. Sobre um mesmo bem, não poderá recair mais do que um único direito real de garantia (com exceção da hipoteca, que falaremos em tempo oportuno). Isso porque, como a finalidade do bem prestado em garantia real é a de ser *alienado* no caso de não pagamento da obrigação, como seria possível que dois credores recebessem em garantia o mesmo bem? No momento em que a obrigação não fosse paga ao primeiro credor, e que este levasse o bem prestado em garantia real a hasta pública, o segundo credor perderia a sua garantia. Ou seja: a coexistência de dois direitos reais de garantia sobre o mesmo bem, acabaria por anular um ao outro. Essa a razão de não ser possível tal coexistência.

Ou ainda: se nos direitos reais de garantia sobre coisa alheia, a posse, ou a propriedade é transferida ao credor, como poderia o devedor oferecer algo que já não está mais sob o seu poder, em garantia a outra pessoa? Há mesmo uma impossibilidade material de tal ocorrência.

A única exceção é, como já mencionamos, no caso da hipoteca. Isso porque é a própria lei que, *expressamente*[3], admite a possibilidade de um mesmo bem ser dado em várias hipotecas, comportando, até mesmo, mais uma anticrese (já que a solução dessa garantia não se dará por via da alienação).

Sobre a hipoteca e a anticrese, falaremos mais detidamente em capítulo próprio.

---

[3] Artigo 1.476.

18 DISPOSIÇÕES GERAIS DOS DIREITOS REAIS DE GARANTIA

1. DISPOSIÇÕES GERAIS

O Código Civil destina o Capítulo I, do Título X, ao estudo das disposições gerais das garantias reais. Vale dizer: as garantias reais têm, entre si, características que lhe são comuns. Sendo assim, entendeu com razão o legislador que, antes de se falar de cada uma das garantias reais de maneira isolada, melhor seria falar sobre as disposições gerais (artigos 1.419 a 1.430), comuns a todas as garantias reais para, só depois, estudar o que é específico de cada garantia real.

Com efeito, os institutos do penhor, hipoteca e da propriedade fiduciária (e em algumas situações, também a anticrese) apresentam inúmeras características em comum, a saber:

a) *Vínculo real*: prescreve o artigo 1.419 do Código Civil que "nas dívidas garantidas por penhor, anticrese ou hipoteca, o bem dado em garantia fica sujeito, por vínculo real, ao cumprimento da obrigação"[1].

Pois bem. Todas as modalidades de garantia real, mesmo aquelas que recaem apenas sobre bens móveis (penhor e propriedade fiduciária) exi-

---

[1] Essa regra se aplica também à propriedade fiduciária. Conforme preceitua o § 1° do artigo 1.361 do Código Civil: "Constitui-se a propriedade fiduciária *com o registro do contrato*, celebrado por instrumento público ou particular, que lhe serve de título, no Registro de Títulos e Documentos do domicílio do devedor, ou, em se tratando de veículos, na repartição competente para o licenciamento, fazendo-se a anotação no certificado de registro".

gem o registro. E, pelo registro, o bem dado em garantia fica *vinculado* ao adimplemento da obrigação. Este é o *vínculo real*: o registro que é feito sobre a coisa, constituindo-a objeto de uma *garantia real*.

Como já dissemos em outros momentos desta obra, o bem dado em garantia real é deslocado do patrimônio do devedor, passando para a posse ou para a propriedade (resolúvel) do credor. Assim, caso a obrigação não seja satisfeita pelo primeiro, este último levará a coisa dada em garantia a hasta pública, a fim de que o bem seja vendido e o saldo apurado utilizado no pagamento da obrigação. Vamos relembrar o gráfico já tantas vezes citado:

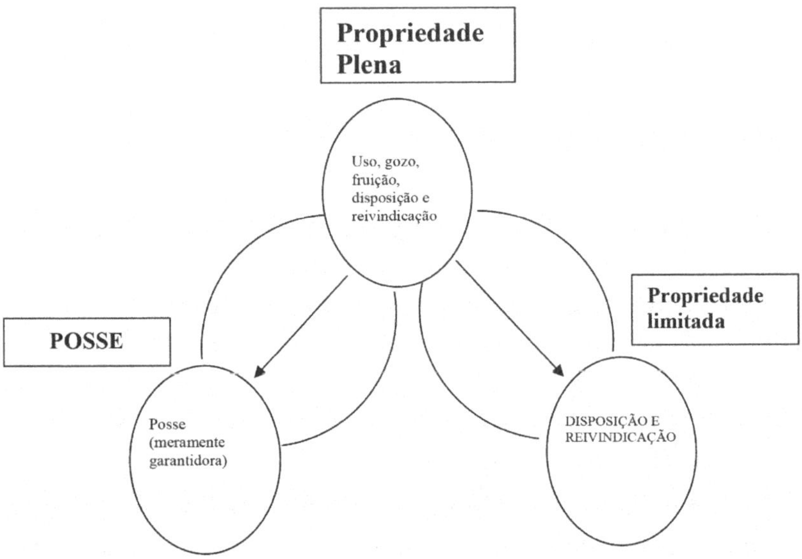

Percebe-se, portanto, que o fim a que se destina a garantia real é a sua *alienação* por parte do credor, no caso de inadimplemento da obrigação do devedor. Daí porque o artigo 1.420 diz que "só os bens que se podem alienar poderão ser dados em penhor, anticrese ou hipoteca"[2].

E da mesma forma, só pode dar tais bens em garantia real aquela pessoa que tenha poderes para aliená-los (o proprietário pleno) e ninguém mais. Afinal, repita-se: o fim a que se destina a garantia real é a sua *alienação* por parte do credor, no caso de inadimplemento da obrigação do devedor.

b) *Efeito da indivisibilidade:* a garantia real continuará recaindo sobre o bem prestado a este fim até o pagamento total da dívida. Isso quer dizer que o pagamento de uma ou mais prestações da dívida, não

---

2 Esta regra se aplica também à propriedade fiduciária.

importará na exoneração correspondente do bem garantidor da obrigação. É a regra do artigo 1.421: "O pagamento de uma ou mais prestações da dívida não importa exoneração correspondente da garantia, ainda que esta compreenda vários bens, salvo disposição expressa no título ou na quitação"[3].

O *efeito da indivisibilidade* também ocorre em outro sentido: quanto ao bem prestado à garantia real: não há como se passar em garantia apenas uma parte do bem. O bem é prestado em garantia real em toda a sua *totalidade*, não comportando divisões.

À anticrese não se aplica o efeito da indivisibilidade. Sobre isso falaremos no capítulo destinado ao estudo da anticrese.

c) *Efeito da excussão:* uma vez não paga a obrigação, como já vimos, o bem será levado pelo credor a hasta pública para ser vendido. O saldo apurado na venda será utilizado para o pagamento da dívida. A todo este procedimento dá-se o nome de *excussão*: "O credor hipotecário e o pignoratício têm o direito de excutir a coisa hipotecada ou empenhada, e preferir, no pagamento, a outros credores, observada, quanto à hipoteca, a prioridade no registro" (artigo 1.422 do Código Civil)[4].

Assim, pelo *efeito da excussão*, o credor não poderá ficar com o bem prestado em garantia real. Ele terá que promover a sua venda em hasta pública, o que acaba por ser uma espécie de *concorrência pública*, em que a coisa prestada em garantia real será vendida pelo melhor preço.

A excussão tem por objetivo amenizar a situação do devedor, possibilitando que o bem por ele prestado em garantia possa ser vendido pelo melhor preço possível, sendo o saldo utilizado para quitar a maior parte possível de seus débitos.

O efeito da excussão surgiu no ordenamento civil brasileiro a partir do Código Civil de 1916, pois, até então, vigorava o chamado *pacto comissório*. O pacto comissório consistia no fato de, nos contratos comutativos, haver cláusula que permitisse ao credor ficar com o bem dado em garantia real,

---

3 Esta regra se aplica também à propriedade fiduciária.

4 Esta regra se aplica também à propriedade fiduciária: "Art. 1.364. Vencida a dívida, e não paga, fica o credor obrigado a vender, judicial ou extrajudicialmente, a coisa a terceiros, a aplicar o preço no pagamento de seu crédito e das despesas de cobrança, e a entregar o saldo, se houver, ao devedor".

caso a dívida não fosse paga. Tal pacto é expressamente vedado pelos artigos 1.365 e 1.428 do Código Civil[5].

Note-se que à anticrese não se aplica o efeito da excussão. Sobre isso falaremos no capítulo específico da anticrese.

d) *Efeito da especificidade:* os contratos de penhor, hipoteca, anticrese e propriedade fiduciária deverão conter, sob pena de não terem eficácia (arts. 1.362 e 1.424): I – o valor do crédito, sua estimação, ou valor máximo; II – o prazo fixado para pagamento; III – a taxa dos juros, se houver; IV – o bem dado em garantia com as suas especificações.

Por este efeito, o Código exige que a garantia real seja minuciosamente identificada, visando dar a maior a segurança possível, tanto ao credor quanto ao devedor, para que não haja a confusão ou a troca acidental de uma coisa dada em garantia real pela outra.

e) *Forma escrita e registro:* as garantias reais só admitem a forma escrita. Isso porque, necessariamente, as garantias reais exigem o registro. Ou no cartório de imóveis (quando a garantia real consistir em bens imóveis), ou no cartório de títulos e documentos (quando a garantia real consistir em bens móveis)[6].

f) *Vencimento antecipado da dívida em caso de perda, perecimento e desapropriação da garantia real, bem como estado de insolvência do devedor:* como as garantias reais consistem, exatamente, na venda do bem prestado em garantia em caso de inadimplemento do devedor, então, a perda, o perecimento ou a desapropriação da coisa, implicam no automático vencimento da dívida. Afinal, a coisa dada em garantia não existe mais. Portanto, a partir desse momento, caso o credor notifique o devedor para substituir coisa (deteriorada) dada em garantia real e este não o faça, as dívidas vencerão antecipadamente, ensejando a imediata propositura da respectiva execução[7].

---

5 Art. 1.428. É nula a cláusula que autoriza o credor pignoratício, anticrético ou hipotecário a ficar com o objeto da garantia, se a dívida não for paga no vencimento.

6 Por vezes, a garantia real é anotada, ainda, no Departamento de Trânsito. É o que ocorre, por exemplo, com a propriedade fiduciária sobre automóveis e o penhor especial sobre veículos.

7 Art. 1.425. A dívida considera-se vencida: I – se, deteriorando-se, ou depreciando-se o bem dado em segurança, desfalcar a garantia, e o devedor, intimado, não a reforçar ou substituir; II – se o devedor cair em insolvência ou falir; III – se as prestações não

Da mesma forma, a insolvência do devedor é causa de vencimento antecipado da dívida. Afinal, declarada a insolvência, todos os credores se habilitarão para o recebimento de seus respectivos créditos, e todos os bens do devedor responderão pelos seus débitos. Diante disso, tornar-se-ia impossível não antecipar os vencimentos dos débitos ainda pendentes.

Por fim, como uma última característica comum a todas as garantias reais, "quando, vendida a coisa, o produto não bastar para o pagamento da dívida e das despesas de cobrança, continuará o devedor obrigado pelo restante"[8], o que ensejará que o credor continue cobrando do devedor mediante ação ordinária de cobrança.

2. DA LASTIMÁVEL FALHA DO LEGISLADOR QUANTO À PROPRIEDADE FIDUCIÁRIA

O legislador do Código Civil de 2002 cometeu uma lastimável falha na classificação da propriedade fiduciária: tratou-a apenas pelo seu perfil de garantia real (como alienação fiduciária), no capítulo destinado especificamente ao estudo da propriedade plena.

Ora, definitivamente, não foi feliz o legislador em tal opção legislativa. A uma: porque a propriedade é direito real sobre coisa própria, onde o seu titular exerce em plenitude os poderes de usar, gozar, fruir, dispor e reivindicar. Já a propriedade fiduciária, em sua espécie *alienação fiduciária* é típico *direito real de garantia sobre coisa alheia*, onde seu titular não goza de nenhum dos atributos da propriedade plena. Pelo menos, não até o seu devedor descumprir com a sua obrigação. E, ainda assim, descumprida a obrigação do devedor, caberá ao credor somente levar a coisa a excussão para apurar o seu crédito. Resumindo: os poderes do proprietário são completamente distintos do poder do proprietário fiduciário, o que não permite, de forma alguma, que a propriedade fiduciária seja considerada como espécie do direito de propriedade, mas sim instituto de direito real de garantia.

---

forem pontualmente pagas, toda vez que deste modo se achar estipulado o pagamento. Neste caso, o recebimento posterior da prestação atrasada importa renúncia do credor ao seu direito de execução imediata; IV – se perecer o bem dado em garantia, e não for substituído; V – se se desapropriar o bem dado em garantia, hipótese na qual se depositará a parte do preço que for necessária para o pagamento integral do credor.

8 Artigos 1.366 e 1.430 do Código Civil.

Tanto assim é, que o próprio artigo 1.361 do Código Civil assim a define: "Considera-se fiduciária a propriedade resolúvel de coisa móvel infungível que o devedor, *com escopo de garantia,* transfere ao credor" (grifo nosso).

A duas: em uma breve análise dos artigos constantes no Capítulo IX, do Código Civil, que trata da propriedade fiduciária, percebe-se que tais dispositivos mantêm uma semelhança absurda com os dispositivos constantes nas disposições gerais dos direitos reais de garantia. Em alguns artigos, inclusive, tal semelhança dá lugar a transcrições idênticas àquelas normas. Esse é um fato que demonstra, até não mais poder, que o legislador incorreu em lastimável erro: ao invés de colocar a propriedade fiduciária dentre os direitos reais de garantia sobre coisa alheia (o que de fato é), preferiu tratá-la como sendo uma espécie de propriedade.

Além das diversas citações de pé de página que fizemos neste capítulo destacando as normas das disposições gerais dos direitos reais de garantia que também são aplicadas à propriedade fiduciária, permitimo-nos citar, a título de demonstração do que estamos ora a alegar, alguns trechos cuja semelhança e/ou, porque não dizer, a cópia fiel de alguns dispositivos, chamam a atenção do mais distraído leitor para a lastimável classificação:

PROPRIEDADE FIDUCIÁRIA	DISPOSIÇÕES GERAIS DOS DIREITOS REAIS SOBRE COISAS ALHEIA
Art. 1.362. O contrato, que serve de título à propriedade fiduciária, conterá: I – o total da dívida, ou sua estimativa; II – o prazo, ou a época do pagamento; III – a taxa de juros, se houver; IV – a descrição da coisa objeto da transferência, com os elementos indispensáveis à sua identificação.	Art. 1.424. Os contratos de penhor, anticrese ou hipoteca declararão, sob pena de não terem eficácia: I – o valor do crédito, sua estimação, ou valor máximo; II – o prazo fixado para pagamento; III – a taxa dos juros, se houver; IV – o bem dado em garantia com as suas especificações.

Art. 1.364. Vencida a dívida, e não paga, fica o credor obrigado a vender, judicial ou extrajudicialmente, a coisa a terceiros, a aplicar o preço no pagamento de seu crédito e das despesas de cobrança, e a entregar o saldo, se houver, ao devedor.	Art. 1.422. O credor hipotecário e o pignoratício têm o direito de excutir a coisa hipotecada ou empenhada, e preferir, no pagamento, a outros credores, observada, quanto à hipoteca, a prioridade no registro.
Art. 1.365. É nula a cláusula que autoriza o proprietário fiduciário a ficar com a coisa alienada em garantia, se a dívida não for paga no vencimento.	Art. 1.428. É nula a cláusula que autoriza o credor pignoratício, anticrético ou hipotecário a ficar com o objeto da garantia, se a dívida não for paga no vencimento.
Art. 1.366. Quando, vendida a coisa, *o produto não bastar para o pagamento da dívida e das despesas de cobrança, continuará o devedor obrigado pelo restante.*	Art. 1.430. Quando, excutido o penhor, ou executada a hipoteca, *o produto não bastar para pagamento da dívida e despesas judiciais, continuará o devedor obrigado pessoalmente pelo restante.*

E aí vem o tiro de misericórdia: parece-nos que, em dado momento, o legislador se deu conta de que tratava-se mesmo a propriedade fiduciária, de uma garantia real. Mas como já se fazia tarde para mudar o Código, preferiu fazer uma *emenda que ficou pior que o soneto.* Inseriu o seguinte artigo: "Art. 1.367. Aplica-se à propriedade fiduciária, no que couber, o disposto nos arts. 1.421, 1.425, 1.426, 1.427 e 1.436". Ou seja: aplicam-se à propriedade fiduciária todas as regras aplicáveis às disposições gerais dos direitos reais de garantia.

Então? O que acha o nobre leitor? Trata-se a propriedade fiduciária de uma espécie de propriedade ou de mais um instituto de garantia real sobre coisa alheia?

19 DA PROPRIEDADE FIDUCIÁRIA

1. INTRODUÇÃO

A alienação fiduciária decorre do instituto romano denominado *fiducia cum creditore*. Este foi o primeiro direito real de garantia surgido no Direito Romano (CRETELLA JÚNIOR, 1991, p. 359). Consistia no fato de o proprietário da coisa transferir a sua propriedade (alienação) ao seu credor, permanecendo na posse direta da coisa, como depositário, até o adimplemento da obrigação. Dessa forma, restava ao devedor a confiança (fidúcia) de que, paga a dívida, a propriedade lhe seria devolvida pelo credor. Daí o nome de *alienação fiduciária*, que significa, justamente, a transferência da propriedade em confiança, como garantia ao pagamento de uma obrigação.

Tal modalidade de garantia real tinha o grande inconveniente de transferir para o devedor a propriedade da coisa, "o que fez com que nascesse o penhor, que não mais transferia ao credor o domínio da coisa dada em garantia" (FIUZA, 2004, p. 867).

2. DEFINIÇÃO

O artigo 1.361 do Código Civil define a alienação fiduciária em garantia como a transferência que o devedor faz da propriedade de um bem móvel infungível de seu patrimônio ao seu credor, como garantia do pagamento de uma obrigação, mantendo consigo a posse direta da coisa, na condição de depositário. Afinal, como preceitua o § 2° do artigo 1.361 do Código Civil, "com a constituição da propriedade fiduciária, dá-se o desdobramento da posse, tornando-se o devedor possuidor direto da coisa".

Trata-se, *in casu*, de um depósito necessário, já que não há outro meio de se celebrar o contrato de alienação fiduciária sem que o seu devedor fique com a posse da coisa.

Posteriormente, a Lei 9.514 de 1997 criou a possibilidade de que bens imóveis também pudessem ser objeto de alienação fiduciária em garantia. Entretanto, há de se fazer uma importante observação neste ponto: a referida Lei é de aplicação restrita aos contratos de financiamento de imóveis, cujo credor fiduciário seja uma instituição financeira pertencente ao Sistema Financeiro de Habitação.

Portanto, esta Lei não tem o condão de alterar a natureza dos bens que podem ser objeto da Propriedade Fiduciária, que ordinariamente continuam sendo apenas os bens móveis infungíveis, repita-se.

Esta lei apenas proporcionou maior facilidade para que as instituições financeiras, pertencentes ao Sistema Financeiro de Habitação recebessem os seus créditos.

Em última análise, consistiu em um estímulo dado pelo Governo Federal no sentido de, ao facilitar aos credores fiduciários o recebimento de seus créditos por financiamento de imóveis, que se aumentasse o número de instituições que oferecessem financiamento habitacional, haja vista o número restrito de Instituições que até aquele momento o faziam.

Vale lembrar que até a entrada em vigor desta lei, os contratos de financiamento de imóveis tinham como garantia real a hipoteca. Desta forma, caso o devedor deixasse de pagar as prestações ao credor, uma vez que o devedor se encontrava tanto com a posse, quanto com a propriedade do bem, a instituição financeira era obrigada a ingressar com a competente execução judicial para arrolar a garantia hipotecária como bem a ser penhorado para, depois de citado o devedor para sua constituição em mora, uma vez não pagando a sua dívida, o juízo promover a competente penhora do bem e designação de data e hora para a realização de hasta pública. Este procedimento era extremamente dispendioso. Tanto financeiramente, como de tempo.

Com a possibilidade destes contratos poderem contar com a Propriedade Fiduciária como garantia ao credor, este custo financeiro e de tempo cai por terra. Há uma imensa facilitação do credor em receber o seu crédito. Isto, porque: havendo cláusula expressa no contrato de financiamento com Propriedade fiduciária em garantia de que, tão logo constituído em mora o devedor o credor está facultado a promover a venda extrajudicial da coisa (e tal cláusula sempre consta destes contratos), o credor fiduciário não precisa tomar qualquer medida judicial. Pois, já que o credor é proprietário do bem, pode, ele mesmo, promover a sua imediata alienação via hasta pública.

Tal facilitação dos procedimentos para levantamento do crédito por parte das instituições financeiras participantes do Sistema Financeiro de Habitação, atingiu o fim almejado pelo Governo Federal: houve sensível aumento de instituições financeiras que se interessaram nos contratos de financiamento de imóveis.

Voltemos, pois à ordinariedade. Com a constituição da Propriedade Fiduciária em garantia haverá o desdobramento da posse, via constituto possessório.

Assim, podemos repetir o aquele velho gráfico:

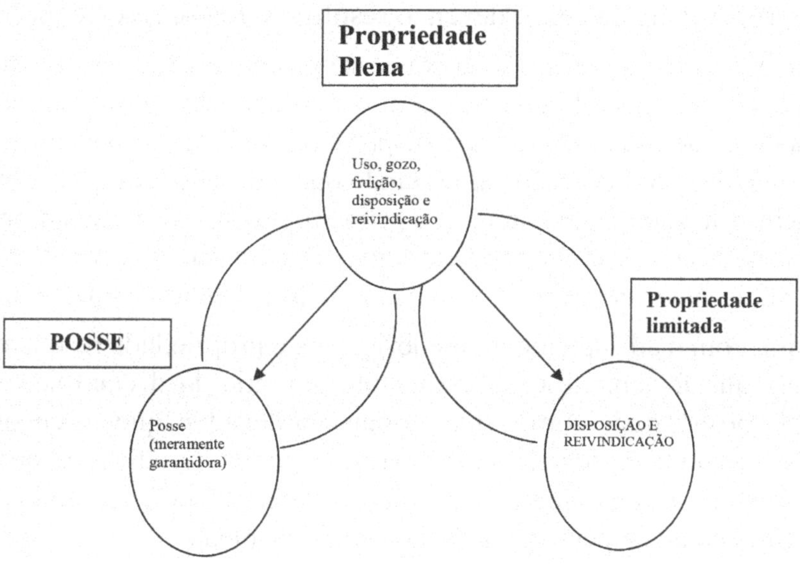

Com a constituição da propriedade fiduciária, podemos dizer que ocorre uma "ficção jurídica", onde a propriedade plena se divide em duas: propriedade resolúvel (que cabe ao credor fiduciário) e a propriedade superveniente (que cabe ao devedor fiduciante).

Assim dispõe o artigo 1.361 do Código Civil:

> ***Art. 1.361.*** *Considera-se fiduciária a propriedade resolúvel de coisa móvel infungível que o devedor, com escopo de garantia, transfere ao credor.*

Pois bem. Do artigo supra citado percebemos, então, que na propriedade fiduciária o direito de propriedade divide-se em *propriedade resolúvel* de um lado e *propriedade superveniente* do outro.

Quando um devedor transfere ao credor a propriedade de um bem de seu patrimônio em garantia de um débito, não o faz com o intuito de não mais reaver esta propriedade. Pelo contrário. Se o devedor deixa a propriedade de um bem seu em garantia ao credor, aquele devedor *confia* que, uma vez paga a sua dívida, o credor lhe devolverá esta propriedade (daí o nome de propriedade fiduciária: propriedade entregue em *fidúcia*; confiança). Assim, a esta propriedade que é transmitida temporariamente ao credor, para garantir o adimplemento da obrigação, dá-se o nome de **propriedade resolúvel**. Exatamente porque, adimplida a obrigação pelo devedor ao credor, não existe mais razão alguma para que este continue com a propriedade da coisa, devendo restituí-la. Ela se resolve, pois.

Por outro lado o devedor não deixa de ser proprietário da coisa cedida em garantia. A propriedade que fica com o devedor está, entretanto, com os seus poderes de usar, gozar, fruir, dispor e reivindicar, suspensos. Em um típico estado de embernação, aguardando que o devedor cumpra com a sua obrigação junto ao credor, para que o primeiro possa reaver a sua propriedade em plenitude. A esta propriedade com a qual conta o devedor até o adimplemento de sua obrigação, dá-se o nome de **propriedade superveniente**.

Assim, com o adimplemento da obrigação, a propriedade resolúvel (que é aquela que foi entregue ao credor em garantia da dívida) se resolve, e aquela propriedade com a qual contava o devedor, que se encontrava com os seus poderes de usar, gozar, fruir, dispor e reivindicar embernados aguardando o adimplemento da obrigação, "amadurece", deixando o campo da futuridade (superveniente) e tornando-se plena.

Daí porque poderíamos perfeitamente dizer que, o mais natural de se esperar da propriedade resolúvel é o seu definhamento, até sua total extinção enquanto que a propriedade superveniente tende ao crescimento, até convalidar-se em propriedade plena.

No intuito de facilitar a visualização desta abstração acima descrita, poderíamos imaginar o seguinte gráfico, onde cada propriedade é representada por uma coluna. Na medida em que o devedor quita as parcelas de sua obrigação é como se assistíssemos a diminuição da coluna da propriedade resolúvel até o seu exaurimento, e o consequente aumento da coluna da propriedade superveniente, até a sua convalidação em propriedade plena.

Assim representamos:

Cenário 1 **Cenário 2**

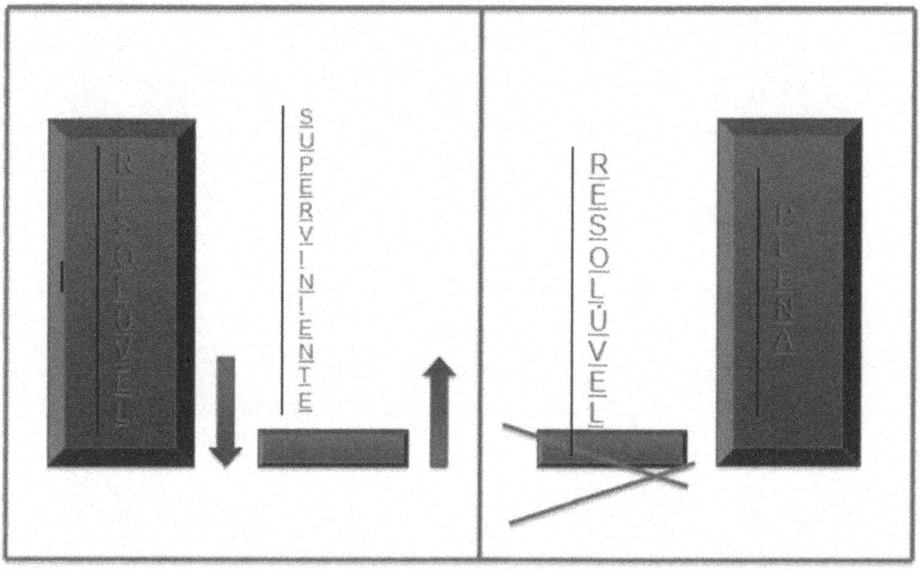

Como já cuidamos de informar, a diferença da posse exercida a título de garantia real (no caso, pelo devedor fiduciante) se difere da posse exercida a título de direito real de fruição pelo fato de que, nesta última, o seu possuidor pode usar e gozar a coisa como lhe aprouver. Já na garantia real, a posse é meramente garantidora, não podendo o seu possuidor fruir da coisa. Entretanto, por regra do artigo 1.363 do Código Civil, na alienação fiduciária (excepcionalmente) o possuidor da coisa pode usufruí-la, segundo a sua destinação, sendo obrigado, para tanto, a empregar na guarda da coisa a diligência exigida por sua natureza, e a entregá-la ao credor, se a dívida não for paga no vencimento.

O contrato de alienação fiduciária deve ser levado a registro no cartório de títulos e documentos. Tratando-se de veículos, na repartição competente para o licenciamento, fazendo-se a anotação no certificado de registro (artigo 1.361, § 1º).

Aplica-se quanto ao mais, tudo o que já estudamos nas disposições gerais dos direitos reais de garantia, a saber: efeitos da especificidade, indivisibilidade, excussão, vencimento antecipado, forma escrita da garantia real e vínculo real. Por essa razão, não repetiremos o que já foi dito alhures.

20 DO PENHOR

1. INTRODUÇÃO

Conta-nos a história do direito que o penhor foi a segunda garantia real a surgir na história da humanidade, tendo sido a mesma criada para superar os problemas já por nós apontados na garantia real da propriedade fiduciária, em que o devedor, apesar de manter consigo a propriedade sobre a coisa, permitia que a posse direta do bem permanecesse com o devedor, o que acabava por colocar em risco a garantia real, face à facilidade com que este último poderia facilmente consumi-la, deixando o credor sem qualquer garantia.

Como já dito em capítulos anteriores, a garantia real consiste no fato de o devedor passar para o seu credor ou a posse ou a propriedade de um determinado bem de seu patrimônio como garantia do cumprimento de uma obrigação. Caso essa obrigação não seja cumprida, então, o credor lançará mão deste bem e o levará a hasta pública para que, com o saldo de sua venda, o seu crédito seja pago. A esse procedimento dá-se o nome de *excussão.*

Costumamos dizer, pois, que o penhor é a imagem espelhada da propriedade fiduciária pois, enquanto nesta garantia real, a posse da coisa fica com o devedor e a propriedade com o credor, no penhor a situação se inverte: a posse permanecerá com o *credor*, e a propriedade permanecerá com o *devedor.*

O penhor é, pois, a garantia real que consiste na entrega da posse de bem móvel fungível do devedor ao credor, em garantia do pagamento de seu débito. Nas palavras do artigo 1.431 do Código Civil, "constitui-se o penhor pela transferência efetiva da posse que, em garantia do débito ao credor ou a quem o represente, faz o devedor, ou alguém por ele, de uma coisa móvel, suscetível de alienação". E arremata o artigo 1.432: "o instrumento do penhor deverá ser levado a registro, por qualquer dos contratantes; o do penhor comum será registrado no Cartório de Títulos e Documentos".

Daí, temos as três principais características do penhor: 1) só recai sobre bens móveis fungíveis; 2) só ocorre com a tradição (entrega) efetiva da posse do bem, pelo devedor ao credor[1]; 3) o bem deve estar livre e desembaraçado de quaisquer ônus que impeçam a sua venda. Afinal, como já vimos, o fim a que se presta o bem dado em garantia real é o de ser vendido em hasta pública, caso o credor não pague a sua dívida.

2. MODALIDADES DE PENHOR E SUAS CARACTERÍSTICAS

O penhor pode ser dividido em duas espécies: *penhor convencional* e *penhor legal.* Como os próprios nomes indicam, o penhor convencional é aquele fruto de convenção entre as partes. Já o penhor legal é aquele que se dá por força de lei, independentemente de convenção entre as partes. Ou seja: em algumas situações que a lei expressamente prevê (ex.: art. 1.467 do Código Civil), a lei assegura ao credor o direito à posse sobre determinados bens do devedor, com fincas a levá-los a leilão para apuração de seu crédito, se este não for pago espontaneamente pelo devedor. Sobre o penhor legal falaremos mais adiante em item próprio.

Por sua vez, o penhor convencional se subdivide em *penhor comum* e *penhores especiais.*

Os penhores especiais, por sua vez, se subdividem em: a) *rural;* b) *industrial e mercantil;* c) *de títulos de crédito* e d) *sobre veículos.* E o penhor rural, por sua vez, se subdivide em: a) *agrícola* e b) *pecuário.*

Assim, temos:

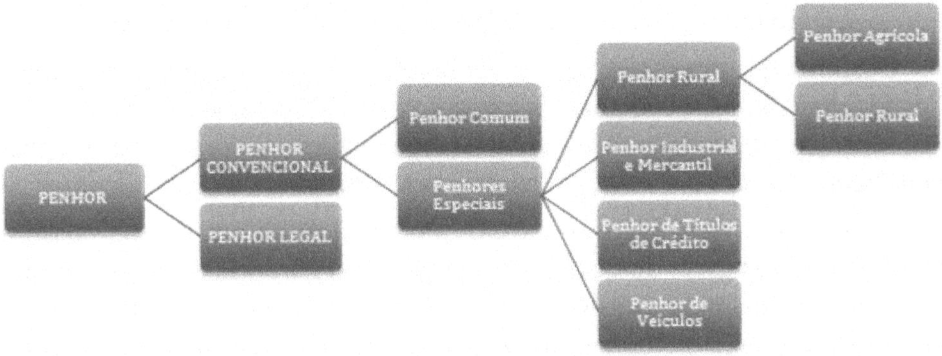

[1] O credor assume, portanto, a condição de depositário do bem, até o pagamento da dívida, momento no qual, o credor tem a obrigação de devolver a coisa, sob pena de ser considerado como depositário infiel.

As normas que regem todas as modalidades de penhor (comum, especiais e legal) são as normas do penhor comum. Daí porque o Código, ao dispor sobre o penhor, utiliza para todas as espécies de penhor as normas constantes do capítulo do penhor comum.

Os penhores especiais se diferenciam do penhor comum em três pontos, a saber:

Primeiro: os bens que podem ser dados nas modalidades especiais de penhor são apenas aqueles indicados em lei. Assim temos que: a) *podem ser objeto de penhor agrícola*: I – máquinas e instrumentos de agricultura; II – colheitas pendentes, ou em via de formação; III – frutos acondicionados ou armazenados; IV – lenha cortada e carvão vegetal; V – animais do serviço ordinário de estabelecimento agrícola; b) *Podem ser objeto de penhor pecuário:* os animais que integram a atividade pastoril, agrícola ou de lacticínios; c) *Podem ser objeto de penhor industrial e mercantil:* máquinas, aparelhos, materiais, instrumentos, instalados e em funcionamento, com os acessórios ou sem eles; animais, utilizados na indústria; sal e bens destinados à exploração das salinas; produtos de suinocultura, animais destinados à industrialização de carnes e derivados; matérias-primas e produtos industrializados; d) Por fim. *Títulos de crédito e veículos serão os bens passíveis dos penhores especiais de títulos de crédito e de veículos, respectivamente.*

Segundo: excepcionalmente, no caso dos penhores (especiais) "rural, industrial, mercantil e de veículos, as coisas empenhadas continuam em poder do devedor". Perceba, portanto, nobre leitor, que nas modalidades especiais de penhor há uma inversão quanto à constituição da garantia real. Afinal, como expressamente dispõe o artigo 1.431, "constitui-se o penhor pela transferência efetiva da posse que, em garantia do débito ao credor ou a quem o represente, faz o devedor, ou alguém por ele, de uma coisa móvel, suscetível de alienação".

Entretanto, nas modalides de penhor rural, industrial, títulos de crédito e de veículos, o bem prestado em garantia real não deixará as mãos do devedor. Será este quem conservará a posse da coisa em seu poder, em nome do credor. Portanto, nesse caso, é o devedor quem assumirá a condição de depositário, assumindo todas as responsabilidades (que seriam do credor) na conservação e guarda da coisa.

Isso se dá por força do chamado *constituto possessório*, que só vigora nesta modalidade de penhor. Ocorre, *in casu*, uma *tradição fictícia*. Explicamos melhor: seria como se o credor recebesse a posse do bem, mas, pela peculiaridade deste último (por se tratarem de crias, máquinas agrícolas ou industriais, utilizadas pelo devedor no seu trabalho diário), este mesmo credor devolve a posse da coisa ao seu devedor, nomeando-o depositário em seu lugar. Afinal, como poderia o devedor pignoratício produzir, para pagar a sua dívida junto ao seu credor, se os seus instrumentos de trabalho ficassem nas mão deste?

Terceiro: os contratos que servem de título à constituição dos penhores especiais agrícola, pecuário, industrial e mercantil, devem ser levados a registro no mesmo cartório de imóves da circunscrição onde estiverem situadas as coisas empenhadas. Já os contratos que servem de título à constituição do penhor comum, devem ser levados a registro no Cartório de Títulos e Documentos (arts. 1.432, 1.438 e 1.448).

Reproduzindo o teor do artigo 1.433 do Código Civil, o credor pignoratício tem direito:

I – à posse da coisa empenhada; II – à retenção dela, até que o indenizem das despesas devidamente justificadas, que tiver feito, não sendo ocasionadas por culpa sua; III – ao ressarcimento do prejuízo que houver sofrido por vício da coisa empenhada; IV – a promover a execução judicial, ou a venda amigável, se lhe permitir expressamente o contrato, ou lhe autorizar o devedor mediante procuração; V – a apropriar-se dos frutos da coisa empenhada que se encontra em seu poder; VI – a promover a venda antecipada, mediante prévia autorização judicial, sempre que haja receio fundado de que a coisa empenhada se perca ou deteriore, devendo o preço ser depositado. O dono da coisa empenhada pode impedir a venda antecipada, substituindo-a, ou oferecendo outra garantia real idônea.

Por outro lado, constituem obrigações do credor pignoratício: I – custodiar a coisa, como depositário, e ressarcir ao dono a perda ou deterioração de que for culpado, podendo ser compensada na dívida, até a concorrente quantia, a importância da responsabilidade; II – defender a posse da coisa empenhada e a dar ciência, ao dono dela, das circunstâncias que tornarem necessário o exercício de ação possessória; III – imputar o valor dos frutos, de que se apropriar (art. 1.433, inciso V) nas despesas de guarda e conservação, nos juros e no capital da obrigação garantida, sucessivamente; IV – restituí-la, com os respectivos frutos e acessões, uma vez paga a dívida; V – entregar o que sobeje do preço, quando a dívida for paga, no caso do inciso IV do art. 1.433.

2.1 Do penhor legal

Conforme já cuidamos de informar no item anterior, o penhor legal se dá por força de lei. A lei expressamente prevê algumas situações excepcionais (art. 1.467 e seguintes do Código Civil) em que o credor terá direito à posse de alguns bens móveis de seu devedor, com fincas a levá-los a leilão para apuração de seu crédito, caso a dívida não seja paga espontaneamente por este último.

O penhor legal se dá, pois, nas seguintes situações:

> Art. 1.467. São credores pignoratícios, independentemente de convenção:
>
> I – os hospedeiros, ou fornecedores de pousada ou alimento, sobre as bagagens, móveis, joias ou dinheiro que os seus consumidores ou fregueses tiverem consigo nas respectivas casas ou estabelecimentos, pelas despesas ou consumo que aí tiverem feito;
>
> II – o dono do prédio rústico ou urbano, sobre os bens móveis que o rendeiro ou inquilino tiver guarnecendo o mesmo prédio, pelos aluguéis ou rendas.

Tomados os bens em penhor legal, o credor deverá promover o procedimento judicial denominado *homologação do penhor legal*, previsto nos artigos 703 a 706 do Novo Código de Processo Civil brasileiro, *in verbis*:

> Art. 703. Tomado o penhor legal nos casos previstos em lei, requererá o credor, ato contínuo, a homologação.
>
> § 1º Na petição inicial, instruída com o contrato de locação ou a conta pormenorizada das despesas, a tabela dos preços e a relação dos objetos retidos, o credor pedirá a citação do devedor para pagar ou contestar na audiência preliminar que for designada.
>
> § 2º A homologação do penhor legal poderá ser promovida pela via extrajudicial mediante requerimento, que conterá os requisitos previstos no § 1o deste artigo, do credor a notário de sua livre escolha.
>
> § 3º Recebido o requerimento, o notário promoverá a notificação extrajudicial do devedor para, no prazo de 5 (cinco) dias, pagar o débito ou impugnar sua cobrança, alegando por escrito uma das causas previstas no art. 704, hipótese em que o procedimento será encaminhado ao juízo competente para decisão.
>
> § 4º Transcorrido o prazo sem manifestação do devedor, o notário formalizará a homologação do penhor legal por escritura pública.

Art. 704. A defesa só pode consistir em:

I - nulidade do processo;

II - extinção da obrigação;

III - não estar a dívida compreendida entre as previstas em lei ou não estarem os bens sujeitos a penhor legal;

IV - alegação de haver sido ofertada caução idônea, rejeitada pelo credor.

Art. 705. A partir da audiência preliminar, observar-se-á o procedimento comum.

Art. 706. Homologado judicialmente o penhor legal, consolidar-se-á a posse do autor sobre o objeto.

§ 1o Negada a homologação, o objeto será entregue ao réu, ressalvado ao autor o direito de cobrar a dívida pelo procedimento comum, salvo se acolhida a alegação de extinção da obrigação.

§ 2o Contra a sentença caberá apelação, e, na pendência de recurso, poderá o relator ordenar que a coisa permaneça depositada ou em poder do autor.

21 DA HIPOTECA

1. INTRODUÇÃO

A terceira garantia real que vamos estudar é a hipoteca. Nas didáticas palavras do professor César Fiuza:

> O direito real de hipoteca foi, segundo os doutores, o último dos direitos reais de garantia a surgir. Primeiro criou-se a alienação fiduciária em garantia, que trazia como desvantagem o fato de o devedor perder tanto a propriedade quanto a posse direta do bem oferecido em caução. O penhor, segundo a surgir, tinha a desvantagem de perder o devedor a posse do bem, mantendo, todavia, seu domínio. A hipoteca, por sua vez, veio a superar ambas as desvantagens. O devedor oferecia um bem em garantia, não lhe perdendo nem a posse nem a propriedade. É lógico que, por ser tão vantajosa para o devedor, a hipoteca recaía, habitualmente, sobre bens de difícil, para não dizer, de impossível destruição, deterioração ou mesmo desfazimento. Em outras palavras, os bens hipotecados eram aqueles dos quais o devedor não pudesse desfazer-se facilmente, uma vez que lhes mantinha tanto a posse quanto a propriedade. Daí recair a hipoteca quase sempre sobre imóveis. E assim é até hoje; o que não significa, porém, que a hipoteca seja instituto exclusivo dos bens imóveis, haja vista que navios e aviões, bens móveis por natureza, são hipotecáveis, em nossa sistemática. (FIUZA, 2004, p. 884)

Aí está a explicação da razão pela qual cultivamos a falsa ideia de que a hipoteca é uma garantia real que recai somente sobre bens imóveis. Tal associação é tamanha, que não raro ouvimos teses absurdas, tais como, de que os navios e aeronaves seriam bens imóveis para os efeitos legais, pois a lei os teria equiparado a imóveis, já que aqueles também podem ser objeto de hipoteca. Ora, como vimos, não existe nada de mais absurdo!

O que é correto dizermos sobre os bens que podem ser objeto de hipoteca, é que estes são taxativamente enumerados pelo artigo 1.473 do Código Civil. Em outras palavras: o Código Civil enumera, taxativamente, os bens que podem ser prestados em garantia hipotecária, não admitindo outros que não estejam ali arrolados.

Assim, os navios e as aeronaves são passíveis de hipoteca simplesmente porque, além de bens imóveis, a lei também permite a hipoteca de navios e aeronaves. A hipoteca pode recair tanto sobre bens móveis quanto imóveis. E mais, pode recair até mesmo sobre direitos: domínio direto e domínio útil (direitos do senhorio direto e do senhorio útil, respectivamente, na enfiteuse; ou direitos do nu-proprietário e usufrutuário no usufruto) direito real de uso especial para fins de moradia, propriedade superficiária (direito real sobre coisa alheia: superfície).

Portanto: podem ser objeto de hipoteca (artigo 1.473): I - os imóveis e os acessórios dos imóveis conjuntamente com eles; II - o domínio direto; III - o domínio útil; IV - as estradas de ferro; V - os recursos naturais a que se refere o art. 1.230, independentemente do solo onde se acham; VI - os navios; VII - as aeronaves. VIII - o direito de uso especial para fins de moradia (incluído pela Lei nº 11.481, de 2007); IX - o direito real de uso (incluído pela Lei nº 11.481, de 2007); X - a propriedade superficiária (Redação dada pela Medida Provisória nº 700, de 2015); e XI - os direitos oriundos da imissão provisória na posse, quando concedida à União, aos Estados, ao Distrito Federal, aos Municípios ou às suas entidades delegadas e respectiva cessão e promessa de cessão (incluído pela Medida Provisória nº 700, de 2015).

Vale ressaltar que, quanto a esta última modalidade de garantia hipotecária, o seu único beneficiário é o Poder Público, já que tratam-se dos direitos oriundos da imissão provisória da posse nos processos de desapropriação e, sendo a desapropriação prerrogativa exclusiva do Poder Público, este é o único beneficiário desta modalidade de garantia hipotecária.[1]

A hipoteca dos navios e das aeronaves reger-se-á pelo disposto em lei especial (parágrafo único do artigo 1.473 do Código Civil).

---

1 Mais sobre o tema, vide capítulo 24 (Dos Direitos Reais oriundos da Imissão Provisória na Posse)

Quando constituída sobre imóveis, a hipoteca abrange todas as acessões, melhoramentos ou construções do imóvel, subsistindo os ônus reais constituídos e registrados, anteriormente à hipoteca, sobre o mesmo imóvel (artigo 1.474).

2. DE SUA OPERACIONALIZAÇÃO

A hipoteca, como veremos nas próximas linhas, quebra algumas características das garantias reais, a saber:

a) *Da não transferência nem da posse, nem da propriedade ao credor hipotecário.*

Ao contrário do que ocorre nas demais garantias reais, o bem prestado à hipoteca continua tanto na posse como na propriedade do devedor. Portanto, de todas as garantias reais, a hipoteca é a única em que o credor não mantém nenhum vínculo material com a garantia real. Poderíamos dizer que algo parecido ocorre nos penhores especiais quando, por força do constituto possessório o devedor pignoratício mantém a posse da coisa consigo, em nome do credor pignoratício. Entretanto, como dissemos, não passa de uma aparente semelhança pois, nos penhores especiais, o devedor exerce a posse da coisa *em nome do credor*, enquanto na hipoteca não há tal tradição ficta da posse. Nessa modalidade de garantia real, o devedor exerce a posse sobre a coisa por si mesmo, sem qualquer obrigação para com terceiro.

Como o devedor hipotecário mantém consigo tanto a posse quanto a propriedade do bem (embora limitada), este continuará podendo usar, gozar, fruir, reivindicar e, inclusive, dispor da coisa livremente. Poderá ser convencionado, entretanto, que em caso de alienação da garantia hipotecária, haverá o vencimento antecipado da obrigação[2].

b) *Possibilidade de cumulação de várias hipotecas sobre um mesmo bem.*

Como já cuidamos de demonstrar, uma das características das garantias reais consiste no fato de sobre um mesmo bem não poder recair mais do que uma única garantia real. Trata-se, até mesmo, de uma questão lógica: se nas garantias reais, o devedor transfere para o credor, em garantia do cumprimento de uma obrigação, ou a posse ou a propriedade de um bem

---

2 Artigo 1.475: É nula a cláusula que proíbe ao proprietário alienar imóvel hipotecado. Parágrafo único. Pode convencionar-se que vencerá o crédito hipotecário, se o imóvel for alienado.

de seu patrimônio, por óbvio, não haveria modos deste devedor constituir nova garantia real sobre este mesmo bem, já que a sua posse, ou a sua propriedade já se encontrariam com outra pessoa.

No caso da hipoteca, essa impossibilidade não existe. Ou seja: sobre um mesmo bem, podem recair várias hipotecas (artigo 1.476 do Código Civil), não importando, sequer, que a soma das dívidas ultrapasse o valor do bem dado em garantia.

O leitor atento pode estar perguntando neste momento: se sobre um mesmo bem podem recair várias hipotecas, como ficaria, então, o pagamento destes credores concorrentes em caso de inadimplemento do devedor? Afinal, se houvesse a concorrência entre créditos de natureza diversa (trabalhistas, fiscais e quirografários), aplicar-se-ia a ordem de vocação do crédito da lei falimentar[3]. Mas em se tratando todos de credores de garantia de mesma natureza, qual dos credores será chamado a receber o seu crédito primeiro?

Aí está a principal razão pela qual a hipoteca só recai sobre bens passíveis de registro: como é possível ter-se mais de um credor sobre o mesmo bem, o registro das hipotecas é o instrumento a ser utilizado para definir a ordem de recebimento do crédito. Assim, o pagamento se dará na ordem em que se deram os registros.

Por exemplo: Maria, para financiar o seu empreendimento, precisava de R$50.000,00 (cinquenta mil reais). Dirigiu-se ao *Banco Alfa* e lá conseguiu um empréstimo de R$25.000,00. Para tanto, assinou o contrato no dia 29 de outubro de 2008, com data de vencimento para o dia 11 de novembro de 2009.

Posteriormente, dirigiu-se ao *Banco Beta*, onde, no dia 30 de outubro de 2008 assinou com o mesmo contrato de empréstimo de R$15.000,00, com data de vencimento para o dia 12 de dezembro de 2009.

Por fim, no dia 31 de outubro de 2008 assinou com o *Banco Delta* um outro contrato, este, no valor de R$10.000,00 com data de vencimento para o dia 10 de dezembro de 2009.

Como garantia, Maria hipotecou sua casa, no valor de R$100.000,00. Os bancos registraram seus contratos no competente cartório imobiliário nas seguintes datas: o *Banco Alfa* registrou o seu contrato no dia 11 de novembro de 2008; o *Banco Beta* registrou o seu contrato no dia 3 de novembro de 2008 e o *Banco Delta* registrou o seu contrato no dia 4 de novembro de 2008.

---

3 A ordem de vocação dos credores concorrentes na lei falimentar é: 1° lugar – créditos trabalhistas; 2° lugar – créditos reais; 3° lugar – créditos fiscais e, em 4° lugar – créditos quirografários.

Para facilitar o exemplo, vamos imaginar a seguinte linha do tempo:

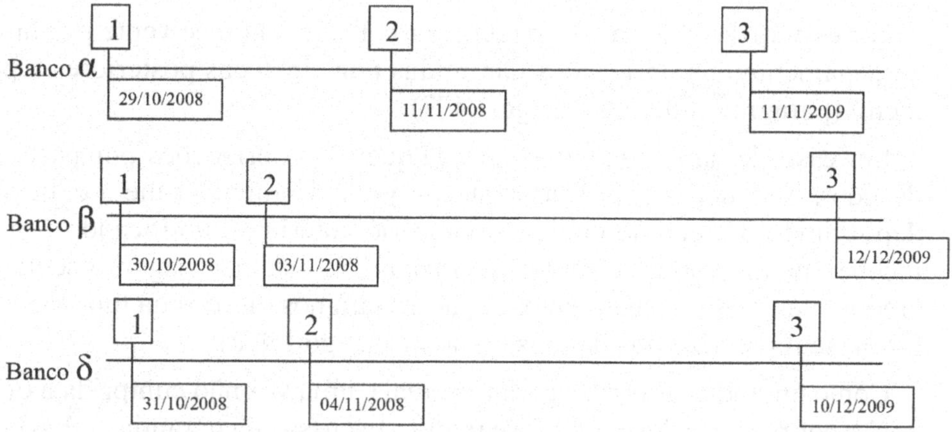

Legenda

Momento 1 – Assinatura do contrato

Momento 2 – Registro do contrato

Momento 3 – Vencimento do contrato

Para apurarmos qual será a ordem de pagamento dos credores hipotecários em caso de inadimplência de Maria, devemos nos atentar para a data do Registro da Hipoteca (momento 2 da nossa ilustração).

Assim, chamamos de hipoteca de primeiro grau aquela que foi registrada antes de qualquer outra, e assim por diante. Dessa forma, a ordem dos credores hipotecários no exemplo acima é: o *Banco Alfa* é o credor hipotecário de terceiro grau; o *Banco Beta* é credor hipotecário de primeiro grau; e o *Banco Delta* é o credor hipotecário de segundo grau.

Enquanto não vencida a primeira hipoteca, o credor da segunda hipoteca, embora já vencida, não poderá executar Maria, e assim, sucessivamente. Ou seja: vamos dizer que já nos encontramos no dia 20 de novembro de 2009, e Maria ainda não pagou ao *Banco Alfa*. Note que este banco é credor hipotecário de terceiro grau. Pois bem, como antes dele ainda existem dois credores hipotecários (*Bancos Delta* e *Beta*), o *Banco Alfa* não poderá executar Maria, pois existem credores hipotecários anteriores. Esta é a norma do artigo 1.477 do Código Civil:

> Art. 1.477. Salvo o caso de insolvência do devedor, o credor da segunda hipoteca, embora vencida, não poderá executar o imóvel antes de vencida a primeira.

Por essa razão, Maria não poderá ser considerada insolvente por faltar ao pagamento das obrigações garantidas por hipotecas posteriores à primeira (parágrafo único do artigo 1.477).

Em caso de não pagamento de qualquer das obrigações por parte do devedor, o credor hipotecário posterior poderá promover-lhe a extinção, depositando o preço ao credor hipotecário anterior, e notificando-o para receber, bem como ao devedor para pagar. Se este não pagar, o segundo credor, efetuando o pagamento, se sub-rogará nos direitos da hipoteca anterior, sem prejuízo dos demais credores (artigo 1.478).

Como em todas as outras garantias reais, uma vez não cumprida a obrigação por parte do devedor, dá-se início à excussão da garantia real: o bem será penhorado na competente ação de execução a ser promovida pelo credor em face do devedor, e o bem prestado em hipoteca será arrecadado pelo juízo da execução e levado a hasta pública.

3. DA HIPOTECA LEGAL

Assim como ocorre com o penhor, existem situações em que é a própria lei que destaca os imóveis de determinadas pessoas como garantia hipotecária de dadas situações jurídicas. Esta é chamada hipoteca legal. Assim dispõe o artigo 1.489 do Código Civil:

> Art. 1.489. A lei confere hipoteca:
>
> I – às pessoas de direito público interno (art. 41) sobre os imóveis pertencentes aos encarregados da cobrança, guarda ou administração dos respectivos fundos e rendas;
>
> II – aos filhos, sobre os imóveis do pai ou da mãe que passar a outras núpcias, antes de fazer o inventário do casal anterior;
>
> III – ao ofendido, ou aos seus herdeiros, sobre os imóveis do delinqüente, para satisfação do dano causado pelo delito e pagamento das despesas judiciais;
>
> IV – ao co-herdeiro, para garantia do seu quinhão ou torna da partilha, sobre o imóvel adjudicado ao herdeiro reponente;
>
> V – ao credor sobre o imóvel arrematado, para garantia do pagamento do restante do preço da arrematação.

22 ANTICRESE: DIREITO REAL DE GARANTIA OU FORMA ESPECIAL DE PAGAMENTO?

1. INTRODUÇÃO

O nosso Código Civil, de maneira absolutamente surpreendente, manteve em seu texto o obsoleto instituto da anticrese (artigos 1.506 a 1.510).

Tal opção legislativa é, no mínimo, curiosa. Em um primeiro momento (Projeto de Código Civil brasileiro de 1965), tal instituto já havia sido dado como retirado de nosso sistema civil (vide PEREIRA, 2004, p. 414). A despeito de sua previsão em nosso ordenamento legal, a anticrese encontra-se em completo desuso.

Neste breve estudo, nos propomos a discutir a natureza jurídica que a anticrese sempre recebeu ao longo de sua história, como sendo uma modalidade de garantia real. Discutiremos, também, a sua utilidade nos tempos atuais; momento em que a diversidade de instrumentos jurídicos postos à disposição do cidadão comum, chega a embaralhar seu raciocínio, levando-o a fazer opção, em seus negócios, sempre pelo instrumento mais conhecido, ou pelo menos mais usual, o que colabora para que a anticrese caia cada vez mais no desuso e no desconhecimento.

2. CONCEITO E NATUREZA JURÍDICA

A anticrese encontra-se disciplinada em nosso Código Civil nos artigos 1.506 a 1.510, inseridos no Livro III (Direitos Reais), Capítulo IV. Em uma interpretação sistemática, significa dizer que se trata a anticrese de uma modalidade de garantia real em que, "pode o devedor ou outrem por ele, com a entrega do imóvel ao credor, ceder-lhe o direito de perceber em compensação da dívida os frutos e rendimentos (da coisa)" (art. 1.506 do CC).

Em outras palavras, a anticrese consistiria na entrega, pelo devedor ao credor, de um bem imóvel, para que deste bem, o credor dali retirasse, sob a sua própria administração, o seu crédito junto ao devedor.

Para que possamos questionar a natureza jurídica de garantia real dada à anticrese pelo nosso ordenamento civil, primeiramente teremos que conhecer algumas das características dos chamados Direitos Reais de Garantia.

3. DOS DIREITOS REAIS SOBRE COISAS ALHEIAS

O Código Civil de 1916, ao tratar do Direito das Coisas em seu Livro II da Parte Especial, dedicou um título deste livro (Título III), para cuidar dos chamados "direitos reais sobre coisas alheias", em contraposição aos direitos reais sobre coisas próprias (Posse e Propriedade), que eram estudadas naquele mesmo Livro nos Títulos I e II.

Dessa forma, a legislação destacava alguns instrumentos jurídicos que conferiam às pessoas que deles fossem titulares o direito de ter, sobre as coisas de terceiros, direitos tão fortes como os que tinha o proprietário sobre a sua propriedade. A todos aqueles que fossem titulares de algum dos institutos descritos no Livro II do Código Civil de 1916 (Livro III do Código Civil atual) o legislador conferiu a qualificação de titular de um direito real.

E o que significa ser titular de um direito real?

Ser titular de um direito real implica, em última análise, poder gozar de alguns atributos a que não fazem jus aqueles que são titulares de um direito pessoal.

O professor Caio Mário da Silva Pereira enumera algumas das vantagens dos Direitos Reais sobre os Direitos Pessoais:

> 1 – O direito real é oponível *erga omnes*, enquanto que o direito de crédito o é a um sujeito passivo determinado;
>
> 2 – O objeto do direito real é sempre determinado, ao passo que do direito de crédito basta seja: determinável;

> 3 – O *ius in re* exige a existência atual da coisa, em contraposição ao *ius ad personam*, compatível com a sua futuridade;
>
> 4 – O direito real é exclusivo, no sentido de que se não compadece com a pluralidade de sujeitos com iguais direitos;
>
> 5 – O direito real adquire-se por usucapião, ao passo que os direitos de crédito não suportam este modo de aquisição;
>
> 6 – Os direitos de crédito extinguem-se pela inércia do sujeito, ao passo que os reais conservam-se, não obstante a falta de exercício, até que se constitua uma situação contrária, em proveito de outro titular;
>
> 7 – Os direitos reais são providos da prerrogativa de acompanharem a coisa em poder de quem quer que ela se encontre; (sequela);
>
> 8 – O titular do direito real tem a faculdade de receber privilegiadamente em caso de falência ou concurso creditório, sem se sujeitar ao rateio, cabendo-lhe, dentro dos limites de seu crédito, embolsar o produto da venda da coisa gravada (preferência);
>
> 9 – O titular de um direito real, que não possa mais suportar seus encargos, tem a faculdade de abandoná-lo, o que não cabe no tocante aos direitos de crédito;
>
> 10 – Os *iura in re* são suscetíveis de posse, os crédito não são. (PEREIRA, 2004, p. 5)

A doutrina, por sua vez, dividiu os direitos reais sobre coisas alheias em três categorias: os direitos reais sobre coisas alheias de fruição, os direitos reais sobre coisas alheias de aquisição, e direitos reais sobre coisas alheias de garantia.

O que determina se um dado instituto de direito real sobre coisa alheia pertence a uma ou a outra categoria, é a finalidade para a qual aquele instituto fora criado. Ou seja: se a finalidade do instituto é assegurar a terceira pessoa que não seja proprietária do bem o direito de fruir de coisa alheia como se sua fosse, então, o referido instrumento se trata de um direito real de fruição sobre coisa alheia. Ao revés, se o que se procura é ter a coisa alheia simplesmente como garantia de recebimento de um crédito, então, estaremos diante de um instituto de direito real de garantia sobre coisa alheia.

Seja em um grupo ou no outro (fruição ou garantia), o funcionamento dos institutos se dá de forma semelhante: haverá o desdobramento da posse: posse direta e posse indireta. Ou a quem preferir, haverá o desdobramento da propriedade, que deixará de ser plena e passará a ser limitada.

Explicamos melhor: a propriedade plena compreende o exercício de cinco atributos: usar, gozar, fruir, dispor e reivindicar. Se algum desses atributos é retirado das mãos do proprietário e passado para mãos de terceiro, a propriedade deixará de ser plena e passará a ser limitada. Graficamente, poderíamos representar tal fato da seguinte forma:

Podemos dizer que enquanto um mantém consigo a posse direta sobre a coisa, o outro tem consigo a posse indireta. Ou ainda: enquanto o proprietário mantém consigo o título de proprietário, o terceiro tem o exercício efetivo da posse.

Entretanto, o exercício da posse se dará de maneira diferente em cada um dos grupos dos direitos reais sobre coisas alheias (fruição ou garantia).

Enquanto nos institutos de direito real de fruição (enfiteuse, superfície, servidões, usufruto, uso e habitação) o possuidor mantém consigo a chamada *posse fruendi*, ou seja, aquela posse cujo titular pode usar da coisa em seu próprio proveito, tendo como obrigação apenas e tão somente evitar o seu perecimento, já nos direitos reais de garantia (penhor, propriedade fiduciária, anticrese e hipoteca) a posse será meramente garantidora, ou seja: o possuidor não pode usar a coisa em seu proveito (salvo em raras exceções permitidas por lei), mas tão somente tê-la consigo para que, caso não receba seu crédito, use-a para apurá-lo (o crédito) em hasta pública (é o que ocorre, por exemplo, nos casos de penhor e propriedade fiduciária). Sobre tais diferenças no exercício da posse, voltaremos a falar mais adiante, quando criticaremos a natureza jurídica da anticrese, classificada em todos os tempos como direito real de garantia.

4. DOS EFEITOS DOS DIREITOS REAIS DE GARANTIA

Os direitos reais de garantia são dotados de três efeitos específicos, a saber: *efeito da especificidade, efeito da indivisibilidade* (em relação ao bem dado em garantia e em relação ao pagamento do crédito) e o *efeito da excussão.*

O *Efeito da Especificidade* encontra seu fundamento nos artigos 1.362 e 1.424 do Código Civil que determina o seguinte:

> Art. 1362. O contrato, que serve de título à propriedade fiduciária, conterá:
>
> I – o total da dívida, ou sua estimativa;
>
> II – o prazo, ou a época do pagamento;
>
> III – a taxa de juros, se houver;
>
> IV – a descrição da coisa objeto da transferência, com os elementos indispensáveis à sua identificação.
>
> (...)
>
> Art. 1424. Os contratos de penhor, anticrese ou hipoteca declararão, sob pena de não terem eficácia:
>
> I – o valor do crédito, sua estimação, ou valor máximo;
>
> II – o prazo fixado para pagamento;
>
> III – a taxa dos juros, se houver;
>
> IV – o bem dado em garantia com as suas especificações.

Em suma: para que as garantias reais sejam válidas perante terceiros, além do registro no cartório competente (ato indispensável para o caráter real), dos respectivos contratos devem constar expressamente os requisitos dos artigos acima expostos: identificação precisa do bem dado em garantia, o valor do crédito, o prazo fixado para pagamento e a taxa de juros se houver. A inobservância de um destes requisitos leva à nulidade da garantia perante terceiros.

Já o *Efeito da Indivisibilidade*, que encontra espeque no artigo 1.421 do Código Civil determina que "o pagamento de uma ou mais prestações da dívida não importa exoneração correspondente da garantia, ainda que esta compreenda vários bens, salvo disposição expressa no título ou na quitação". Ou seja: o *efeito da indivisibilidade*, em sede de direitos reais de garantia, determina que o bem dado em garantia ficará *integralmente comprometido até o pagamento total do crédito.* Assim, não importa que o crédito seja de valor muito inferior ao bem garantidor, ou se o crédito já foi quase completamente pago. Tanto em um caso como no outro, o bem continuará garantindo o cumprimento da obrigação de maneira *integral* e *indivisivelmente.*

O efeito da indivisibilidade pode ser encarado sob dois prismas: da indivisibilidade quanto ao objeto garantidor e da indivisibilidade quanto ao valor garantido.

Pelo primeiro prisma (indivisibilidade quanto ao objeto garantidor) podemos imaginar, por exemplo, que alguém, para garantir o pagamento de uma dívida de vinte mil reais, preste em garantia um imóvel de cem mil reais. Esse imóvel, embora corresponda a cinco vezes o valor da dívida contraída, responderá pela mesma em toda a sua integralidade, não havendo a possibilidade de comprometer apenas parte do bem.

Já pelo segundo prisma (indivisibilidade quanto ao valor garantido), podemos imaginar, por exemplo, alguém que tenha contraído uma dívida de vinte mil reais, e que tenha convencionado o seu pagamento em vinte parcelas. Esse devedor, já tendo pago dezenove destas, continuará tendo o seu bem (que fora dado em garantia) completamente e indivisivelmente vinculado ao cumprimento da obrigação até o pagamento da última parcela. Ou seja: "o pagamento de uma ou mais prestações da dívida, não importa exoneração correspondente da garantia" (art. 1.421 do Código Civil).

O *Efeito da Excussão* se constitui corolário ao *Efeito da Indivisibilidade.* Com isso queremos dizer que uma vez não pago o débito, resta ao credor o direito de excutir o bem dado em garantia. Excutir significa, precisamente, levar o bem dado em garantia a hasta pública para que, do produto apurado em sua venda, o credor possa retirar o que lhe é devido, devolvendo o que sobejar do preço ao devedor. Assim dispõe o artigo 1.422 do Código Civil brasileiro:

> Art. 1.422. O credor hipotecário e o pignoratício têm o direito de excutir a coisa hipotecada ou empenhada, e preferir, no pagamento, a outros credores, observada, quanto à hipoteca, a prioridade no registro.

Como entre nós já não é mais possível o *pacto comisstório* (antiga disposição das Ordenações do Reino que autorizava ao credor de direito real se assenhorear do bem dado em garantia se o seu crédito não fosse pago), justamente por tal prática implicar em forma de locupletamento por parte do credor real, este, por nosso ordenamento, deve receber o seu crédito pela concorrência pública na venda do bem oferecido em garantia real, o que se faz mediante hasta pública. Dessa forma, é possível que, procedida a venda da garantia real, paga a importância devida ao credor, seja devolvido ao devedor o que porventura tenha sobejado da venda da garantia real.

Em virtude do efeito da indivisibilidade acima estudado, vimos que não é possível que apenas uma parte da garantia real responda pelo débito. Daí a justificativa de sua alienação para o cumprimento de seu papel garantidor da obrigação.

5. DO EQUÍVOCO EM SE CLASSIFICAR A ANTICRESE COMO GARANTIA REAL

Tendo em vista todas as considerações até aqui propostas, analisadas as características e efeitos específicos das garantias reais, tentaremos demonstrar neste item as razões que nos levam a discordar do caráter de garantia real emprestado ao instituto da anticrese pelo nosso ordenamento civil. Peca, portanto, o presente Código em dois momentos: a) em não retirar de nosso ordenamento civil instrumento já completamente em desuso no trato diário; b) em se fazendo a opção pela sua mantença, não procedeu o legislador com a devida reclassificação da anticrese, retirando-lhe o caráter de garantia real, como sugeriremos a seguir.

5.1 Da não recepção pela anticrese dos efeitos da indivisibilidade e da excussão

Começaremos pela demonstração da não recepção pela anticrese, de dois, dos três efeitos típicos das garantias reais acima estudados: os efeitos da *indivisibilidade* e da *excussão.*

Primeiramente, não podemos dizer que a anticrese seja marcada pelo efeito da indivisibilidade. Ora, a anticrese constitui, exatamente, no direito do credor anticrético retirar do imóvel dado em anticrese a importância que lhe é devida, por meio de sua administração direta, reduzindo o seu crédito à medida que vão sendo colhidos os frutos do imóvel anticrético.

Assim, à medida que o credor anticrético se utiliza do bem dado em anticrese, o seu crédito sofrerá abatimento proporcional. E embora o bem, na sua integralidade, continue servindo de garantia anticrética (ou seja: embora exista o efeito da indivisibilidade em razão do bem prestado em garantia), não estaria presente a indivisibilidade sob o prisma do valor garantido, já que a exploração sobre o imóvel deverá diminuir de intensidade à medida que a dívida for sendo paga.

Imaginemos, por exemplo, um garimpo de ouro que tenha sido cedido em anticrese, rendendo ao credor anticrético o montante de R$10.000,00 diários, respondendo por uma garantia anticrética no valor de R$100.000,00. Obviamente, à medida que o devedor anticrético explore aquele garimpo, cada vez menos ouro será preciso retirar daquele imóvel para a liquidação do crédito. Certo dia, digamos que o credor anticrético já houvera retirado daquele garimpo o equivalente a R$98.000,00 de seu crédito, por exemplo, extraiu daquele imóvel o equivalente a R$15.000,00 a mais. Portanto, os R$13.000,00 que sobejaram não foram apropriados pelo credor, já que este fazia jus a apenas R$2.000,00 para a complementação de seu crédito. Não há como negar que a exploração empregada no garimpo até aquela data importou na exoneração correspondente da garantia.

Desta forma, não se aplica à anticrese o artigo 1.421 do Código Civil (dispositivo pertencente às disposições gerais dos direitos reais de garantia). Muito menos ainda, poder-se-ia falar da existência do efeito da excussão em sede de anticrese.

Ora, se a garantia anticrética consiste (única e tão somente) no direito do credor anticrético em perceber os frutos que o imóvel dado em anticrese venha a produzir sob a sua administração, para que daí, o próprio credor resgate o seu crédito. Definitivamente, o imóvel anticrético não está sujeito a qualquer tipo de gravame, pois, repita-se, não é ele que está a garantir o crédito, mas sim os frutos que este venha a produzir sob a administração do credor. Nas palavras de Maria Helena Diniz:

> c.2. Direitos e deveres do credor anticrético
>
> O anticresista tem direitos de: 1) Reter o imóvel do devedor pelo prazo de 15 anos, se outro menor não for avençado pelas partes (C.C. art. 1.423) ou até que seu crédito seja pago (C.C, art. 1.507, § 2°, *in fine*).

> *Não lhe assiste o direito de excutir o imóvel.* (DINIZ, 2002, p. 460) (grifos nossos)

Portanto, diante do inadimplemento da obrigação, em hipótese alguma poderá ser o imóvel excutido, já que não é ele o objeto da garantia. E reforçando nosso entendimento, o próprio Código Civil assim o diz expressamente, ao retirar do artigo 1.422 (supra citado) a figura do credor anticrético como sujeito que possa pedir a excussão de sua garantia real.

5.2 Da cumulação da anticrese e da hipoteca sobre o mesmo imóvel. Impossibilidade de cumulação de garantias reais sobre o mesmo bem

Outra característica da anticrese que nos leva a reforçar o entendimento de que tal instituto não pode ser considerado como sendo de garantia real é o fato de ser possível o imóvel cedido em anticrese poder ser cedido também em hipoteca e vice-versa.

Definitivamente, não é possível que sobre o mesmo bem recaia mais que uma garantia real. Caso contrário, estaríamos desguarnecendo o credor real. O que confere maior garantia quanto ao recebimento do crédito real é exatamente o fato de que aquele bem representa garantia exclusiva de apenas um credor. Tal fato assegura o recebimento do crédito por parte deste credor, na medida em que não possibilita o concurso de credores sobre aquele bem específico. Ou seja: a garantia real representa exclusividade para o seu credor.

O mencionado fato apenas não ocorre na hipoteca, pois neste caso, como os bens passíveis de tal garantia se tratam de bens de difícil alienação e de grandes valores, é possível que possam ser utilizados em garantia mais de uma vez (até o limite do valor do bem).

Finalidade da garantia real: meio reparatório pelo não pagamento espontâneo da obrigação

Outro ponto que nos leva a discordar da classificação da anticrese como modalidade de garantia real, encontra-se na própria finalidade da garantia real. A garantia real (como qualquer outra) somente é utilizada caso haja o inadimplemento da obrigação pelo devedor. Uma vez satisfeita a obrigação, o bem dado em garantia fica liberado do ônus, voltando a ser de propriedade exclusiva e plena do antigo devedor.

Tal fato não ocorre na anticrese. Isso porque, assim que o bem é disponibilizado por meio desta garantia, imediatamente o credor já passa a explorá-lo; a retirar-lhe proveito. A anticrese, por sua natureza, implica em permitir que o seu credor se utilize do bem, de maneira ativa, para que, deste uso, ele (o credor) tenha o seu crédito pago.

Dizemos melhor: a figura da garantia somente é exercida caso não seja pago o débito. Já na anticrese, o credor anticrético, tão logo assim se constitua, já passa a receber o seu crédito imediatamente, por sua própria administração, não ficando, por isso mesmo, condicionado a nenhum fato anterior (inadimplemento da obrigação). Afinal, o inadimplemento, em sede de anticrese, significaria, exatamente, o seu não exercício.

Note, então, que o que ocorre na anticrese se assemelha mais a uma modalidade especial de pagamento, ou de contrato creditício, do que a uma garantia. O professor Caio Mário da Silva Pereira, em sua clássica obra "Instituições de Direito Civil", já opinava que o futuro deste instituto seria de tender, senão ao desaparecimento, ao menos à mudança de seu caráter:

> É provável que no futuro venha a (anticrese) perder a categoria de direito real, subsistindo como contrato de natureza meramente creditícia ou cláusula adjecta a contrato hipotecário. (PEREIRA, 2004, p. 416).

A não utilização do instituto em nosso cotidiano não justifica que desconsideremos a sua existência, nem que deixemos de raciocinar em seus efeitos no contexto global civil, o que exige o nosso constante debate. Afinal, o progresso de toda e qualquer ciência está inexoravelmente ligado ao constante debate e observação das coisas que nos são postas, a princípio, como verdades únicas, sem espaços para mudanças.

23 DOS DIREITOS REAIS SOCIAIS[1]

1. INTRODUÇÃO

Ao iniciarmos o estudo das principais características dos Direitos Reais, analisamos, dentre outras, a característica da tipicidade ou o princípio dos *numerus clausus.* Sendo assim, concluímos pela taxatividade do artigo 1.225 do Código Civil, ou seja, somente ao Poder Legislativo cabe a criação de novos direitos reais e sua regulamentação. Não cabe ao particular tal prerrogativa.

Nesse sentido e atendendo a tal princípio é que a Lei 11.481 de 31 de maio de 2007, que prevê medidas voltadas aos interesses sociais, no seu artigo 10 acrescentou dois novos incisos no artigo 1.225 do Código Civil que passou a vigorar com a seguinte redação:

> Art. 1.225. São direitos reais:
>
> (...)
>
> XI – a concessão de uso especial para fins de moradia;
>
> XII – a concessão de direito real de uso.

2. CONCESSÃO DE USO ESPECIAL PARA FINS DE MORADIA. CONCEITO E REQUISITOS

Como reflexo dos novos paradigmas do Direito Civil que passou a ser interpretado à luz da Constituição da República de 1988 – fenômeno

---

1 Texto produzido pela aluna Camila Botaro Salles, mestra pelo programa de Pós-graduação em Direito, na linha de Direito Privado da PUC Minas, sob a orientação do autor

conhecido como constitucionalização do Direito Civil – a Lei 11.481, de 31 de maio de 2007 vem concretizar princípios como o da dignidade da pessoa humana, da função social da propriedade e da solidariedade, operacionalizando o direito à moradia previsto no artigo 6º da CR/88.

Podemos dizer que a concessão de uso especial para fins de moradia é um direito real social instituído por ato administrativo (concessão) que possui o objetivo específico de conceder moradia sobre as áreas de propriedade da União, preenchidos os requisitos da Medida Provisória 2220/01, que passaremos a analisar agora.

A MP 2220/01 regulamenta a concessão de uso de que trata o artigo 183, § 1º da CR/88. Vale ainda ressaltar, que a Lei 11.481 de 31 de maio de 2007 trouxe para o nosso ordenamento jurídico a concessão de uso especial para fins de moradia, mas seus requisitos são encontrados ainda na MP por determinação da própria lei:

> A concessão de uso especial para fins de moradia aplica-se às áreas de propriedade da União, inclusive aos terrenos de marinha e acrescidos, e será conferida aos possuidores ou ocupantes que preencham os requisitos legais estabelecidos na Medida Provisória nº 2.220, de 04 de setembro de 2001.

Os requisitos se assemelham aos da usucapião constitucional, mas são institutos distintos. De acordo com o artigo 1º da MP, tem direito à concessão de uso especial para fins de moradia:

1º) Aquele que até 30 de junho de 2001 possuiu por 5 anos imóvel público da União (inclusive da marinha) de até 250 metros em área urbana de forma ininterrupta e contínua.

2º) A fim de garantir o direito à moradia, esta nova modalidade de direitos reais somente se aplica se a finalidade do uso é para moradia da pessoa ou de sua família, de forma gratuita.

3º) O concessionário não poderá ser proprietário de outro imóvel, seja ele urbano ou rural. Conforme determina a MP, este direito será reconhecido uma única vez.

Características

A MP ainda prevê que a concessão de uso especial para fins de moradia pode ser transmitida *inter vivos* ou *causa mortis*. Pode o herdeiro legítimo continuar na posse do seu antecessor, desde que, da abertura da sucessão já cumpra o requisito de habitação no imóvel.

O novo direito real poderá ser concedido ao homem e à mulher, independente do estado civil e, como já dito, uma única vez.

Interessante analisarmos que o Poder Público poderá garantir a concessão de uso especial para fins de moradia em local diferente daquele onde a posse foi exercida, caso esta área acarrete risco à vida ou à saúde dos ocupantes ou tratar-se de área de uso comum do povo, destinada a projeto de urbanização, de interesse da defesa nacional, da preservação ambiental e da proteção dos ecossistemas naturais, e ainda, aqueles locais reservados à construção de represas e obras congêneres ou situado em via de comunicação.

Modalidades

Podemos dizer que a MP trouxe duas formas especiais deste novo direito real. Seria a concessão "coletiva" de uso especial para fins de moradia, e a concessão de uso especial para fins comerciais.

No primeiro caso, preenchido os requisitos analisados acima, poderá o Poder Público conceder o uso para fins de moradia de forma coletiva, desde que os concessionários sejam pessoas de baixa renda, ocupem área superior a 250 metros, podendo ainda somar suas posses com as posses dos antecessores.

Nesse caso, cada concessionário receberá uma fração ideal do terreno, podendo acordar frações diferentes. Contudo, cada possuidor não poderá receber uma fração superior a 250 metros.

Com relação à segunda forma especial, a MP determina que o Poder Público competente, preenchidos os requisitos legais, poderá conceder o uso para aqueles que possuírem área de até 250 metros cuja finalidade seja comercial. Aplicam-se, neste caso, as demais características analisadas: gratuidade e acessão.

Procedimento

Primeiramente, a concessão de uso especial para fins de moradia será obtida por meio do ato da Administração Pública que concede direitos e poderes ao particular denominado *concessão.*

O pedido deverá ser instruído com a certidão do Poder Público informando a localização do imóvel em área urbana, bem como o objetivo determinado de moradia do requerente ou de sua família.

A Administração Pública deverá decidir em até 12 meses sobre o requerimento, e, na ocorrência de omissão, poderá o ocupatente pleitear judicialmente, caso em que a concessão será declarada pelo juiz mediante sentença declaratória.

Seja pela via administrativa ou judicial, o título deverá ser registrado no Cartório de Registro de Imóveis, conforme determina o artigo 167, I, 37 da Lei 6.015/73 – Lei de Registro Público.

Extinção

A MP relaciona duas formas de extinção da concessão de uso especial para fins de moradia:

a) quando houver mudança da finalidade especificada na lei, ou seja, quando o concessionário ou sua família utilizar o imóvel com o objetivo diverso da moradia.

b) se o concessionário tornar-se proprietário ou constituir nova concessão de imóvel urbano ou rural.

3. CONCESSÃO DE DIREITO REAL DE USO. CONCEITOS E REQUISITOS

O segundo novo direito real acrescentado ao artigo 1.225 do Código Civil trata também de um direito real de cunho social que possui finalidades e requisitos diferentes da concessão analisada anteriormente.

A concessão de direito real de uso é o direito real que também ocorre por ato administrativo vinculado do Pode Público (concessão) que recai sobre os imóveis de propriedade da União Federal cujo objetivo não é determinado, mas deve-se atender interesses públicos ou sociais, bem como um aproveitamento de interesse nacional.

Esta nova modalidade de direito real foi instituída pelo Decreto-Lei 271, de 28 de fevereiro de 1967 com nova redação dada pela Lei 11.481.

Segundo essa lei, a concessão de direito real de uso será concedida quando preencher os seguintes requisitos:

a) alcançar terrenos públicos da União, bem como terrenos particulares.

b) pode-se dar de forma gratuita ou onerosa.

c) o prazo pode ser certo ou indeterminado.

d) possui a finalidade específica de regularização fundiária de interesse social, de urbanização, industrialização, edificação, cultivo da terra, aproveitamento sustentável, preservação das comunidades, seus meios de subsistência, bem com outras finalidades de interesse social em áreas urbanas.

Aqui, diferentemente da concessão de uso especial para fins de moradia, admite-se outras finalidades de interesse social, como a saúde, a educação, a cultura e a assistência social.

Podemos dizer que a concessão de direito real de uso é admitida em prol da pessoa jurídica seja de direito público ou de direito privado.

Com relação ao procedimento, aplica-se, no que couber, as mesmas regras da concessão de uso especial para fins de moradia.

Para tornar-se concessionário desta modalidade, é necessário o respectivo Registro no Cartório de Registro de Imóveis como determina o artigo 167, I, 40 da Lei 6.015/73 – Lei de Registro Público.

24 CONCESSÃO DE USO ESPECIAL PARA FINS DE MORADIA: UMA NOVA ORDEM URBANÍSTICA[1]

1. INTRODUÇÃO

A década de 1980 foi marcada por intenso êxodo rural, acarretando um crescimento desordenado dos centros urbanos. A desatenção por parte do poder público somada à falta de infraestrutura dos municípios, ocasionou a irregular ocupação do solo urbano, formando aglomerados nas periferias, sem as condições mínimas para uma moradia, tais como, água, esgoto, luz.

Diante desse contexto, inicia-se uma evolução nos anos 1980 acerca da questão urbanística com a redemocratização do país e um movimento pela reforma urbana. Em seguida, em 1988, a Constituição Federal de um Estado Democrático de Direito traz a Cidadania e a Dignidade Humana como seus fundamentos.

Já em meados da década de 1990 verificamos que mais da metade de nossas cidades são constituídas por assentamentos irregulares, ilegais ou clandestinos, que vão contra, de alguma forma, as formas legais a respeito da urbanização.

---

1 Texto produzido pelas alunas Fernanda Reis Pessoa e Marina Nunes Vieira, graduandas de Direito pela PUC Minas, pesquisadoras do PROBIC – PUC Minas, e pesquisadoras do Núcleo Jurídico de Políticas Públicas (NUJUP), sob a orientação do autor.

Boa parte desses assentamentos é composta por posses de propriedades públicas ou privadas abandonadas ou sem a utilização devida, não cumprindo a sua função social. Embora haja a manifestação por parte do Poder Público em favor da busca pela urbanização das favelas, observamos a precariedade dos instrumentos. Com a busca pela titularidade definitiva dessas áreas, os moradores acabam perdendo a esperança de ver o seu direito concretizado quando esbarram em processos judiciais intermináveis e enormes dificuldades de registro junto aos cartórios.

Tal situação descrita começa a vislumbrar uma solução: em 2000 foi efetivado no artigo 6° da CF, o direito fundamental social à moradia, na mesma época em que é trazido para o nosso ordenamento a função social da propriedade como limite ao direito à propriedade em favor do direito coletivo; em 2001, houve a aprovação da à Lei Federal 10.257 – Estatuto da Cidade –, e os novos instrumentos da Medida Provisória 2.220/2001. Essa evolução culmina com o Novo Código Civil.

Visando o interesse social, o Poder Público vem promovendo um conjunto de medidas jurídicas que tendem a amenizar a problemática que se tornou a efetivação do direito à moradia, possibilitando uma regularização fundiária. Ao lado de instrumentos de regularização fundiária como a usucapião (dirigida a terrenos particulares), destacamos a Concessão de Uso Especial para fins de moradia (CUEM), que foca-se naqueles terrenos cujo titular é a União.

Ao falarmos a respeito dessa nova ordem urbanística, não podemos olvidar dos artigos 182 e 183 da Constituição Federal, que tratam da execução da política urbana e foram regulamentados pelo Estatuto da Cidade, mas também do artigo 225 da Constituição Federal, que versa a respeito do direito ao meio ambiente ecologicamente equilibrado e dos deveres impostos ao Poder Público para assegurá-lo.

Assim dispõe o art.225, CF, *caput*:

> Art. 225. Todos têm direito ao meio ambiente ecologicamente equilibrado, bem de uso comum do povo e essencial à sadia qualidade de vida, impondo-se ao poder público e à coletividade o dever de defendê-lo e preservá-lo para as presentes e futuras gerações.

Extrai-se que a tutela dada no presente artigo objetiva atender o princípio da dignidade da pessoa humana, pois quando se trata de proteção geral do meio ambiente, tutela-se também a vida.

Estando o meio ambiente artificial tutelado pelos artigos 225, 182 e 183 da Constituição Federal – regulamentados pelo Estatuto da Cidade – que estão relacionados diretamente às cidades, intrínseca está a relação entre a política urbana e o direito à qualidade de vida, a dignidade da pessoa humana a um ambiente sadio e sustentável, bem como a preocupação ao uso da propriedade atendendo ao bem coletivo, ao bem-estar dos cidadãos e ao equilíbrio ambiental (SANTIN; GOMES, 2006, p. 177-192).

2. DA REGULAMENTAÇÃO DA CONCESSÃO DE USO ESPECIAL PARA FINS DE MORADIA E DA CONCESSÃO DE DIREITO REAL DE USO

A Lei Federal 10.257/2001 – Estatuto da Cidade – regulamentou os artigos 182 e 183 da Constituição Federal que versam a respeito da política urbana, enumerando em seu artigo 4° os instrumentos para a sua efetivação.

Serão foco do presente estudo apenas os seus incisos "g" e "h" - Concessão de Direito Real de Uso e Concessão de Uso Especial para fins de Moradia, respectivamente.

O Estatuto da Cidade trouxe cinco artigos dispondo sobre a concessão de uso especial para fins de moradia, porém, todos eles foram vetados pelo então Presidente da República, o Exmo. Sr. Fernando Henrique Cardoso.

O veto se deu, principalmente, pelo fato de não ter sido estabelecido marco temporal para obtenção do direito. Acreditava-se que o último feriria a autonomia de Estados e Municípios, além disso, havia apenas a exceção para realocação das famílias quando elas estivessem em áreas de riscos, não incluindo, a título exemplificativo, os casos de proteção ao ambiente natural.

Antes de vigorar a Lei 10.257, já estava em vigor a Medida Provisória 2.220, com força de lei, que, com sensíveis alterações, reintroduziu o instrumento da Concessão de Uso Especial, com o objetivo de promover a regularização fundiária em imóveis públicos, pertencentes à Administração Pública direta e indireta.

Em maio de 2007 passa a vigorar a Lei 11.481, que acresce à Lei 9.636, de 15 de maio de 1998 o artigo 22-A, versando a respeito da Concessão de Uso Especial para fins de Moradia.

3. CONCESSÃO DE DIREITO REAL DE USO

Antes de adentramos ao foco do presente estudo, qual seja, A concessão de Uso Especial para fins de Moradia, mister será discorrer, ainda que de forma breve, a respeito da Concessão de Direito Real de Uso.

O presente instrumento de política pública não fora uma criação do Estatuto da Cidade. O Decreto-Lei 271 de 28.02.67 prevê a Concessão de Direito Real de Uso, em seu art. 7°, *caput*, como:

> Art. 7° É instituída a concessão de uso de terrenos públicos ou particulares remunerada ou gratuita, por tempo certo ou indeterminado, como direito real resolúvel, para fins específicos de regularização fundiária de interesse social, urbanização, industrialização, edificação, cultivo da terra, aproveitamento sustentável das várzeas, preservação das comunidades tradicionais e seus meios de subsistência ou outras modalidades de interesse social em áreas urbanas.

Importante ressaltar que foram acrescidos, por meio da Lei 11.480 /2007, os seguintes fins específicos para sua utilização: de regularização fundiária de interesse social, aproveitamento sustentável das várzeas, preservação das comunidades tradicionais e seus meios de subsistência.

A Concessão de Direito Real de Uso trata-se, portanto, de um contrato por meio do qual a administração transfere o uso de terreno público ou privado – não se mencionando a transferência de domínio – por um tempo determinado ou indeterminado, oneroso ou gratuito, com o compromisso por parte do concessionário de destiná-lo estritamente dentro dos fins previstos em lei, sendo assim atendido o princípio da supremacia do interesse público.

De acordo com a Lei 8.666/93, que também recebeu nova redação nas alíneas "g" e "h" do artigo 17, além de haver a necessidade de autorização legislativa, haverá necessidade de licitação na sua modalidade de concorrência para que aquele instrumento seja efetivado, sendo dispensada nos casos em que os imóveis estejam sendo efetivamente utilizados no âmbito de programas habitacionais ou de regularização fundiária de interesse social desenvolvidos por órgãos ou entidades da administração pública, ou quando se tratar de imóveis de uso comercial de âmbito local com área de até duzentos e cinquenta metros quadrados e inseridos no âmbito de programas de regularização fundiária de interesse social desenvolvidos por órgãos ou entidades da administração pública.

A Concessão de Direito Real de Uso já existia antes do Estatuto da Cidade, mas apenas com ele alcançou maior repercussão, tornando-se importante para políticas públicas e para o desenvolvimento das funções sociais da cidade, cumprindo o objetivo da Lei 10.257/2001.

4. CONCESSÃO DE USO ESPECIAL PARA FINS DE MORADIA

A Medida Provisória 2.220/2001 disciplina o instrumento da Concessão de Uso Especial para fins de Moradia e garante sua aplicação de forma vinculada pela administração, facultando ao interessado o uso da via judicial, servindo, nesse caso, a sentença de título para o registro em cartório de imóveis.

Em maio de 2007, a Lei 11.481 acresceu à Lei 9.636, de 15 de maio de 1998, que dispõe sobre a regularização, administração, aforamento e alienação de bens imóveis de domínio da União, o artigo 22-A, que versa a respeito da Concessão de Uso Especial para fins de Moradia. Alguns pontos que até então se encontravam obscuros, sendo objeto de discussões, foram aclarados após a regulamentação trazida pela Lei 11.481. O principal ponto consistiu na aplicação do instrumento em áreas de propriedade da União, pois antes se subtendia apenas, não havia uma menção legal a respeito da titularidade do bem. Claro está, agora, que caberá a Concessão de Uso Especial para fins de Moradia apenas em terras de propriedade da União, sendo incluídos os terrenos da marinha.

Assim, será concedido ao ocupante de imóvel público urbano de até duzentos e cinquenta metros quadrados, pertencente à Administração direta ou indireta, o direito ao uso e não ao domínio. Como requisitos, exige-se que o morador não possua outro imóvel urbano ou rural e que utilize o imóvel público para moradia sua ou de sua família, por mais de cinco anos pacífica e ininterruptamente, sendo válido somar ao seu o tempo em que seu antecessor ocupara o imóvel, desde que também de forma contínua, até 31 de junho de 2001.

Existe, também, a Concessão Coletiva, quando se tratar de imóveis com mais de duzentos e cinquenta metros quadrados ocupados por população de baixa renda que preencha os requisitos antes mencionados. Tal modalidade é autorizada quando não seja possível identificar o terreno ocupado por cada possuidor individualmente, situação em que será atribuída igual fração ideal (250m²) a cada um deles, não sendo necessário observar a real dimensão do terreno em que cada um ocupe, ressalvada a hipótese em que os ocupantes estabeleçam frações ideais diferenciadas por meio de acordo escrito, sem que, ao efetuarem a divisão, ultrapassem os 250m^2 da fração ideal a cada possuidor.

Essas formas de Concessão de Uso acima mencionadas serão concedidas gratuitamente, porém, ressalta-se que a não onerosidade infere-se apenas quanto ao uso, não incluindo, por exemplo, as obras de urbanização.

Importante é também salientar a possibilidade de transmissão, por herança ou por ato *inter vivos*, o que ocorre, no primeiro caso, quando o herdeiro já habita o imóvel por ocasião da abertura da sucessão, e a ele é garantido o direito sucessório.

Em consonância com o artigo 4º da Medida Provisória 2.220/2001, o ente público terá que garantir o direito à moradia em outro local, quando se tratar de imóvel em área de risco, que seja um gravame para a vida ou saúde dos ocupantes, desde que sejam preenchidos os requisitos para concessão de uso.

Porém, quando se verificarem as restrições enumeradas no artigo 5º, quais sejam área de uso comum do povo, anteriormente destinada a projeto de urbanização; de interesse da defesa nacional, da preservação ambiental ou da proteção dos ecossistemas naturais; reservada à construção de represas e obras congêneres ou situados em via de comunicação, o poder público poderá conceder, discricionariamente, outro local para ser usado como moradia.

Quanto a possibilidade de extinção do direito ao uso concedido, a Medida Provisória estabelece que o concessionário perderá o direito em caso de destinação diversa ao imóvel, que não seja a de sua moradia ou de sua família, ou nos casos em que o concessionário adquirir, ou outra propriedade, ou a concessão de uso de outro imóvel, seja esse urbano ou rural. A MP estabelece que, extinguido o direito, o respectivo ato será averbado no cartório de registro de imóveis no qual tenha sido registrada a concessão, por meio de declaração do poder público concedente.

Vislumbra-se a importância da Concessão de Uso Especial para fins de Moradia que surgiu em consonância ao clamor da sociedade por uma gestão mais democrática do imóvel público urbano, atrelando a ele o princípio da função social da propriedade.

Impende relatar que antes somente era mencionada e discutida a função social da propriedade privada. Isso se justifica pelo fato de que nunca antes houve instrumentos que comprovassem a importância de se atingir a função social da propriedade pública, o que torna inovador tal instrumento.

É válido dizer que Concessão de Uso Especial para fins de Moradia foi criada para atender ao clamor da sociedade por uma gestão mais democrática do imóvel público urbano, atrelando a ele o princípio da função social da propriedade.

O princípio da Função Social da Propriedade já era previsto na Constituição de 1934, porém, apenas com a Constituição Federal de 1988 tornou-se intrínseco à propriedade, tornando-se um balizador na política urbana. Mister salientar que esta função social da propriedade não se aplica apenas ao imóvel privado, sendo inerente, inclusive, a sua aplicação na propriedade pública.

Assim, como instrumento da política urbana, a concessão especial para fins de moradia visa a regularização fundiária em áreas públicas, sendo de grande importância sua utilização para aqueles que ali habitam, encontrando-se à margem da lei.

De forma exemplificativa, em Belo Horizonte pode ser observada uma medida inicial ao cumprimento da função social da propriedade pública e à efetivação da regularização fundiária sustentável a mobilização popular à procura da efetivação de uma política pública frente ao Município. Trata-se das 24 famílias moradoras do viaduto Silva Lobo, situado no bairro Barroca, em busca de concessão de uso naquele local. Apesar de não lhes ter sido atribuído o direito real de uso, diante do fato de se tratar de área de uso comum, os habitantes, inicialmente, obtiveram êxito, pois houve o compromisso por parte da prefeitura em conceder bolsa-moradia durante o tempo necessário para construção de casas em que seria passada a propriedade àquelas pessoas, que veem, dessa forma, seu direito à moradia ser concretizado. Ocorre, lamentavelmente, que o bem sucedido acordo não foi cumprido por parte do poder público, que concedeu a moradia a apenas algumas famílias.

De qualquer forma, a grandeza do ato desses moradores do viaduto Silva Lobo e de todos aqueles profissionais que os ampararam, configura um precedente dotado de imensurável importância, pois marcou uma época em que a população passa a querer ver concretizados seus direitos por meio de forte pressão diante do poder público para que este cumpra o dever que lhe é inerente.

Os artigos da Medida Provisória que regulamentam a Concessão de Uso Especial possuem eficácia interna suficiente para construção de uma nova ordem urbana. Faz-se necessário priorizar o direito à moradia digna, ou seja, desde que estejam presentes os requisitos essenciais para obtenção da concessão, deve-se analisar o caso concreto e, se possível for, desconsiderar certos obstáculos para que seja alcançada a urbanização e a regularização almejada, possibilitando assim, que os habitantes das áreas irregulares tenham vida e moradia condizentes com a dignidade humana, fundamento da República Federativa do Brasil, assim estabelecida no artigo 1°, III, da CR/88.

5. CONCLUSÃO

De resto, afere-se que, cada vez mais, urge a necessidade de se implementar os instrumentos estabelecidos pelo Estatuto da Cidade e a Concessão de Uso Especial para fins de Moradia, sempre com enfoque nos princípios constitucionais, diante das precárias condições de vida em que se encontra significativa parcela da população brasileira, destacando-se o déficit habitacional.

Assim, utilizando cada vez mais essas medidas jurídicas, poderemos chegar a uma regularização fundiária plena, com foco na Concessão de Uso Especial para fins de Moradia, permitindo ao bem público cumprir o princípio já consagrado da função social da propriedade e garantir o direito à moradia. Essa será a consagração de uma nova ordem urbanística.

25 DIREITO REAL DE LAJE: POTENCIALIDADES E DESAFIOS PARA SUA UTILIZAÇÃO NA OCUPAÇÃO DO ESPAÇO URBANO E SEUS OBSTÁCULOS REGISTRAIS

1. INTRODUÇÃO

O Direito Real de Laje foi criado no ordenamento jurídico (Lei 13.465 de 12 de julho de 2017) brasileiro como importante instrumento a ser utilizado na Regularização Fundiária Urbana.

Por constituir uma nova modalidade de direito real sobre coisa própria, o Direito de Laje se torna, ainda, importante mecanismo para obtenção de linhas de financiamento, pois consiste em nova modalidade de direito real que pode ser dado em garantia. Tal fato produz importante circulação do crédito, o que pode levar ao aquecimento de setores da economia nacional

Entretanto, existem questionamentos sobre os procedimentos registrais de referido instrumento. Este modesto trabalho busca apresentar à comunidade este valioso instrumento e contribuir para o debate sobre a construção de meios de superação de eventuais dificuldades que o seu registro possam apresentar.

2. DO DIREITO REAL DE LAJE E SUA NATUREZA JURÍDICA: DIREITO REAL SOBRE COISA PRÓPRIA

A Lei nº 13.465, de 12 de julho de 2017, trouxe para o Brasil um novo Direito Real. Trata-se do Direito Real de Laje.

Inicialmente, tratado por grande parte da doutrina nacional[1] como sendo uma espécie do já existente Direito Real de Superfície, tal entendimento não merece prosperar. Trata-se, na verdade, de um novíssimo direito real; de uma nova modalidade de Direito Real sobre Coisa Própria que veio se juntar ao até então *"solitário"* (nesta categoria) Direito Real de Propriedade.

Talvez, esta errônea interpretação de parte da doutrina se justifique mesmo por culpa da própria Lei que, para conceituar o novo instituto, o fez da seguinte forma:

> "Art. 1.510-A. O proprietário de uma construção-base poderá ceder a superfície superior ou inferior de sua construção a fim de que o titular da laje mantenha unidade distinta daquela originalmente construída sobre o solo".

Em uma leitura açodada do artigo 1.510-A, leva-se a uma interpretação equivocada de que, o proprietário de uma construção-base poderia ceder um Direito Real de Superfície sobre sua construção a fim de que o titular desta nova superfície mantivesse unidade distinta da construção-base.

Entretanto, em uma interpretação mais cuidadosa do texto, facilmente se percebe que a palavra *superfície* fora ali utilizada não para ser compreendida como *cessão de um direito de superfície*. Mas sim, como *cessão de uma área superficial*.

Dando continuidade à apresentação do novíssimo instituto, podemos afirmar que estamos, mesmo, diante de uma nova forma de propriedade. Exatamente como já ocorreu no passado, quando fora criado o condomínio edilício. Deixando bem claro, desde já, que não se trata o Direito Real de Laje de qualquer forma de condomínio[2]. Jamais!

Eis duas razões que demonstram, sobejamente, que o Direito Real de Laje não pode ser confundido com o Direito Real de Superfície (Direito Real sobre Coisa Alheia) e se constitui mesmo em um Direito Real sobre Coisa Própria autônomo:

---

1 Alguns autores com este entendimento: Pablo Stolze Gagliano, Rodolfo Pamplona Filho, Cristiano Chaves de Farias, Frederico Viegas de Lima,. Para estes, o novo direito não passaria da chamada superfície por sobrelevação.

2 § 4º A instituição do direito real de laje não implica a atribuição de fração ideal de terreno ao titular da laje ou a participação proporcional em áreas já edificadas.

1. Ao ser criado um Direito Real de Laje, o mesmo recebe no Cartório de Registro de Imóveis uma nova matrícula. Se fosse este direito um direito real sobre coisa alheia, como a Superfície, este Direito Real de Laje não ganharia matrícula autônoma pois, *"conforme o princípio registral da unitariedade ou unicidade matricial, a cada imóvel deve corresponder apenas uma matrícula. Se o Direito Real de Laje fosse um direito real sobre coisa alheia, ele – por esse princípio registral – não poderia gerar uma matrícula própria;"*(OLIVEIRA, Carlos Eduardo Elias de. *O que é o direito real de laje à luz da lei nº 13.465/2017? (parte 1)* – site da revista *Consultor* Jurídico – www.conjur.com.br - visitado no dia 21 de novembro de 2017);
2. uma vez constituído o Direito Real de Laje, o mesmo é perpétuo. Ou seja: não há nenhuma causa ou forma de que este direito se resolva e volte para a titularidade exclusiva do proprietário da construção-base. Exatamente da mesma forma como ocorre com o direito de propriedade e diferentemente do que ocorre com os direitos reais sobre coisa alheia, em que a volta do bem às mãos do proprietário é seu pressuposto;

3. ANÁLISE DOS ARTIGOS 1.510-A E SEGUINTES DO CÓDIGO CIVIL

3.1 Da atecnia da nomenclatura "laje"

De início, cumpre-nos chamar a atenção para o uso inadequado do termo "laje" para designar este instituto. Isto porque, entende-se por laje, a cobertura superior que um imóvel recebe em sua estrutura, com fincas a servir como sua cobertura. Entretanto, este direito real recém criado, pode ser constituído até mesmo no subsolo. Ou seja: abaixo do imóvel, e não apenas sobre o mesmo:

> "Art. 1.510-A. O proprietário de uma construção-base poderá ceder a superfície superior ou inferior de sua construção a fim de que o titular da laje mantenha unidade distinta daquela originalmente construída sobre o solo.
>
> § 1 O direito real de laje contempla o espaço aéreo ou o subsolo de terrenos públicos ou privados, tomados em projeção vertical, como unidade imobiliária autônoma, não contemplando as demais áreas edificadas ou não pertencentes ao proprietário da construção-base."

Em termos jurídicos, estaríamos falando de uma espécie de Direito de Superfície por sobrelevação. Entretanto, como há muitos anos se encontra difundido entre nós o termo direito de laje para se referir às várias ocupações irregulares que campeiam pelo Brasil afora (caso típico das favelas brasileiras), preferiu-se, então, esta nomenclatura - Direito de Laje. Talvez (e esta é apenas uma conjectura de nossa parte), para reforçar o caráter popular da Lei 13.465, cuja razão é cuidar da Regularização Fundiária. Assim, o novo Direito Real de Laje não abrange apenas o espaço aéreo acima da laje. Pode ocorrer, também, sobre o espaço abaixo do solo.

3.2. Da possibilidade de coexistência de vários Direitos Reais de Laje recaindo sobre uma mesma construção-base: graus de laje

Sobre uma mesma construção-base podem coexistir vários Direitos de Laje. Assim como um mesmo bem pode ser cedido a várias hipotecas, constituindo graus diferentes de hipoteca, o mesmo pode ocorrer com o Direito de Laje: podem ser constituídos Direitos de Laje em diferentes graus.

O grau da laje será conferido, como nas hipotecas, de acordo com a ordem cronológica de seu registro:

> "Art. 1510-A (...)
>
> § 6º. O titular da laje poderá ceder a superfície de sua construção para a instituição de um sucessivo direito real de laje, desde que haja autorização expressa dos titulares da construção-base e das demais lajes, respeitadas as posturas edilícias e urbanísticas vigentes".

Questão que se coloca é: por que algum titular de Direito Real de Laje (já constituído sobre uma construção) poderia proibir que um novo Direito Real de Laje seja ali também constituído? Por que, afinal, haveria de ser obrigatória a autorização expressa dos titulares da construção-base e das demais lajes? Ainda mais se considerando que não recairá sobre este imóvel qualquer espécie de condomínio?

Salvo melhor juízo, entendemos que tal poder não pode ser conferido aos titulares do imóvel por mero capricho. Tal poder seria incompatível com a liberdade que Lei 13.465 conferiu aos titulares do Direito Real de Laje.

Imagine: "A" tem um filho que está para casar-se em breve, mas não tem condições financeiras para comprar um imóvel.

"A" é titular de um Direito Real de Laje sobre uma construção que já suporta outros dois Direitos Reais de Laje. Como titular deste Direito Real de Laje, "A" tem o direito de constituir sobre a sua laje um novo direito de laje para o seu filho.

Por qual razão, então, os outros titulares de outros direitos reais que recaiam sobre aquele imóvel poderia impedir que "A" concedesse o direito de laje ao seu filho?

Tal restrição é incompatível com a natureza deste direito real autônomo que, como de resto nos demais direitos reais, conferem o direito de dispor da coisa e a eficácia *erga omnes*.

Principalmente se lembrarmos que: a) não existe relação de condomínio entre os vários titulares de direitos reais daquela construção; portanto, qual a razão de tal submissão aos demais? b) O § 3° do artigo 1.510-A assegura aos titulares da laje os direitos de dela usarem, gozarem e disporem[3].

Desta forma, entendemos que a anuência dos outros titulares de direitos reais sobre a construção-base somente poderia ser exigida caso a constituição de novo Direito Real de Laje constituísse perigo para o restante da construção. Caso contrário, ou seja, por mero capricho dos demais titulares, esta oposição não pode ser considerada.

3.3. Do direito de preferência

Em imóveis sobre os quais recaem Direito Real de Laje haverá o direito de preferência em uma eventual alienação de cada uma das unidades autônomas. Havendo mais de um Direito Real de Laje, a preferência deverá ser dada sempre aos titulares das lajes mais próximas. Havendo lajes superiores e inferiores, as lajes superiores terão preferência sobre as lajes inferiores, *"assegurada a prioridade para a laje mais próxima à unidade sobreposta a ser alienada"*.

A não observância deste direito na aquisição do bem, possibilitará que o titular a quem não tiver sido dada a preferência, possa no prazo de 180 dias (a contar da data da alienação), mediante depósito judicial do respectivo preço, haver para si a parte alienada a terceiros. É o que dispõe o artigo 1.510-D do Código Civil, e seus parágrafos:

---

3 Art. 1510-A (...) - § 3° Os titulares da laje, unidade imobiliária autônoma constituída em matrícula própria, poderão dela usar, gozar e dispor.

> "Art. 1.510-D. Em caso de alienação de qualquer das unidades sobrepostas, terão direito de preferência, em igualdade de condições com terceiros, os titulares da construção-base e da laje, nessa ordem, que serão cientificados por escrito para que se manifestem no prazo de trinta dias, salvo se o contrato dispuser de modo diverso.
>
> § 1º O titular da construção-base ou da laje a quem não se der conhecimento da alienação poderá, mediante depósito do respectivo preço, haver para si a parte alienada a terceiros, se o requerer no prazo decadencial de cento e oitenta dias, contado da data de alienação.
>
> § 2º Se houver mais de uma laje, terá preferência, sucessivamente, o titular das lajes ascendentes e o titular das lajes descendentes, assegurada a prioridade para a laje mais próxima à unidade sobreposta a ser alienada."

3.4 Das obrigações análogas às obrigações do condômino

Interessante ressaltar também, que não obstante o próprio §4º do artigo 1.510-A[4] destacar que não existe condomínio entre o proprietário da construção-base e os titulares dos direitos de Laje que eventualmente recaiam sobre aquela mesma construção, a todos estes titulares a Lei 13.465 impõe as mesmas obrigações constantes no condomínio edilício, sobre partes da construção-base que são de uso comum:

> Art. 1.510-C. Sem prejuízo, no que couber, das normas aplicáveis aos condomínios edilícios, para fins do direito real de laje, as despesas necessárias à conservação e fruição das partes que sirvam a todo o edifício e ao pagamento de serviços de interesse comum serão partilhadas entre o proprietário da construção-base e o titular da laje, na proporção que venha a ser estipulada em contrato.
>
> § 1º São partes que servem a todo o edifício:
>
> I - os alicerces, colunas, pilares, paredes-mestras e todas as partes restantes que constituam a estrutura do prédio;
>
> II - o telhado ou os terraços de cobertura, ainda que destinados ao uso exclusivo do titular da laje;

---

[4] § 4º A instituição do direito real de laje não implica a atribuição de fração ideal de terreno ao titular da laje ou a participação proporcional em áreas já edificadas

> III - as instalações gerais de água, esgoto, eletricidade, aquecimento, ar condicionado, gás, comunicações e semelhantes que sirvam a todo o edifício; e
>
> IV - em geral, as coisas que sejam afetadas ao uso de todo o edifício.
>
> § 2° É assegurado, em qualquer caso, o direito de qualquer interessado em promover reparações urgentes na construção na forma do parágrafo único do art. 249 deste Código."

Por todo o exposto nos itens 3.3 e 3.4 percebe-se o quão próximo este instituto se faz do condomínio. Mesmo que, repita-se, jamais se possa considerar a relação entre a diversidade de titulares de direitos reais sobre a coisa como sendo uma relação condominial.

Na verdade, o Direito Real de Laje surge exatamente para atuar no hiato que há entre o Direito Real de Superfície e o Condomínio Edilício. Trata-se de excelente instrumento para o mercado imobiliário na medida em que possibilita a criação de várias unidades imobiliárias sobre um mesmo bem sobre o qual não se poderia criar um condomínio edilício, nem se tenha o interesse em criar um Direito Real de Superfície em razão de sua temporariedade. *"Pode-se valer do direito de laje, para instituir regime jurídico perene, análogo às unidades imobiliárias autônomas do condomínio edilício."* (FIUZA, César Augusto de Castro; COUTO, Marcelo de Rezende Campos Marinho. Ensaio sobre o Direito Real de Laje como Previsto na Lei 13.465/2017. p. 06. Civilistica.com. Rio de Janeiro, a. 6. n. 2, 2017.Disponível em: http://civilistica.com/ensaio-sobre-o-direito-real-de-laje/04.04.2017).

4. DOS OBSTÁCULOS REGISTRAIS AO DIREITO REAL DE LAJE

Uma vez apresentado o novel instituto, propomo-nos, agora, a debater sobre os obstáculos que o registro deste direito pode apresentar. Afinal, a nova Lei foi omissa em diversos pontos quanto à questão registral do direito de Laje, despertando inúmeras dúvidas à respeito deste ponto.

4.1 Exigências urbanísticas

Com efeito, o fato de uma Lei Federal criar um novo Direito Real, não significa que o referido instituto possa ser aplicado em qualquer Município. Ou ao menos, sem qualquer regulação mais específica. Isto porque, o Direito Real de Laje pode ser restringido, ou até mesmo proibido, naqueles municípios em que o ordenamento urbanístico municipal proíba a existência de construções multi-familiares. Seja por questões arquitetônicas (imóveis tombados, p. ex.), ambientais (áreas frágeis, susceptíveis a controle habitacional, p. ex.), sanitárias e outras.

Em sentido contrário, o Professor Carlos Eduardo Elias de Oliveira, em artigo escrito para o site Consultor Jurídico em 25 de setembro de 2017[5], assim entende:

> "A exploração do direito real de laje depende da observância das normas urbanísticas, pois esse direito é destinado primordialmente à exploração da laje ou do subsolo com autonomia (artigo 1.510-A, §§ 5° e 6°, do CC). Daí decorre duas indagações: os cartórios de imóveis poderão registrar o ato de instituição do direito real de laje sem prévia autorização do município atestando a sua compatibilidade com as normas urbanísticas?
>
> Ao nosso sentir, não há obstáculo algum ao registro do ato constitutivo do direito real de laje sem prévia autorização do município, pois a mera instituição de um direito real de laje não significa que haverá a realização de construção efetiva desse direito. Assim como o registro de um outro direito real qualquer (como o de usufruto ou de superfície) não reclama prévia autorização municipal, não há motivos para negar o acesso de um título constitutivo de um direito real de laje ao álbum imobiliário. Com efeito, é viável que alguém se interesse em adquirir o direito real de laje apenas com o objetivo de especulação, para, no futuro, quando as normas urbanísticas se tornarem favoráveis, explorar a laje ou aliená-la. Não há motivos para impedir a constituição de um direito real.
>
> Isso, todavia, não significa que, instituído o direito real de laje, o seu titular poderá livremente edificar um "andar" (aéreo ou subterrâneo), pois as regras locais de construção exigem autorização do município. Nem significa que ele poderá ocupar a laje, se houver vedação da legislação municipal. Isso significa que, se o titular fizer alguma construção sobre a área de seu direito real de laje, o cartório de registro de imóveis não poderá averbar esse fato na matrícula (ou seja, averbar a construção), salvo se for apresentado beneplácito municipal por meio do "habite-se" ou de outro documento que ateste a compatibilidade da obra com as regras urbanísticas.

---

5 Disponível em *https://www.conjur.com.br/2007-set-25/direito-civil-atal-direito-real-laje-luz-lei-134652017-parte2*

> Em resumo, as regras urbanísticas não impedem a constituição do direito real de laje, mas apenas a averbação de futuras construções feitas pelo seu titular. O que a Municipalidade pode restringir é o uso da laje ou a edificações sobre elas, mas não impedir a mera constituição de um direito real de laje".

Data venia, não concordamos com tal posicionamento. Ora. Como justificar o registro imobiliário de um direito real sobre um imóvel se o mesmo não pode se prestar a qualquer alargamento de seu uso?

Como justificar que se possa registrar um Direito Real de Laje, podendo ser proibida, no entanto, a averbação de qualquer construção fundada sobre este direito? Então, pergunta-se: se não se pode usufruir de um direito, por qual razão haveria de adquirí-lo?

O autor reforça a informação de que normas urbanísticas podem proibir a averbação de novas construções sobre ou sob um edifício, assim como, pode impedir a mera ocupação de lajes. Pois bem. Então não faz sentido algum que o Cartório de Registro de Imóveis registre um Direito Real de Laje sobre imóvel que não possa receber qualquer tipo de construção. Caso contrário haveria a aberração jurídica de se ter um direito estéril (incapaz de produzir os frutos desejados).

4.2. *Pode haver direito real de Laje em lotes vagos ou sobre construções não averbadas?*

Respondendo ao questionamento que dá nome ao presente tópico, entendemos que não. Pelo próprio nome (Direito de Laje) conclui-se que a existência de uma construção-base é pressuposto para a criação de um Direito de Laje. Ao menos no que se refere às lajes superiores (construídas sobre a construção já existente).

E por razões semelhantes entendemos não ser possível a constituição de Direito Real de Laje sobre imóvel não averbado. Isto, porque, o Direito Real de Laje deve ser gravado, exatamente, sobre uma construção-base. Se esta não é averbada (formalmente não existe, pois), por óbvio, ficam prejudicados todo e quaisquer direitos que dependam desta averbação.

Ademais, o §6º do artigo 1.510-A exige que tanto a edificação que receberá o Direito Real de Laje, como a própria laje estejam em consonância com as posturas locais de edificação. Mais uma razão, portanto, que nos faz concluir não ser possível constituir direito real de laje sobre construções não averbadas. Nas palavras de COUTO:

> *"Assim, parece lógico que, para se constituir direito de laje, deva-se (i) estar regularmente averbada a construção na matrícula do imóvel e (ii) existir alvará de construção aprovado referente à edificação a ser realizada sobre a já existente ou algum outro documento do ente público certificando que existe potencial construtivo. Entendimento diverso implicaria na constituição de um direito real que teria objeto ilícito (construção proibida), ferindo o art. 104, inciso II, do Código Civil."* (FIUZA, César Augusto de Castro; COUTO, Marcelo de Rezende Campos Marinho. Ensaio sobre o Direito Real de Laje como Previsto na Lei 13.465/2017. Civilistica.com. Rio de Janeiro, a. 6. n. 2, 2017.Disponível em: http://civilistica.com/ensaio-sobre-o-direito-real-de-laje/04.04.2017. p. 14)

Entretanto, como a Lei 13.465 admite a criação de lajes subterrâneas (ou inferiores), *no caso destas últimas* (destaque-se), entendemos não ser necessária a existência de qualquer construção no imóvel. Afinal, neste caso, o subsolo do imóvel constituirá a base sobre a qual se fundará o direito de Laje.

Por outro lado, é de se perguntar sobre a situação dos imóveis que já se encontravam nesta condição antes da entrada em vigor da Lei 13.465.

Entendemos que, se a *prima ratio* desta legislação é ser um instrumento no processo de regularização fundiária, os imóveis que já se encontravam com este tipo de construção antes da entrada em vigor desta lei não podem ser excluídos.

E mais: entendemos que na busca por tal regularização dos espaços urbano e rural, os governos federal, estaduais e municipais deveriam mesmo desenvolver políticas públicas com ações agressivas de estímulo a estes imóveis (que já se encontram nesta condição informal de Direito de Laje) a oficializarem suas situações jurídicas em conformidade com a nova legislação.

> *"(...) nada impede que seja instituído por meio de escritura de constituição de direito de laje, na qual compareçam o proprietário registral e o titular da laje, estabelecendo-se a área da construção sobreposta, que será objeto da laje, abrindo-se a matrícula correspondente para o novo direito real, com o consequente registro desse direito em nome do beneficiário.*

> *Mostra-se viável, outrossim, a instituição, por escritura pública, somente pelo titular registral, de direitos de laje sobre construção já averbada em seu imóvel, com abertura das respectivas matrículas, para que posteriormente possam ser alienados a terceiros estes direitos. A realidade demonstra que, para fins de financiamento imobiliário, as instituições financeiras exigem matrícula própria com construção averbada, para fins de concessão do empréstimo e registro da garantia".* (FIUZA, César Augusto de Castro; COUTO, Marcelo de Rezende Campos Marinho. Ensaio sobre o Direito Real de Laje como Previsto na Lei 13.465/2017. p. 06. Civilistica.com. Rio de Janeiro, a. 6. n. 2, 2017.Disponível em: http://civilistica.com/ensaio-sobre-o-direito-real-de-laje/04.04.2017, p. 14)

Vale destacar a importância da regularização destas construções por meio de um novo direito real, exatamente, a possibilidade da inserção desta construção no ambiente de crédito.

Neste ponto, vale citar trecho do livro *"REFLEXÕES SOBRE O DIREITO À PROPRIEDADE"*[6], do Professor Denis Lerrer Rosenfield:

> Um país constituído de proprietários no sentido amplo do termo, um país que valorize a propriedade, um país que assegure aos seus o usufruto de seus bens, é um país em que vigora o estado de direito e onde a sociedade se desenvolve socialmente com crescimento econômico. (...) Neste sentido, se enfocarmos o problema a partir das favelas brasileiras, a tarefa estatal deveria consistir em fazer valer o direito de propriedade em seu sentido pleno nesses lugares em que as normas propriamente estatais não regem.(...)
>
> *Num país como o Brasil, onde milhões de pessoais vivem em situações precárias em relação à posse de moradia, onde esse tipo* **defectivo** (grifos nossos) *de propriedade não é reconhecido pelo sistema legal da sociedade, tornar essas posses precárias propriedades*[7] *no sentido*

---

6 Note que o título do livro é *"Reflexões sobre o Direito À Propriedade"* e não reflexões sobre o direito DA propriedade. Não é questão de semântica. De fato, em sua obra, o autor destaca o impacto que o direito formal da propriedade privada provoca na vida de cada indivíduo e, em última análise, para o progresso de um país. Mas destaca que a propriedade é um bem escasso e que, além da impossibilidade material de se conferir propriedade a todos indivíduos de um país, muitos destes indivíduos não suportariam os ônus que a propriedade privada impõe.

7 A obra do Professor Denis é de 2008. Já aqui o autor sugeria que as situações possessórias fossem elevadas à categoria de uma propriedade formal. Tal elevação de *status* destas *"posses precárias"* implicaria em enormes ganhos sociais. Pois bem.

estrito da palavra seria uma política de ampla repercussão ***econômica, social e política*** (grifos nossos)". (ROSENFIELD, ps. 81 e 82)

E aqui explicamos melhor:

a) Repercussão econômica: porque esses indivíduos se sentiriam mais encorajados em empregar seu empreendedorismo em um direito formalizado, do que em uma posse informal.

A Lei 13.465, ao criar o Direito Real de Laje, não limitou que o seu uso fosse apenas para fins de moradia. Portanto, o titular de um Direito Real de Laje pode utilizar de sua unidade imobiliária até mesmo para fins comerciais. Tal possibilidade descortina um novo cenário que, inegavelmente, se constitui em importante instrumento de circulação de riqueza.

Isto, sem falar, de outra importância econômica estimulada por este instrumento que, aliás, foi expressamente destacada na Lei 13.465: a possibilidade de que este novo direito real possa ser utilizado como garantia real na obtenção de linhas de financiamento a fim de estimular o crédito.

b) *Repercussão Social*: Elevando os possuidores a uma condição de titulares de um direito real, estar-se-ia possibilitando a estes as mesmas condições de acesso a vários serviços que hoje são restritos a proprietários de imóveis. Portanto, significaria para estes possuidores, um ingresso no mercado formal como *"cidadãos e não como cidadãos de segunda categoria no mercado. (...) pois esses indivíduos, pela valorização dos seus ativos, poderiam melhorar a vida dos seus familiares, vindo a gozar de uma melhor condição social."*. (ROSENFIELD, Denis Lerrer. *Reflexões sobre o direito à propriedade.* Rio de Janeiro: Elsevier, 2008, 3ª reimpressão, p. 82)

c) *Repercussão Política:* Conforme COUTO, *"pode-se extrair da exposição de motivos da MP 759/2016, convertida na Lei 13.465/17, que o principal motivo para a criação do novo direito real foi a* 'regularização fundiária de favelas'": Veja-se:

> 113. VI – SOBRE O DIREITO REAL DE LAJE. Em reforço ao propósito de adequação do Direito à realidade brasileira, marcada pela

---

O novíssimo Direito Real de Laje consiste, exatamente, em elevar estas posses a um patamar de direito real sobre coisa própria sem, no entanto, conferir aos possuidores do imóvel a condição de proprietários. Entretanto, formalmente, estão equiparados a tanto .

profusão de edificações sobrepostas, o texto prevê a criação do direito real de laje.

114. Por meio deste novo direito real, abre-se a possibilidade de se instituir unidade imobiliária autônoma, inclusive sob perspectiva registral, no espaço aéreo ou no subsolo de terrenos públicos ou privados, desde que esta apresente acesso exclusivo. Tudo para que não se confunda com as situações de condomínio.

115. O direito de laje não enseja a criação de co-domínio sobre o solo ou sobre as edificações já existentes. Trata-se de mecanismo eficiente para a regularização fundiária de favelas.

Portanto, politicamente, os moradores destas áreas *"se tornariam menos submissos a políticas clientelistas e, mesmo, poderiam se libertar, com ajuda do aparelho estatal, do crime organizado"*. (ROSENFIELD, Denis Lerrer. *Reflexões sobre o direito à propriedade.* Rio de Janeiro: Elsevier, 2008, 3ª reimpressão, p. 82)

Neste sentido:

> *"Também uma política habitacional, com juros acessíveis e prestações fixas, propiciaria a aquisição de moradia própria para os que ainda não a possuem. Haveria tanto a satisfação de uma necessidade básica quanto o desenvolvimento do mercado imobiliário, com mais empregos, renda e salários. Indivíduos proprietários são menos propensos ao clientelismo político, que termina se desenvolvendo pela ausência mesma de direitos.*
>
> *As favelas constituem um terreno particularmente favorável para uma política de regularização fundiária, que possibilitaria a substituição da precariedade da posse pela propriedade privada*[8]*. A outorga de um título de propriedade*[9] *faz com que o cidadão venha a ser senhor dos seus bens, podendo, segundo a sua livre escolha, dispor deles"*. (ROSENFIELD, Denis Lerrer. *Reflexões sobre o direito à propriedade.* Rio de Janeiro: Elsevier, 2008, 3ª reimpressão, p. 82).

---

8 Mais uma vez destaca-se: o que o autor sugeria em sua obra de 2008, com a transformação das posses (denominadas de posses precárias pelo autor, numa alusão ao seu caráter de fragilidade) a um status da propriedade formal, é alcançado com primor e maestria pela transformação das situações possessórias em Direito Real de Laje.

9 Podendo ser lido agora como *a outorga de um título de Direito Real de Laje.*

4.3. Constituição do Direito Real de Laje por "mera notícia". Possibilidades

Na Regularização Fundiária de Interesse Social (REURB-S) o Poder Público poderá empregar vários institutos jurídicos na busca de conferir ao ocupante precário de uma área, o direito real que seja mais adequado à sua realidade. Portanto, para tal fim, o Poder Público poderá conferir a este indivíduo desde a propriedade regular de uma área, assim como, o direito real de laje e a concessão de direito real de uso.

Mas, para além da concessão destes direitos, o Poder Público poderá, também, facilitar que se registre a edificação existente, independentemente da apresentação de pagamento da contribuição previdenciária relativa à construção

O art. 63 da Lei 13.465/2017 permitiu, ainda, que a construção seja averbada com base em 'mera notícia', independentemente de emissão de habite-se e certidão previdenciária:

> Art. 63. No caso da Reurb-S, a averbação das edificações poderá ser efetivada a partir de mera notícia, a requerimento do interessado, da qual constem a área construída e o número da unidade imobiliária, dispensada a apresentação de habite-se e de certidões negativas de tributos e contribuições previdenciárias.

Em outros termos: uma das maiores razões da informalidade que campeia nas favelas reside no fato dos altos custos que são cobrados para a averbação das construções ali erguidas, além de um processo extremamente demorado por exigência de tantas burocracias.

Estamos tratando de área cuja característica maior de seus habitantes é a sua baixa renda. Portanto, um dos maiores entraves à regularização dos terrenos ali encontrados são os valores cobrados nos cartórios de imóveis. Tornar-se-ia inviável ao fim que se procura atingir (regularização fundiária de interesse social) a exigência das formalidades tais como: averbação de construções, recolhimentos previdênciarios,

Nas palavras de COUTO:

> "(...) fora da esfera da regularização fundiária de interesse social, os trâmites para regularizar uma construção junto ao ente municipal, para obter a certidão de quitação previdenciária relativa à obra realizada e para averbar essa edificação no Registro de Imóveis é bastante complexo, demorado e custoso. O resultado disso é a ausência de averbação de construção na grande maioria das matrículas.

> *Toda essa burocracia representa um entrave na concretização do que se poderia chamar de* princípio da correspondência entre a situação fática e a matricial. *Se o novo direito real visa, de fato, possibilitar a regularização da situação registral de pessoas que ocupem essas edificações sobrepostas, deveria facilitar o ingresso das construções na matrícula.*
>
> *Um primeiro passo seria permitir que o município expeça o "Habite-se", quando a construção realizada, mesmo que em contrariedade às normas municipais de edificação, já esteja concluída e consolidada pelo decurso do tempo, de modo que a demolição se demonstre inviável".*

CONCLUSÃO

Por todo o exposto, comemoramos a criação de um instrumento jurídico, no seio do Livro Direito das Coisas (outrora visto como o livro mais egoístico de nosso direito Civil) que, efetivamente, se apresenta como forte meio de regularização do espaço urbano e rural através da possibilidade conferida ao proprietário de, sem abrir mão de sua propriedade e mantendo-a incólume e inviolável, de permitir de terceiras pessoas se utilizem do espaço aéreo e sub-solo de sua construção base sobre / sob a qual não tem mais interesses ou condições de continuar a construir.

Constitui-se, portanto, em instrumento interessantíssimo a permitir o desmembramento da propriedade privada em outros direitos autônomos, sem em nada diminuir-lhe o valor ou sua tutela.

Como toda novidade, este instrumento precisa de maturação. A formalidade registral, por exemplo, constituirá em sério entrave ao que este instituto se propõe a fazer (regularização fundiária em área de interesse social) se não houver a flexibilização de alguns procedimentos registrais.

REFERÊNCIAS BIBLIOGRÁFICAS

ALBUQUERQUE, Ana Rita Vieira. *Da Função Social da Posse e sua Consequência frente à Situação Proprietária*. Rio de Janeiro: Lumen Juris, 2002.

ALMADA, Ney de Mello. Reivindicatória imobiliária: Execução. *RT* 760/95-103.

ANDRADE NERY, Rosa Maria de. O não uso da coisa como forma de extinção do usufruto. *Revista de Direito Privado* 3/203.

____. *Vínculo obrigacional*: relação jurídica de razão (Técnica e ciência de proporção). Tese de livre-docência, São Paulo: PUC, 2004.

____. *Noções preliminares do direito civil*. São Paulo: Revista dos Tribunais, 2002.

ANTUNES VARELA, João de Matos. *Direito das Obrigações*. Rio de Janeiro: Forense, 1977. v.1.

ARAGÃO, Alexandre Santos de. O contrato de concessão de exploração de petróleo e gás. *Revista de Direito Administrativo* 329/411-438.

ASCENSÃO, José de Oliveira. *As relações jurídicas reais*. Lisboa: Morais, 1962.

____. *Direito civil*: reais. 5. ed. Coimbra: Coimbra Ed., 2000.

____. *O direito*: introdução e teoria geral. 11. ed. Coimbra: Almedina, 2001.

____. Responsabilidade civil e relações de vizinhança. *RT* 595/21-33.

AZEVEDO JR., José Osório de. *Compromisso de compra e venda*. 4. ed. São Paulo: Malheiros, 1998.

BAPTISTA DA SILVA, Ovídio. *Procedimentos especiais*. 2. ed. Rio de Janeiro: Aide, 1993.

BARROS, Manoel de. *Memórias inventadas*: a infância. São Paulo: Planeta, 2003.

BENVENISTE, Émile. *O vocabulário das instituições indo-europeias*. (Economia, parentesco, sociedade). Campinas: Unicamp Ed., 1995.v. 1.

BESSONE, Darcy *Transmissão do domínio e relações patrimoniais dos entes públicos*. Belo Horizonte: UFMG, 1953.

____. *Direitos Reais*. 2. ed. São Paulo: Saraiva, 1996.

____. Da imissão na posse e da ação possessória (duplo significado do qualificativo especial). *RT* 678/23-36.

BEVILAQUA, Clóvis *Theoria geral do direito civil*. 2. ed. Rio de Janeiro: Francisco Alves, 1929.

____. *Direito das coisas*. São Paulo/Rio de Janeiro: Freitas Bastos, 1941. v. 1.

____. *Direito das coisas*. São Paulo/Rio de Janeiro: Freitas Bastos, 1942. v. 2.

CANDIDO DE OLIVEIRA, Arnaldo. *Os direitos de luz e vista na relação legal de vizinhança*. Rio de Janeiro: Forense, 1957.

CENEVIVA, Walter. *Lei dos Registros Públicos comentada*. 8. ed. São Paulo: Saraiva, 1993.

CAVALCANTI, José Paulo. *A aquisição originária-derivada por usucapião*. Recife: 1987, s.c.p. (sem casa de publicação).

CHALHUB, Melhim Namem. *Curso de direito civil* – direitos reais. Rio de Janeiro: Forense, 2003.

____. Propriedade fiduciária de bens móveis em garantia. *Revista de Direito Bancário, do Mercado de Capitais e da Arbitragem* 21/302-335.

COUTO E SILVA, Clóvis Veríssimo do. *A Obrigação como processo*. São Paulo: Bushatsky, 1976.

____. A hipoteca no direito comparado. In Fradera, Vera Maria Jacob de (org.). *O direito privado brasileiro na visão de Clóvis do Couto e Silva*. Porto Alegre: Livraria do Advogado, 1997.

COUTO FILHO, Reinaldo de Souza. *Dívidas Condominiais e Bem de Família no Sistema Jurídico Brasileiro*. Rio de Janeiro: Lumen Juris, 2005.

CRETELLA JÚNIOR, José. *Curso de Direito Romano*: o direito romano e o direito civil brasileiro. 13. ed. rev. e aum. Rio de Janeiro: Forense, 1991.

DANTAS, Bruno. Tipicidade dos Direitos Reais. *Revista Jurídica da Presidência*, Brasília, vol. 20, 2018.

DIEZ-PICASO, Luis. *Fundamentos del derecho civil patrimonial*. 5. ed. Madrid: Tecnos, 1996. v. 1.

DINIZ, Maria Helena. *Curso de Direito Civil Brasileiro*. 17. ed. atualizada de acordo com o novo Código Civil. São Paulo: Saraiva, 2002. v. 4.

DIP, Ricardo. Sobre a qualificação no registro de imóveis. *Revista de Direito Imobiliário* 29/33-72.

_____. *Registro de imóveis*. Porto Alegre: Safe/IRIB, 2005.

ENDE, Michael. *A História sem fim*. São Paulo: Martins Fontes, 2001.

ESPÍNOLA, Eduardo. *Os direitos reais limitados ou direitos sobra a coisa alheia e Os direitos reais de garantia no direito civil brasileiro*. Rio de Janeiro: Conquista, 1958.

FACHIN, Luiz Edson. *Estatuto jurídico do patrimônio mínimo*. Rio de Janeiro: Renovar, 2001.

FERRAZ JR., Tercio Sampaio. *Introdução ao estudo do direito*: técnica, decisão e dominação. 4. ed. São Paulo: Atlas, 2003.

FIGUEIREDO, Lúcia Valle. Disciplina urbanística da propriedade. 2. ed. São Paulo: Malheiros, 2005.

FIORILLO, Celso Antonio Pacheco. *Curso de direito ambiental brasileiro*. 5. ed. São Paulo: Saraiva, 2004.

FIUZA, César. *Direito Civil* – Curso completo. 8. ed., rev., atual. e ampl. Belo Horizonte: Del Rey, 2004.

FRANCO, Ubirajara Batista. Garantia real por dívida alheia. *RT* 679/279-280.

FUCCI, Paulo Eduardo. *Condomínio, estatuto da cidade e o novo Código Civil*. São Paulo: Juarez de Oliveira, 2003.

FULGÊNCIO, Tito. *Da Posse e das Ações Possessórias*. Ed. atualizada pelo advogado José de Aguiar Dias. Rio de Janeiro: Forense, 1999.

FURLAN, Valéria. *Imposto predial e territorial urbano*. 2. ed. São Paulo: Malheiros, 2004.

GAIO. *Instituciones* (ed. Bilíngue). Madrid: Civitas, 1985.

GANDOLFO, Maria Helena Leonel. O direito registral imobiliário brasileiro. Princípios gerais. Registro de imóveis: Estudos de direito registral imobiliário (*XXVII Encontro de Oficiais de Registro de Imóveis do Brasil*. Vitória, 2000). Porto Alegre: Safe/IRIB, 2002.

GARCIA DE ENTERRIA, Eduardo. *Dos estúdios sobre La usucapión em derecho administrativo*. 3. ed. Madrid: Civitas, 1998.

GATTI, Edmundo. *Teoria general de los derechos reales*. 2. ed. Buenos Aires: Abeledo-Perrot, 1980.

GLANZ, Semy. Separação de bens do casal e condomínio. *Revista do Direito do Tribunal de Justiça do Rio de Janeiro* 15/6/70.

GOMES, Orlando. *Direitos reais*. 18. ed. Rio de Janeiro: Forense, 2002.

____. *Direitos Reais*. 20. ed. Rio de Janeiro: Forense, 2007.

GONDINHO, André Pinto da Rocha Osorio. *Direitos reais e autonomia da vontade* (o princípio da tipicidade dos direitos reais). Rio de Janeiro/São Paulo: Renovar, 2001.

GRAU, Eros. *A Ordem econômica na Constituição de 1988*. 8. ed. São Paulo: Malheiros, 2003.

GUEDES, Jefferson Carús. *Exceção de usucapião*. Porto Alegre: Livraria do Advogado, 1997.

GUIMARÃES, Jackson Rocha. A Exceção de domínio nas ações possessórias. *RT* 627/30-38.

HART, Herbert L.A. *El concepto de derecho*. Trad. Genaro Carrió. 2. ed. Buenos Aires: Abeledo-Perrot, 1963.

JUNQUEIRA DE AZEVEDO, Antônio. Restrições convencionais de loteamento – Obrigações *propter rem* e suas Condições de Persistência. *RT* 741/115-122.

KELSEN, Hans. *Teoria pura do direito*. Trad. João Baptista Machado. 3. ed.Coimbra: Armenio Amado, 1974.

KONNO, Alyne Yumi. *Registro de Imóveis – Teoria e Prática*. 2. ed. São Paulo: Atlas, 2010.

LAMANA PAIVA, João Pedro. A evolução do sistema registral no século XXI. *Boletim do IRIB*, n. 332, p. 52-67, jul.-set. 2005.

LEAL, Rogério Gesta. *A função social da propriedade e da cidade no Brasil*. Porto Alegre: Livraria do Advogado, 1998.

LEONARDO, Rodrigo Xavier. A Função social da propriedade: em busca de uma contextualização entre a Constituição Federal e o novo Código Civil. *Revista da Faculdade de Direito de São Bernardo do Campo*, n. 10, p. 271-290, 2004.

LIMA SOBRINHO, Barbosa. *As transformações da compra e venda*. Rio de Janeiro: Borsoi, [s.d].

LIPPMAN, Ernesto. Da penhorabilidade do apartamento residencial para o pagamento das despesas de condomínio, face à Lei 8.009/90. *RT* 679/30-35.

LIRA, Ricardo Pereira. O Direito de Superfície e o Novo Código Civil in Aspectos Controvertidos do Novo Código Civil. Revista Forense, Rio de Janeiro, n. 364, nov.-dez. 2002, p. 251-266.

____. O Direito de Superfície e o Novo Código Civil in *Aspectos Controvertidos do Novo Código Civil* – Escritos em homenagem ao Ministro José Carlos Moreira Alves. Coord. Arruda Alvim, Joaquim Portes de Cerqueira César, Roberto Rosas. São Paulo: Revista dos Tribunais, 2003.

LOPES, João Batista. *Condomínio.* 8 ed. São Paulo: Revista dos Tribunais, 2003.

LOUREIRO, Francisco Eduardo. *A propriedade como relação jurídica complexa.* Rio de Janeiro: Forense, 2003.

MARTINS-COSTA, Judith. *A boa-fé no direito privado.* São Paulo: Revista dos Tribunais, 2000.

MATTIA, Fábio Maria de. O *direito de vizinhança e a utilização da propriedade imóvel.* São Paulo: Bushasky, 1976.

MEDAUAR, Odete. *Direito administrativo moderno.* 6. ed. São Paulo: Revista dos Tribunais, 2002.

MEIRELLES, Hely Lopes. Desapropriação por município para fins de reforma agrária. Inadmissibilidade. *RT* 656/7-10.

____. Direito de construir: Condomínio particular. *RT* 690/26-28.

MELO, Marcelo Augusto Santana de. Multipropriedade imobiliária. *Revista de Direito Imobiliário*, Rio de Janeiro. vol. 70, 2011.

MELLO, Marcos Bernardes de. *Teoria do fato jurídico*: Plano da existência. 11. ed. São Paulo: Saraiva, 2001.

MENERES CAMPOS, Maria Isabel Helbling. *Da hipoteca*: caracterização, construção e efeitos. Coimbra: Almedina, 2003.

MENEZES CORDEIRO, Antônio Manuel da Rocha e. *Da boa-fé no direito civil.* Coimbra: Almedina, 2001.

____. *Direitos reais.* Lisboa: LEX, 1993.

MESQUITA, Manuel Henrique. *Obrigações reais e ônus reais.* Coimbra: Almedina, 2000.

MONTEIRO, Washington de Barros. *Curso de Direito Civil.* São Paulo: Saraiva, 1998. vol. 3.

MONTENEGRO FILHO, Misael. *Ações Possessórias*: postulação, defesa do réu, desenvolvimento da demanda possessória: de acordo com o novo Código Civil. São Paulo: Atlas, 2004.

MORAES, Walter. Concepção tomista de pessoa. Um contributo para a teoria do direito da personalidade. *Revista de Direito Privado*, n. 2, p. 187-204, São Paulo, abr.-jun. 2000.

MOREIRA ALVES, José Carlos. *Da Alienação fiduciária em garantia.* 2. ed. Rio de Janeiro/ Belo Horizonte: Forense, 1975.

NASCIMENTO, Tupinambá Miguel Castro do. *Posse e Propriedade.* Porto Alegre: Livraria do Advogado, 2003.

NAVES, Lúcio Flávio de Vasconcelos. *Posse e Ações Possessórias* (frente ao novo Código Civil). Rio de Janeiro: Forense, 2002.

NEQUETE, Lenine. *Prescrição aquisitiva* (usucapião). São Leopoldo: Sulina, 1954.

NERY JR., Nelson; ANDRADE NERY, Rosa Maria de. *Código Civil comentado.* 2. ed. São Paulo: Revista dos Tribunais, 2003.

____. *Código de Processo Civil comentado.* 8. ed. São Paulo: Revista dos Tribunais, 2004.

OLIVEIRA, Candido de. Paginas Preambulares. In: RIBAS, Antônio Joaquim. *Curso de direito civil brasileiro.* 3. ed. Rio de Janeiro: Typographia do Jornal do Comércio, 1905.

OLIVEIRA, Fernando Andrade. *Limitações administrativas a propriedade privada imobiliária.* Rio de Janeiro: Forense, 1982.

PAZINI, Cláudio Ferreira. Os vícios objetivos da posse no ordenamento jurídico brasileiro, in *Revista de Direito Privado*, n. 34. São Paulo: Revista dos Tribunais, 2008.

PENTEADO, Luciano de Camargo. O quê de específico nas cláusulas gerais. *Revista Direito GV*, n.1, p.149-152.

____. Sistema e direito privado: panorama histórico e perspectivas para uma racionalidade construtiva. *Revista de Direito Privado*, n.16, p.161-198, São Paulo: Revista dos Tribunais, out.-dez. 2003.

____. *Doação com encargo e causa contratual.* Campinas: Millennium, 2004.

PEREIRA, Caio Mário da Silva. *Instituições de Direito Civil.* 13. ed. Rio de Janeiro: Forense, 1998. vol. IV.

PERLINGIERI, Pietro. *Perfis do direito civil constitucional.* Trad. Maria Cristina De Cicco. 2. ed. Rio de Janeiro/São Paulo: Renovar, 2002.

PINTO JR., Mario Engler. Extinção de condomínio sobre quota de capital de sociedade limitada. *RDM* 84/57-62.

PLANIOL, Marcel; RIPERT, Georges. *Traité Pratique de Droit Civil Français.* Paris: Chevalier Marescg, 1930.

PONTES DE MIRANDA, Francisco Cavalcanti. *Tratado de direito privado*. Rio de Janeiro: Borsoi, 1954. t. II.

____. *Tratato de direito privado*. Rio de Janeiro: Borsoi, 1955. t. V; X; XI; XIII; XIV.

____. *Tratato de direito privado*. Rio de Janeiro: Borsoi, 1956. t. XV.

____. *Tratato de direito privado*. Rio de Janeiro: Borsoi, 1957. t. XVIII.

____. *Tratado das ações* [Ações Declarativas]. São Paulo: Revista dos Tribunais, 1971. t. II.

____. *Sistema de ciência positiva do direito*. 2. ed. Rio de Janeiro: Borsoi, 1972. t. II.

____. *Tratado das ações* [Ações Condenatórias]. São Paulo: Revista dos Tribunais, 1974. t. V.

____. *Comentários ao Código de Processo Civil*. Rio de Janeiro: Forense, 1977. t. XIII.

QUEIROZ LIMA, Eusébio. *Conceito de domínio e posse segundo o Código Civil brasileiro*. Obra de domínio público, 1917.

RIBAS, Antônio Joaquim. *Curso de direito civil brasileiro*. 3. ed. Rio de Janeiro: Typoghafia do Jornal do Comercio, 1905.

RODRIGUES PEREIRA, Lafayette. Direito das coisas. 5. ed. Rio de Janeiro/São Paulo: Freitas Bastos, 1943. v. 1.

RODRIGUES, Sílvio. *Direito das Coisas*. 19. ed. São Paulo: Saraiva, 2004. vol. IV.

SALLES, Carlos Alberto de. Propriedade imobiliária e obrigações *propter rem* pela recuperação ambiental do solo degradado. *Revista de Direito Ambiental*, n. 34, p. 9-18. São Paulo: Revista dos Tribunais, abr.-jun. 2004.

SALOMÃO FILHO, Calixto. Função social do contrato: Primeiras anotações. *Revista de Direito Mercantil, Industrial, Econômico e Financeiro*, n. 132, p. 7-24. São Paulo: Malheiros, out.-dez. 2003.

SAN TIAGO DANTAS, Francisco Clementino de. *O conflito de vizinhança e sua composição*. 2. ed. Rio de Janeiro: Forense, 1972.

SANTOS, Márcia Walquiria Batista dos. Direitos de propriedade e direito de construir. *RDC* 63/132-139.

SEABRA FAGUNDES, M. *Da Desapropriação no direito brasileiro*. São Paulo/Rio de Janeiro: Freitas Bastos, 1949.

SILVA, Justino Adriano Farias da. Regime jurídico dos cemitérios. *RDC* 62/97-113.

TARTUCE, Flávio. *Considerações sobre o abuso de direito ou ato emulativo civil.* Novo Código Civil: questões controvertidas. São Paulo: Método, 2004. v. 2.

TEIXEIRA DE FREITAS, Augusto. *Esboço do Código Civil.* Rio de Janeiro: Departamento de Imprensa Nacional, 1952. 4 v.

TEIXEIRA, José Guilherme Braga. A servidão por destinação do proprietário. *RDC* 34/133.

TENERELLO, Décio. Abertura. *O crédito imobiliário em face do novo Código Civil.* IRIB/ABECIP, p.19-23, São Paulo, 2005.

TEPEDINO, Gustavo. *Multipropriedade imobiliária.* São Paulo: Saraiva, 1993.

____. *Premissas metodológicas para a constitucionalização do direito civil.* Temas de direito civil. 2. ed. Rio de Janeiro: Renovar, 2001.

____. *Temas de Direito Civil.* Rio de Janeiro: Renovar, 2006. tomo II.

TERRA, Marcelo. Da forma nos contratos de compromisso de venda e compra de imóveis. *Revista do Instituto dos Advogados de São Paulo* 12/11-22.

TOMASETTI JR., *A propriedade privada entre o Código Civil e a Constituição. Revista de Direito Mercantil Industrial, Econômico e Financeiro*, v. 126, p. 123-127, 2002.

____. Comentário. *RT* 723/208-223.

____. *Comentários à lei de locação de imóveis urbanos.* São Paulo: Saraiva, 1992.

TOMASEVICIUS FILHO, Eduardo. *A função social do contrato*: conceito e critérios de aplicação. O direito da empresa e das obrigações e o novo Código Civil Brasileiro. São Paulo: Quartier Latin, 2006.

TUCCI, Rogério Lauria. Nunciação de obra nova. Construção de posto de serviço a menos de 500 m de outro já existente, infração de lei municipal. Embargo de obra requerido pelo dono desse estabelecimento congênere. Indeferimento da inicial, com extinção do processo, sob o fundamento de não cabimento da ação nunciativa. Conceito de vizinhança. Inteligência do art. 934 do Código de Processo Civil. *RT* 505831-40.

VENOSA, Sílvio de Salvo. *Direito civil*: direitos reais. 5. ed. São Paulo: Atlas, 2005.

VIANA, Marco Aurélio da S. *Comentários ao Novo Código Civil.* Rio de Janeiro: Forense, 2003. v. 16.

BOBBIO, Norberto. Teoria do ordenamento jurídico. 6. ed. Brasília: UnB, 1995.

BORGES NETO, Arnaldo de Lima. **A nova usucapião e o abandono do lar.** Jus Navigandi, Teresina, ano 16, n. 2948, 28 jul. 2011. Disponível em: <http://jus.com.br/revista/texto/19661>. Acesso em: 5 set. 2011

BRASIL. Código Civil (2002). Código Civil. In:

ANGHER, Anne Joyce. Vade mecum universitário de direito RIDEEL. 8.ed. São Paulo: RIDEEL, 2010. p. 335-391.

BRASIL. Constituição (1988) Constituição da República Federativa do Brasil. Brasília: Senado, 1988.168p.

Clóvis Beviláquia. Código Civil Comentado. Vol.3

COMPARATO, Fábio Konder. Direito Público: estudos e pareceres. Ed. Saraiva. Pg. 59

DIAS, Maria Berenice. Usucapião e abandono do lar: a volta da culpa? Instituto Brasileiro de Direito de Família. 2011. Disponível em: < http://www.ibdfam.org.br/_img/artigos/Usucapi%C3%A3o%20Maria%20Berenice.pdf>. Acesso em: 28 ago. 2011.

DINIZ, Maria Helena. Curso de Direito Civil Brasileiro. Vol. 27ª ed. Ed. Sariva. Pg.172

FARIAS, Cristiano Chaves de; ROSENVALD, Nelson. Curso de Direito Civil – Reais. Vol.5. 8ª Ed. Ed. Jus Podivm. Pg.465-466.

FARIAS, Cristiano Chaves de; ROSENVALD, Nelson. Direitos Reais. 6 ed. Rio de Janeiro: Lumem Juris, 2009.

FERRAZ JÚNIOR, Tércio Sampaio. Introdução ao estudo do direito: técnica, decisão, dominação. 4. ed. rev. e ampl. São Paulo: Atlas, 2003.

FIGUEIREDO, Roberto Rosio. Usucapião conjugal: requisitos e críticas da nova modalidade de usucapião. JusNavegandi, Teresina, ano 16, n 2948, 28 jul. 2011. Disponível em: <http://jus.uol.com.br/revista/texto/19663>. Acesso em 28 ago 2011.

GONÇALVES, Carlos Roberto. Direito Civil Brasileiro. Vol. 5. 7ª ed. Ed. Saraiva. Pg. 273

SILVA, Luciana Santos. Uma nova afronta à carta constitucional: usucapião pró-família. IBDFAM. 8 ago. 2011. Disponível em <http://www.ibdfam.org.br/_img/artigos/Usucapi%C3%A3o%20Luciana.pdf> . Acesso em 28 ago. 2011.

SIMÃO, José Fernando. Usucapião Familiar: problema ou solução. Estudando o Direito. 2001. Disponível em: <http://www.estudandodireito.com.br/index.php/artigos/ 61-jose-fernando-simao/135-usucapiao-familiar-problema-ou-solucao>. Acesso em: 18 de agosto de 2011.

SOUZA, Adriano Stanley Rocha. Direito das coisas. Belo Horizonte: Del Rey, 2009.

Impresso em agosto de 2021